합체로봇을 완성했을 때의 짜릿함을 느껴봐요!

재미있는 합체로봇 종이접기 함께 만들어봐요!

지구를 지키기 위해 나타난
미니카 합체로봇 ① 종이접기

발행일 2022년 6월 30일(초판)
2026년 1월 2일(6쇄)
발행처 인성재단(지식오름)
발행인 조순자
편저자 이지은·박승범
편집·표지디자인 김미선

※ 낙장이나 파본은 교환해 드립니다.
※ 이 책의 무단 전제 또는 복제행위는 저작권법 제136조에 의거하여 처벌을 받게 됩니다.

정   가 15,800원   **ISBN** **1권** 979-11-91292-66-4 **세트** 979-11-91292-65-7

차례
합체로봇 1

- 서문 — 8
- 이런 규칙이 있어요 — 9
- 합체로봇 STORY — 12
- 합체로봇 미니카 소개 — 16
- 레드이글 — 20
- 레드이글 날개 — 26
- 레드이글 합체 — 31
- 스파이더 엑스 — 34
- 스파이더 엑스 날개 — 43
- 스파이더 엑스 몸 합체 — 48
- 스파이더 엑스 머리 — 50
- 스파이더 엑스 머리 날개 — 58
- 스파이더 엑스 머리 합체 — 65
- 스파이더 엑스 합체 — 68
- 트윈 카미온 — 70
- 더블 카이젠 — 78
- 합체 로봇 1 — 89

차례
합체로봇 2

- 합체로봇 II STORY — 96
- 합체로봇 II 미니카 소개 — 100
- 페르세우스 — 104
- 페르세우스 날개 1 — 112
- 페르세우스 날개 2 — 121
- 페르세우스 합체 — 124
- 스파이더 맥스 — 128
- 스파이더 맥스 날개 — 134
- 스파이더 맥스 몸 합체 — 139
- 스파이더 맥스 머리 — 141
- 스파이더 맥스 머리 날개 — 154
- 스파이더 맥스 머리 합체 — 158
- 스파이더 맥스 전체 합체 — 160
- 드라켄 — 162
- 나토스 — 177
- 합체 로봇 II — 183
- 무기 삼지창 — 190
- 무기 장착 — 202
- 스페셜 색지 — 204

서문

「합체로봇 종이접기」가 책으로 나오게 되어 정말 행복하고 기쁩니다.

이 책을 통해 아이들이 좋아하는 미니카로 멋진 합체로봇을 만들어 재미있는 시간을 보내기를 바랍니다. 또한 아이가 차근차근 접다 보면 어느 순간 성취감과 할 수 있다는 자신감을 충분히 느낄 수 있습니다.

마지막으로, 좋은 책이 나올 수 있도록 도와준 학생들(박태희, 윤나영, 성원하)과 언제나 옆에서 힘이 되어주는 남편과 우리 가족(김공이, 이만희, 이재은, 이재원)에게 감사의 마음을 전합니다. 또한 이 책이 나올 수 있도록 도와준 출판사 지식오름에도 감사의 마음을 전합니다.

이지은 (지나쌤)

미니카 합체로봇 시리즈는 이미 2021년 11월 합체로봇 첫 시리즈를 시작으로 유튜브에서 과분한 사랑을 받아왔습니다. 그리고 인기에 힘입어 다양한 시리즈를 연재할 수 있었고 책까지 출간하게 되었습니다.

이번 책에서는 유튜브에서 볼 수 없었던 스페셜지와 무기까지 새롭게 선보이게 되어서 기쁘게 생각됩니다. 항상 힘이 되어준 아내, 격려를 아끼지 않으신 부모님, 동생 박재성, 손정은, 조카 박태인, 박예온 그리고 집필 중에 하늘나라로 가신 외할머니께 감사의 마음을 전합니다.

박승범 (타이거쌤)

이런 규칙이 있어요

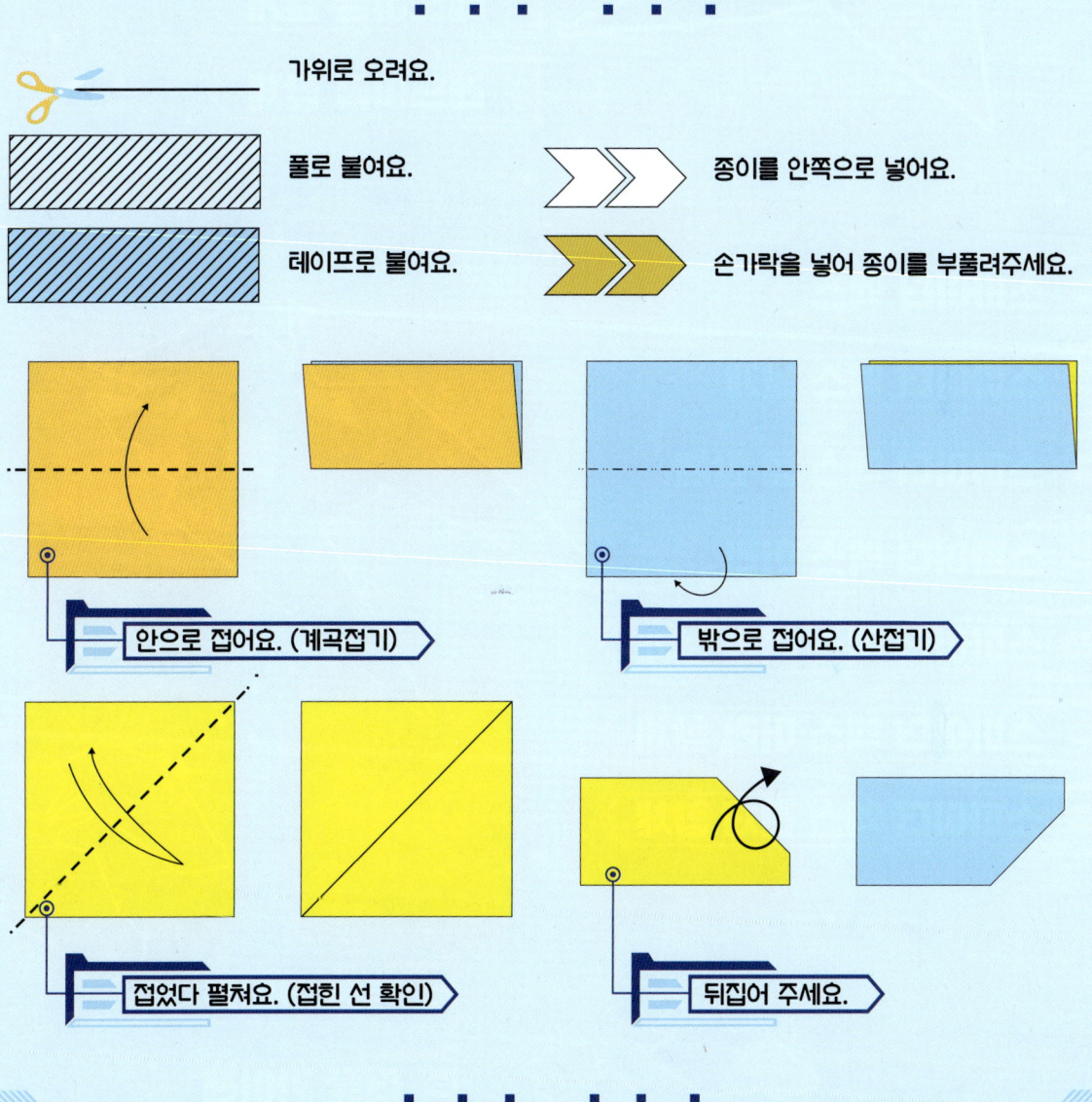

- 레드이글
- 레드이글 날개
- 레드이글 합체

- 스파이더 엑스
- 스파이더 엑스 날개
- 스파이더 엑스 몸 합체
- 스파이더 엑스 머리
- 스파이더 엑스 머리 날개
- 스파이더 엑스 머리 합체
- 스파이더 엑스 전체 합체

- 트윈 카미온
- 더블 카이젠
- 합체 로봇 I

서기 3281년

지구는 심각한 오염과 전쟁으로
많은 사람들이 황폐해지고

우주의 외계 생명체의 공격이 격화되어
지구의 인간들은 멸종될 위기에 처해 있었다.

점점 희망은 사라져가고 있었다.

그러던 중..
우연히도 우주에서 신비한 힘이 있는 클레메늄 운석이 떨어지게 되고

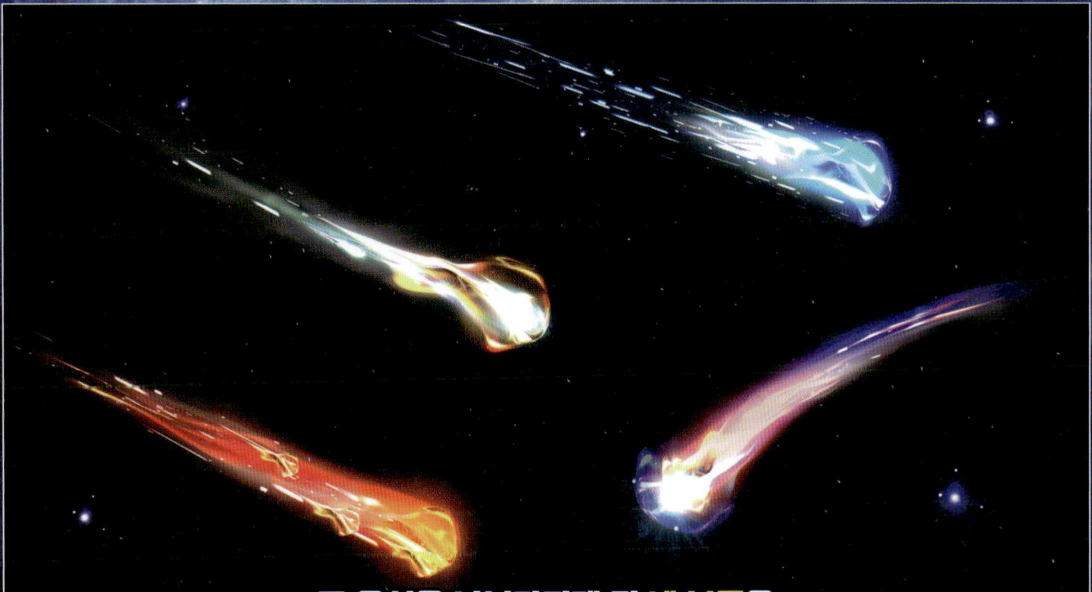

그 운석을 나눠가지게 된 네 부족은

레드이글

지구수비대연합(UED)를 대표하는 전투기이자 제나행성을 가지고 싶어하는 아이샤민족.
합체로봇의 가슴부분을 담당하고 있으며 리더를 담당하고 있다.

미니카 소개

공격력	★★★★
방어력	★★
스피드	★★★

스파이더X

수 백 년 동안 침략을 당했던 케이타 민족의 유일한 희망인 멀티공격형 전투기.

다른 부족과 달리 머리와 몸통이 분리되는 능력이 있다.

공격력	★★★
방어력	★★★★
스피드	★

16 | 미니카 합체로봇

트윈 카미온

처음 지구가 공격 당했을 시,
유일하게 맞서 싸운 카미온.

쌍둥이 전투기로 서로 협동하여
빠른 공격을 자랑한다.

공격력	★★★★
방어력	★
스피드	★★★★

더블 카이젠

태평양 중앙 폴리네이션 지역의
퉁가 민족의 전투정신을 표현한 카이젠.

바다에서 오랜 훈련을 통해
누구보다 강인한 인내력이 있다.

공격력	★★★
방어력	★★★★
스피드	★★

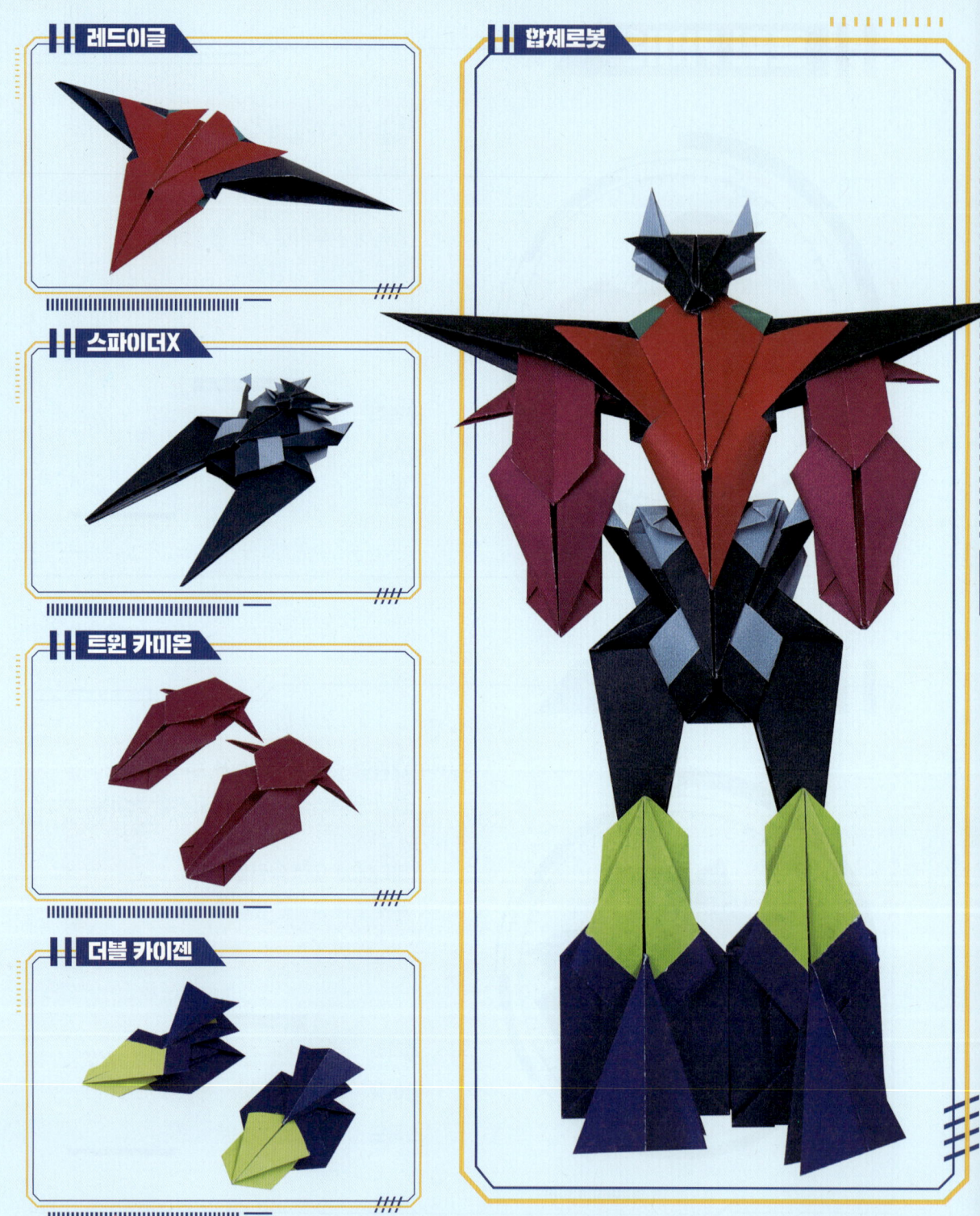

레드이글

 반으로 접었다 펼쳐 주세요.

 표시선을 따라 가위로 잘라 주세요.

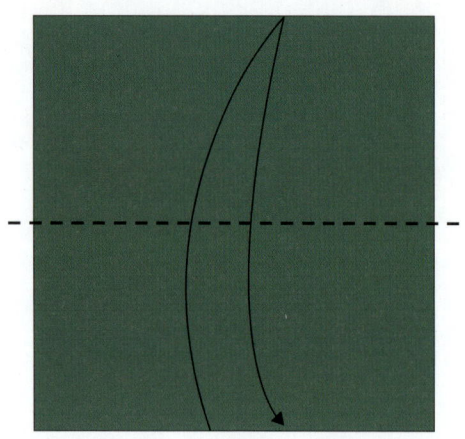

 스페셜지 사용 시작
원하는 색(빨강)을 뒷장에 놓고, 반으로 접었다 펼쳐 주세요.

 손가락 반 마디(0.7cm)정도 위로 올려 접어 주세요.

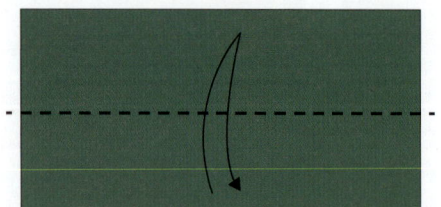

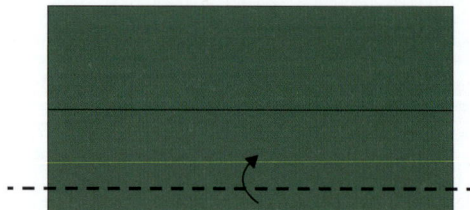

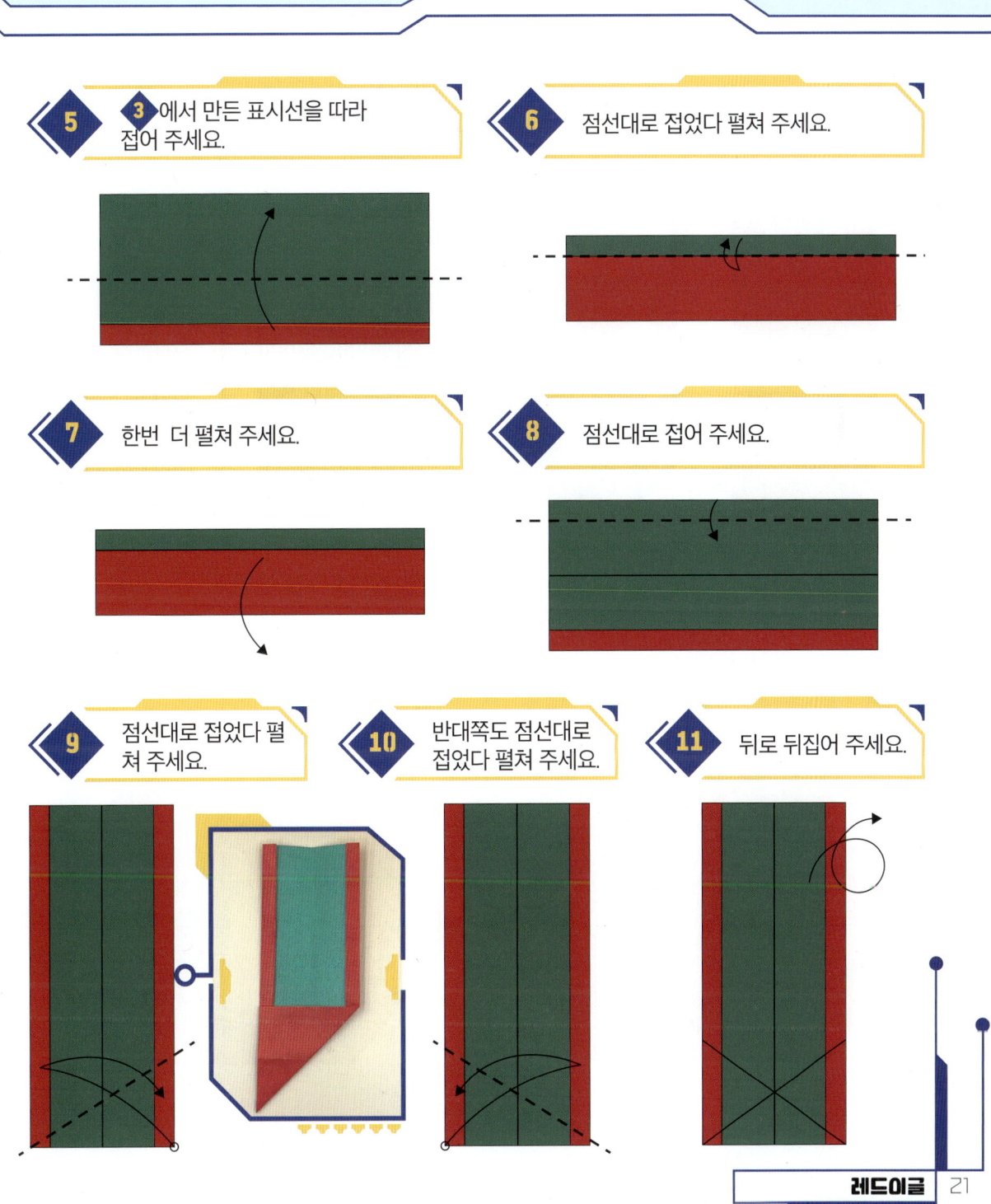

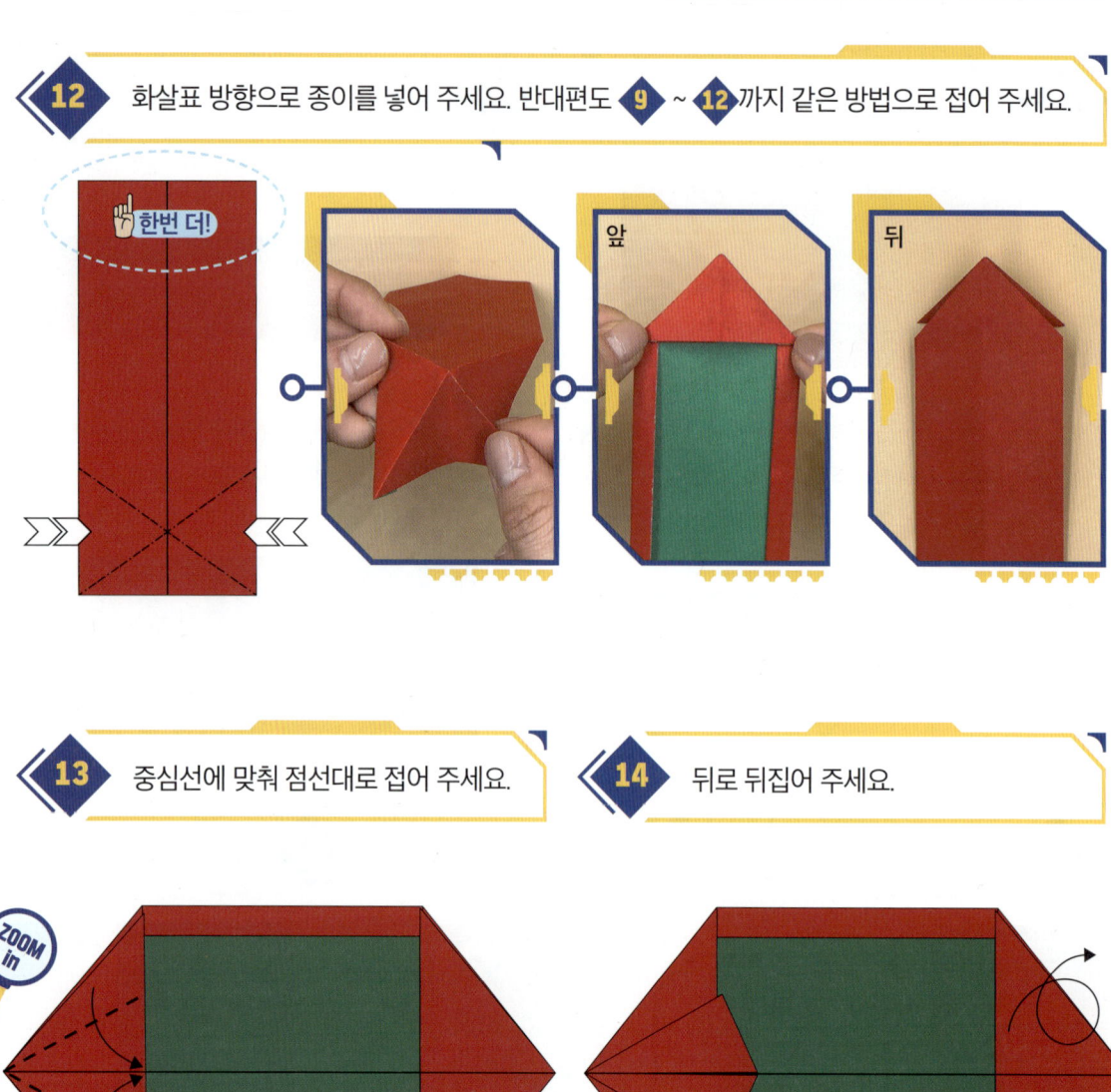

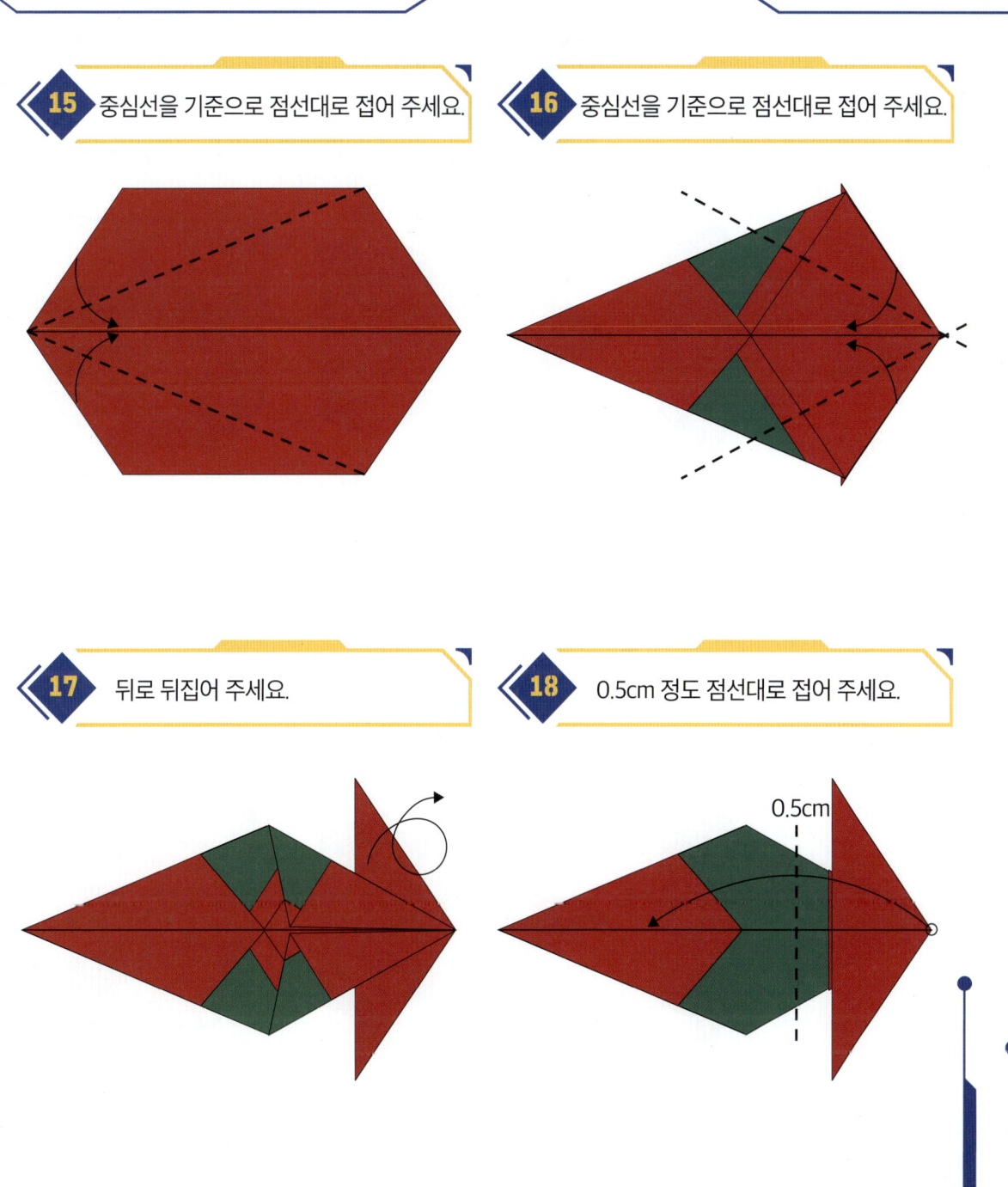

19 왼쪽 뾰족한 부분을 펼쳐 주세요.

20 19에서 펼쳤던 부분을 화살표 방향대로 종이 사이에 넣어 주세요.

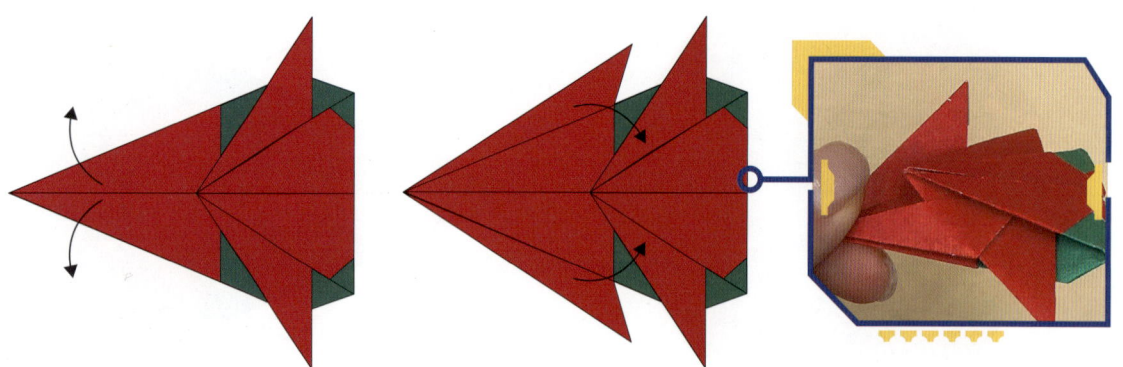

21 뒤로 뒤집어 주세요.

22 화살표 방향으로 손가락을 넣어 종이를 부풀려 주세요.

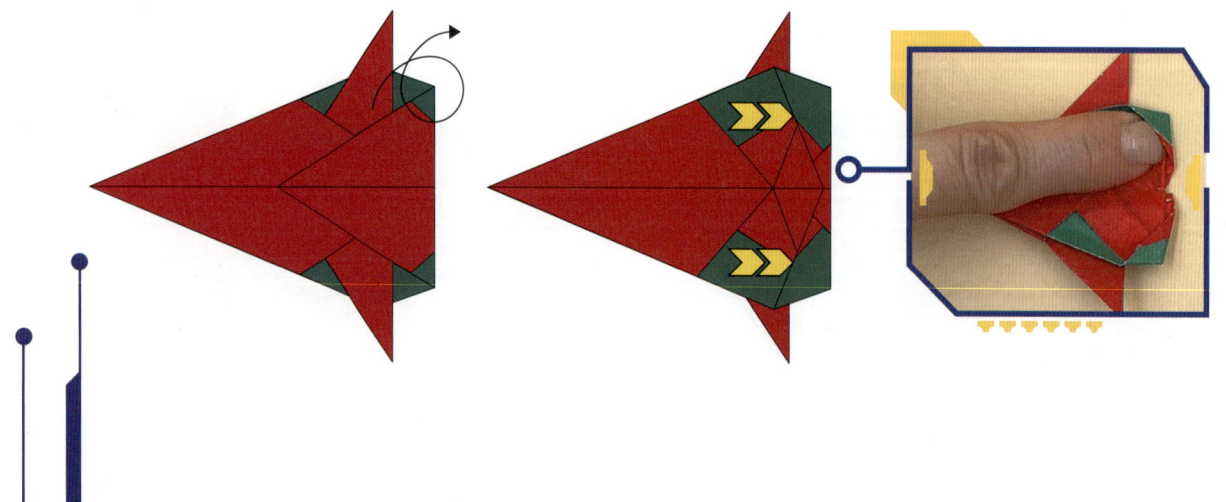

23 점선대로 접어 주세요.

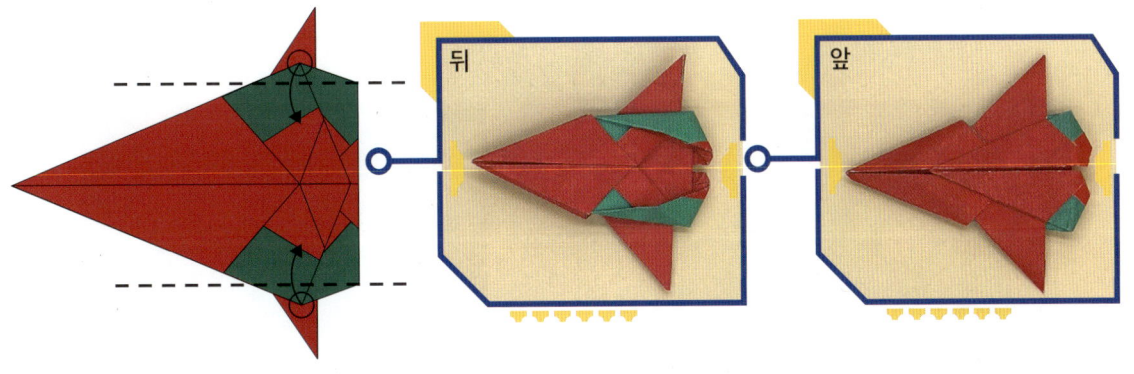

= 완성 =

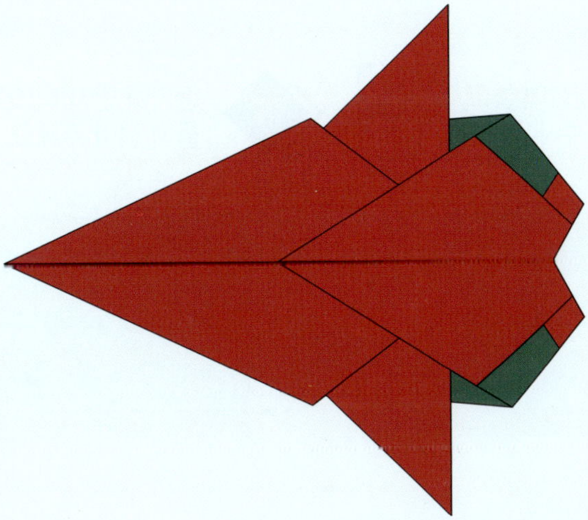

레드이글

레드이글 날개

접는 방법 영상

 1 반으로 접었다 펼쳐 주세요.

 2 표시선을 따라 가위로 잘라 주세요.

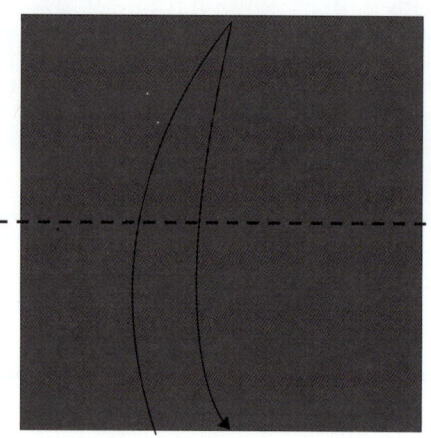

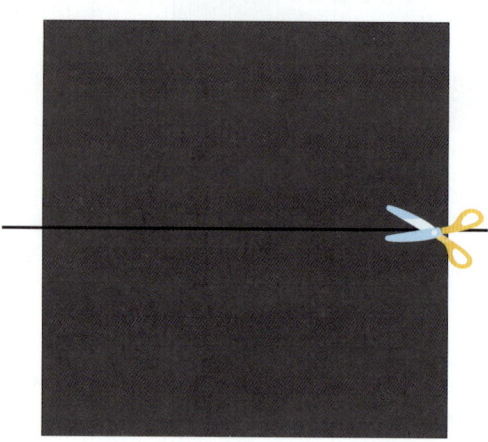

스페셜지 사용 시작

 3 원하는 색(검정)을 뒷장에 놓고, 반으로 접었다 펼쳐 주세요.

 4 손가락 반 마디(0.7cm)정도 위로 올려 접어 주세요.

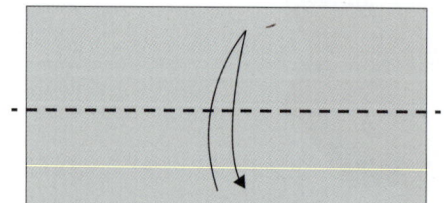

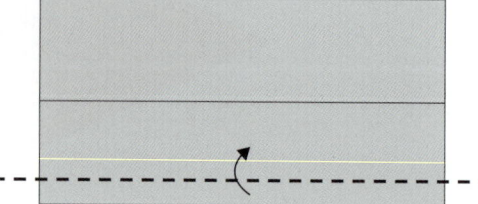

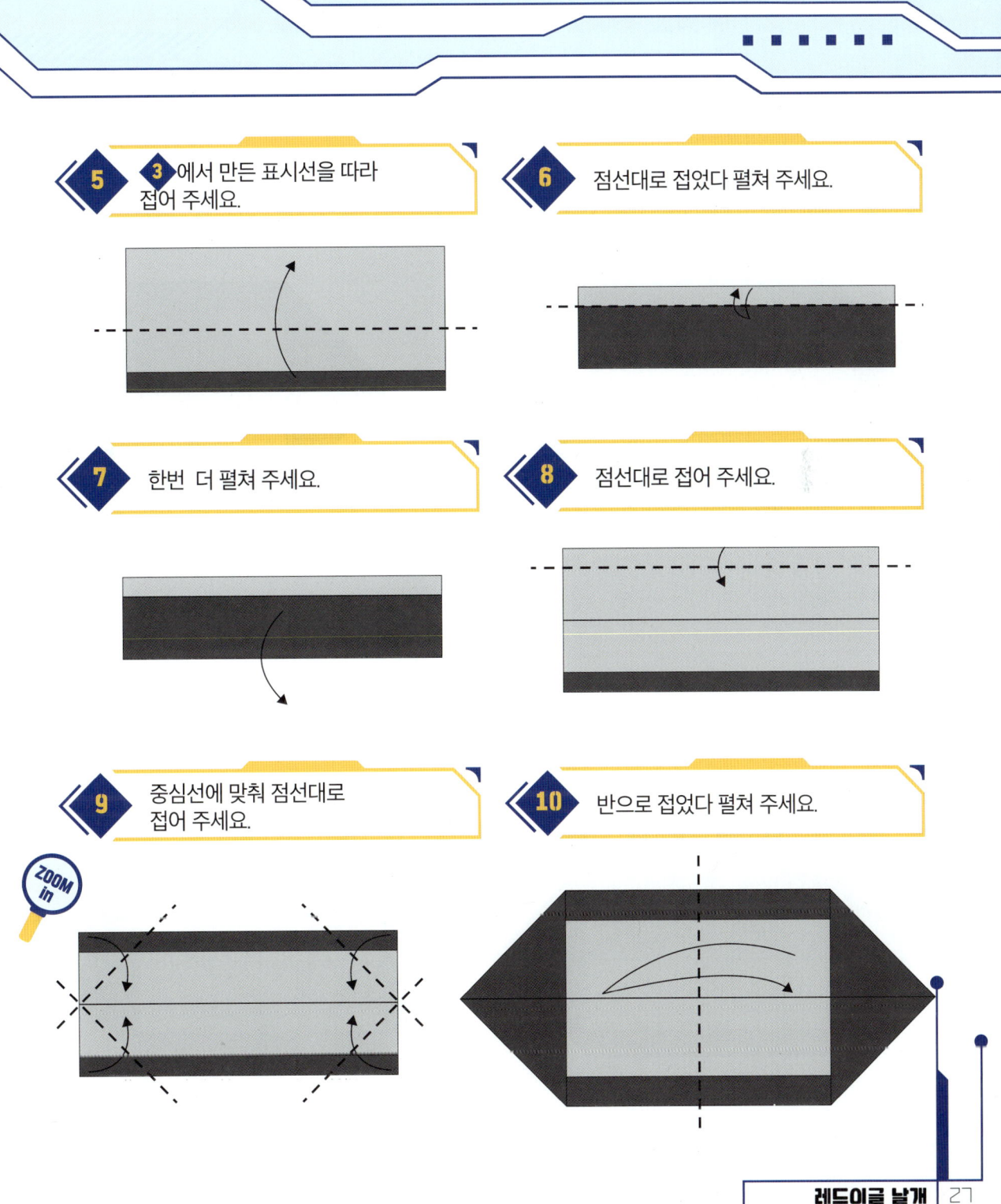

11
점선대로 접어 주세요.

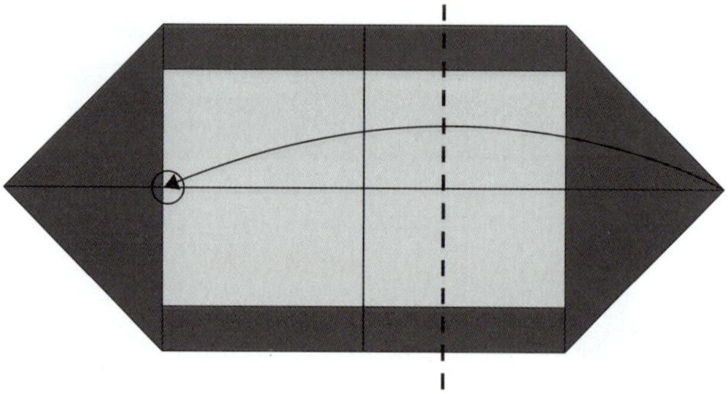

12
다시 펼쳐 주세요.

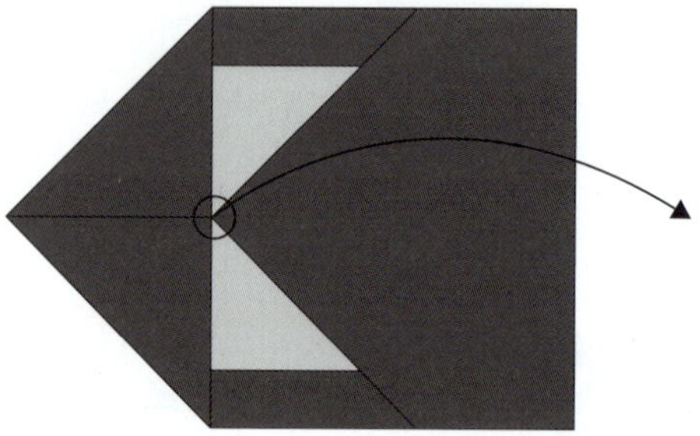

13
○가 닿도록 접었다 펼쳐 주세요. 옆의 그림처럼 가운데 표시선 3줄이 생겨야 해요.

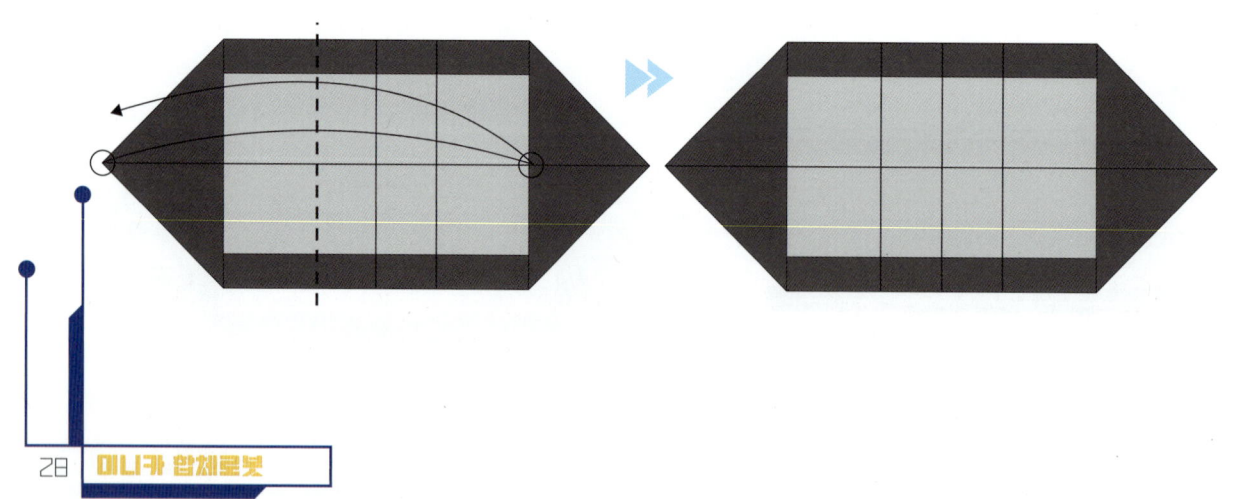

14 중심선에 맞춰 점선대로 접어 주세요.　　**15** 반대쪽도 중심선에 맞춰 접어 주세요.

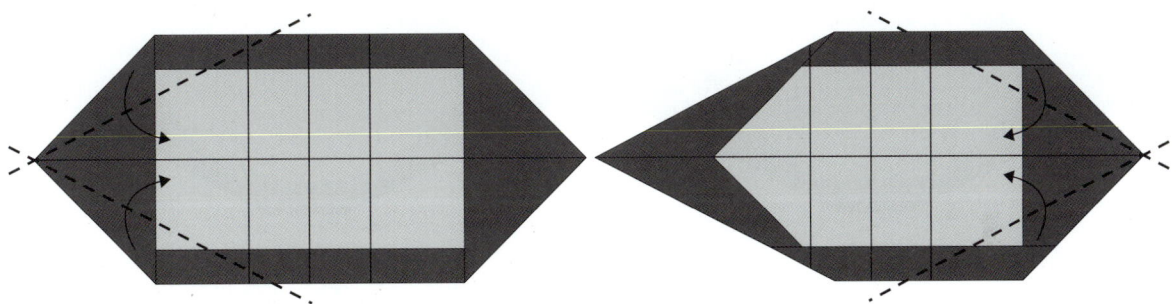

16 ○가 닿도록 접었다 펼쳐 주세요.

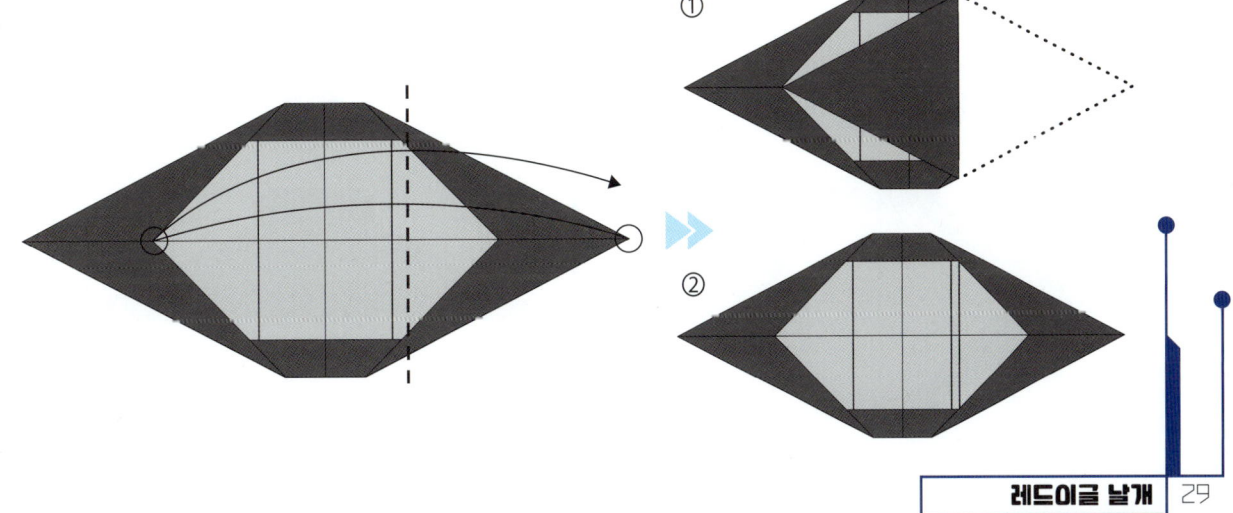

레드이글 날개 | 29

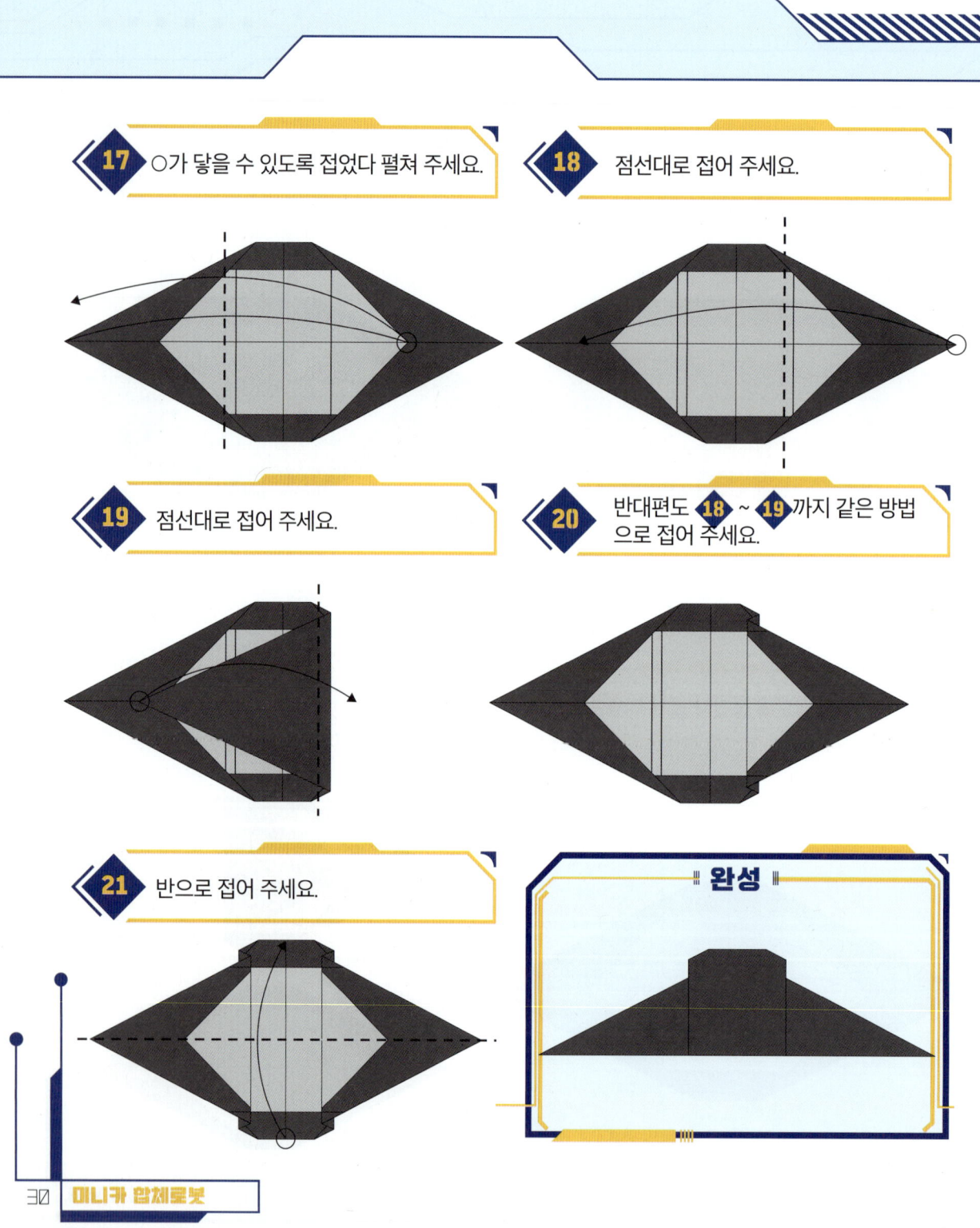

레드이글 합체

1 완성된 레드이글의 미니카와 날개를 준비해 주세요.

2 미니카 안쪽에 끼운 부분을 빼주세요.

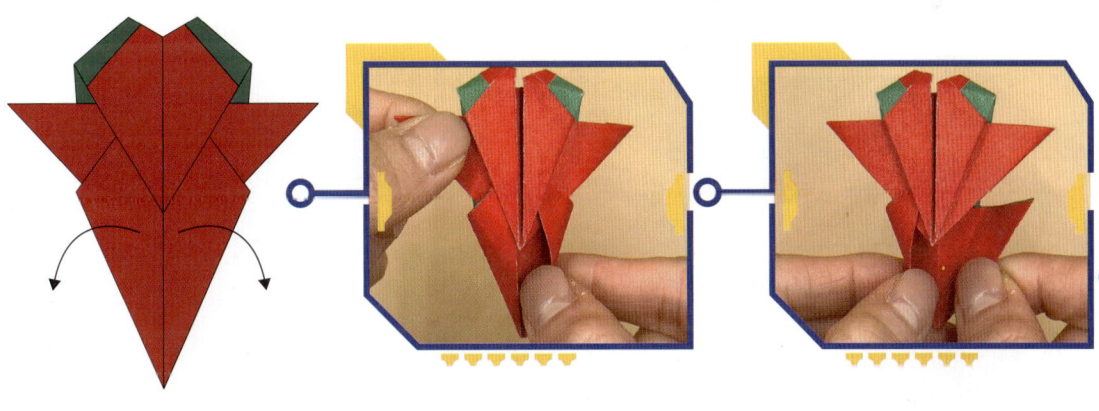

레드이글 합체 | 31

3 ○ 부분을 화살표 방향으로 펼쳐 주세요.

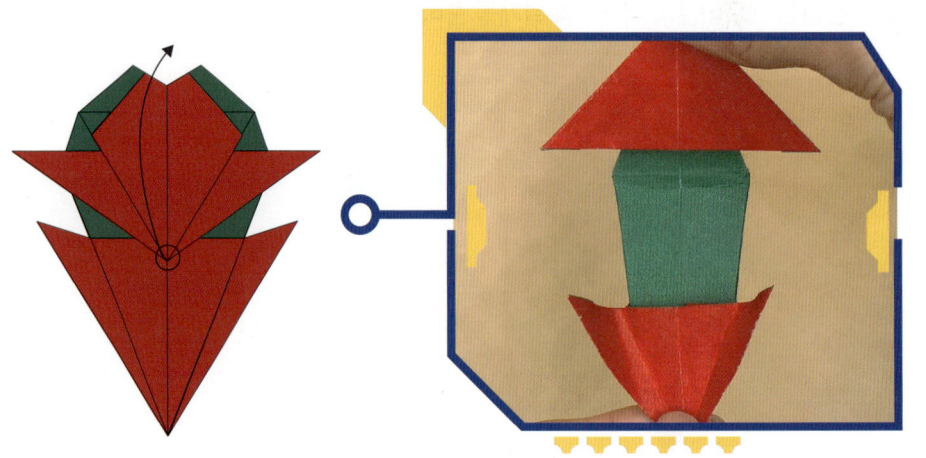

4 미니카 날개를 미니카 안 쪽에 넣어 주세요.

5 펼쳤던 부분을 화살표 방향대로 다시 접어 주세요.

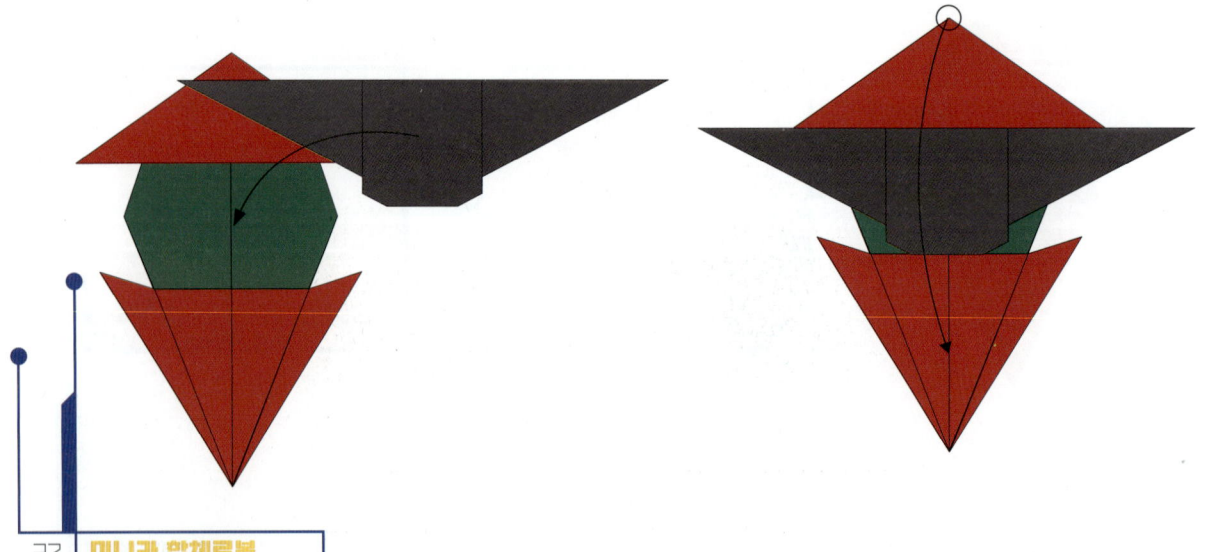

6 ○ 부분을 미니카 안 쪽에 넣어 주세요.

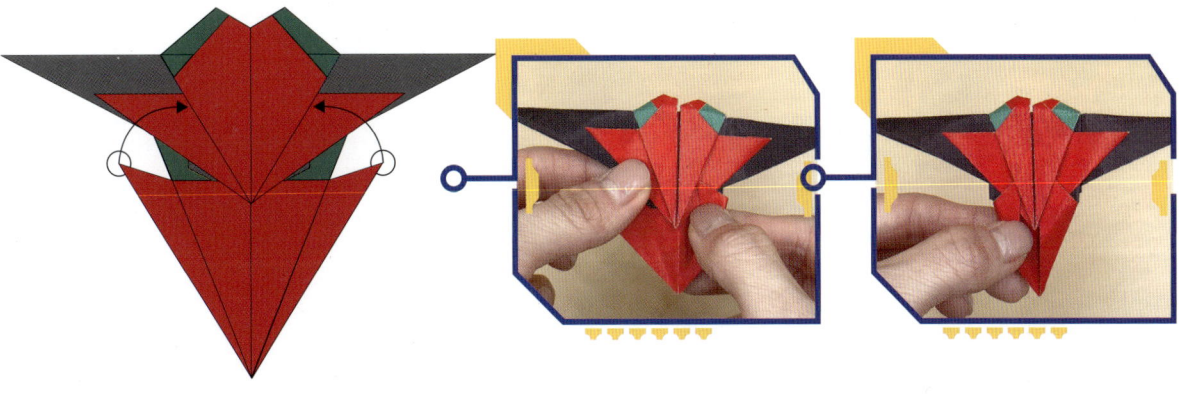

≡ 완성 ≡

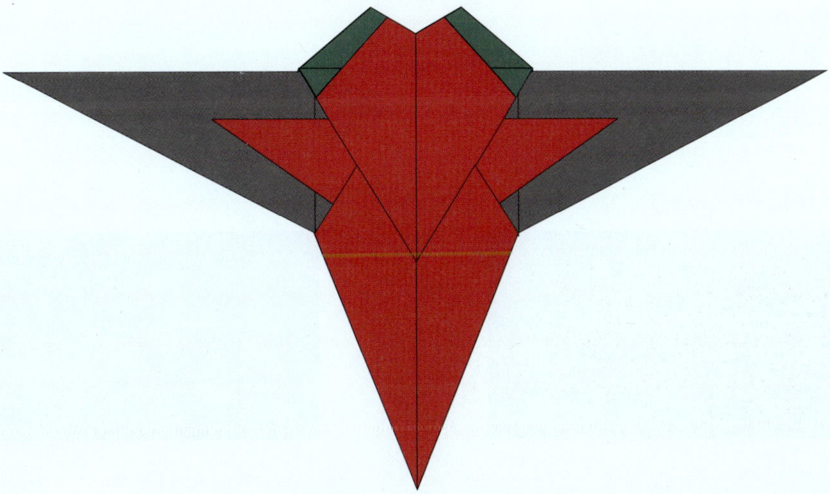

스파이더 엑스

| 1 | 반으로 접었다 펼쳐 주세요. |

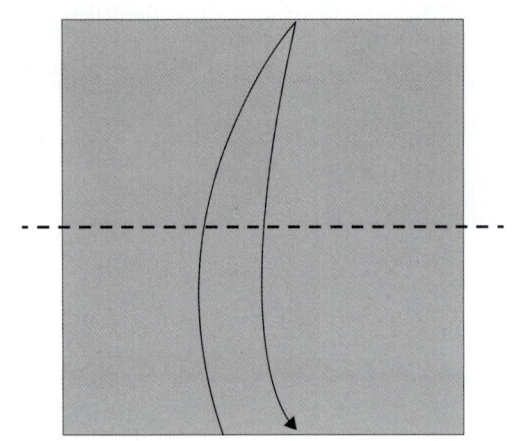

| 2 | 표시선을 따라 가위로 잘라 주세요. |

스페셜지 사용 시작

| 3 | 원하는 색(검정)을 앞장에 놓고, 반으로 접었다 펼쳐 주세요. |

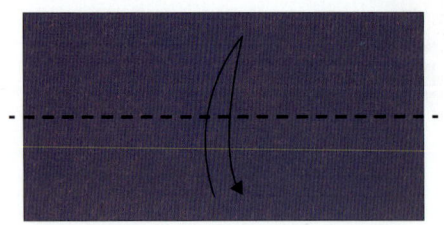

| 4 | 손가락 반 마디(0.7cm)정도 위로 올려 접어 주세요. |

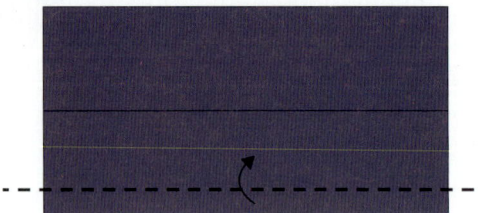

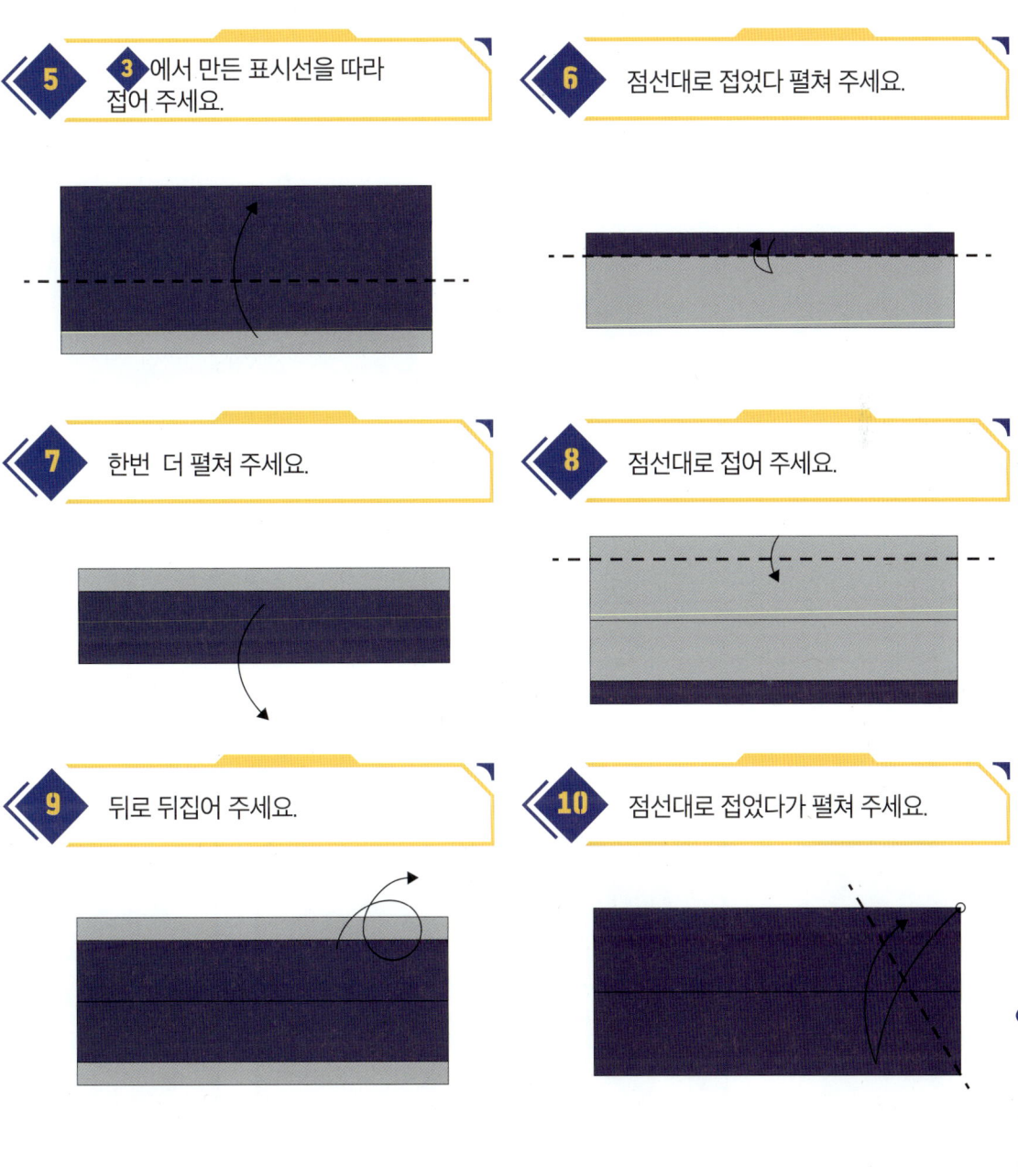

 점선대로 접었다가 펼쳐 주세요.

 뒤로 뒤집어 주세요.

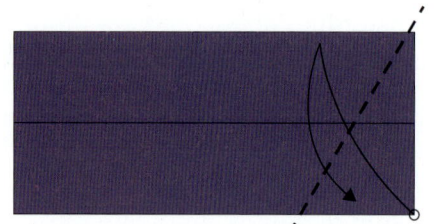

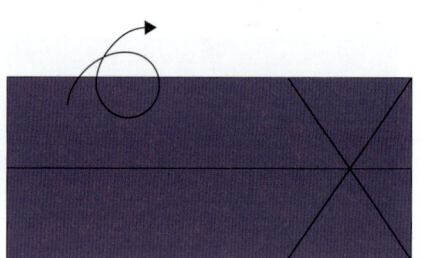

 화살표 방향으로 종이를 넣어 접어 주세요. 반대편도 10 ~ 13 까지 같은 방법으로 접어 주세요.

14 점선대로 접었다가 펼쳐 주세요.

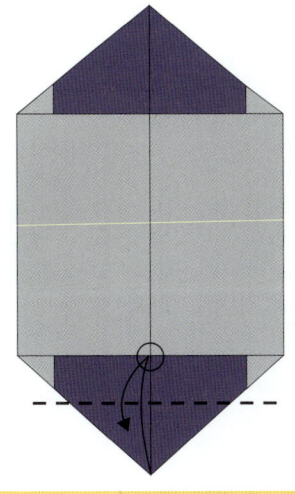

15 ○ 부분을 모두 펼쳐 주세요.

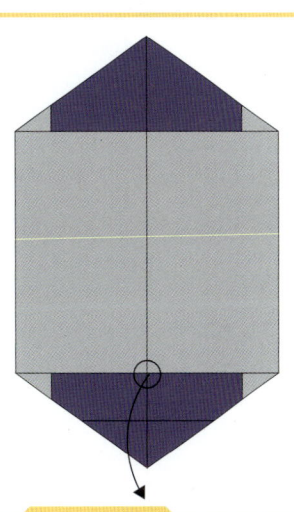

16 가운데 □ 표시선을 진하게 만들기 위해 점선대로 접었다 펼쳐 주세요.

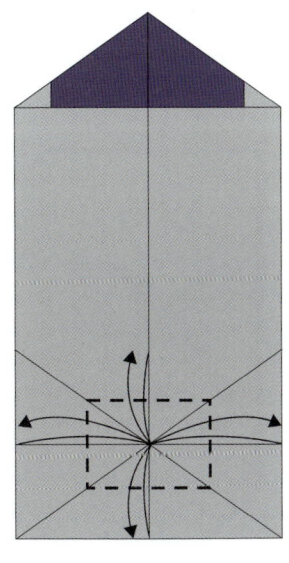

①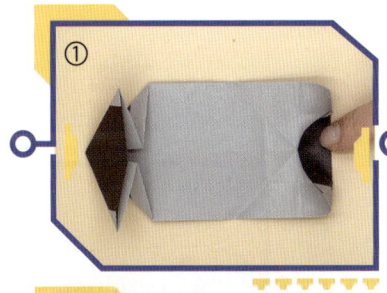

②

③

④

스파이더 엑스

17 뒤로 뒤집어 주세요.

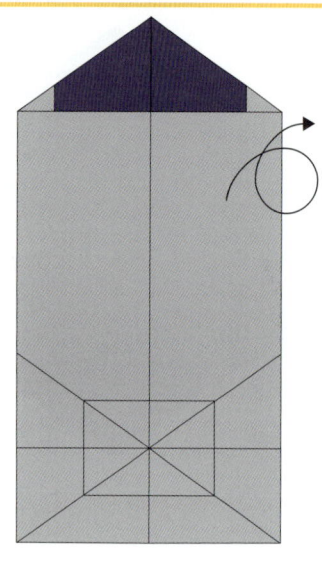

18 가운데 네모 모양이 밖으로 나올 수 있도록 화살표 부분을 손으로 잡아 주세요.

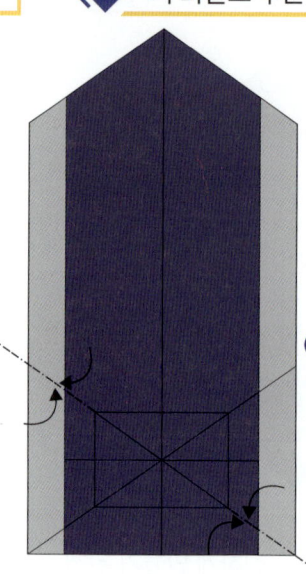

19 화살표 부분을 안으로 눌러주세요.

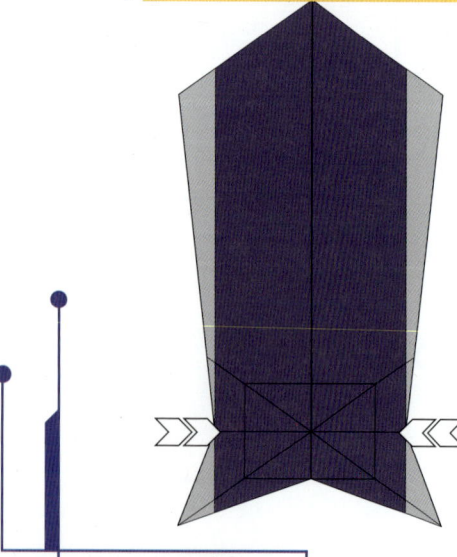

뒤로 뒤집어 주세요.

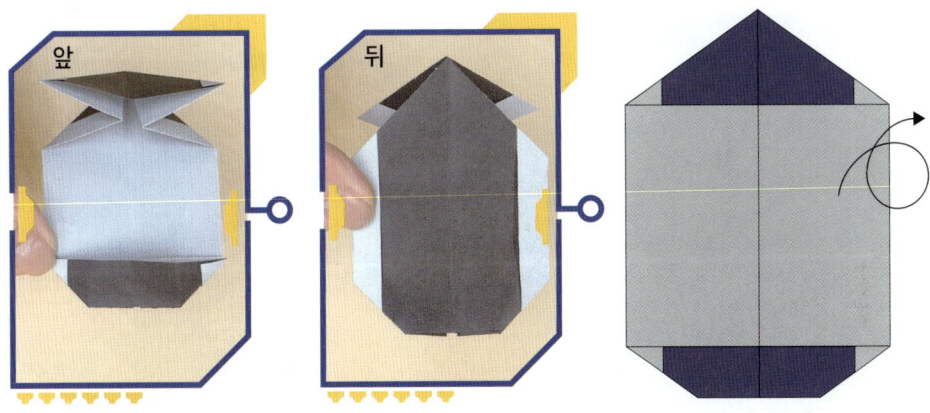

 중심선에 맞춰 점선대로 접어 주세요.

 중심선에 맞춰 점선대로 접어 주세요.

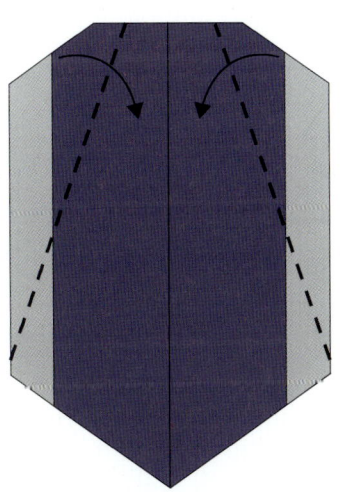
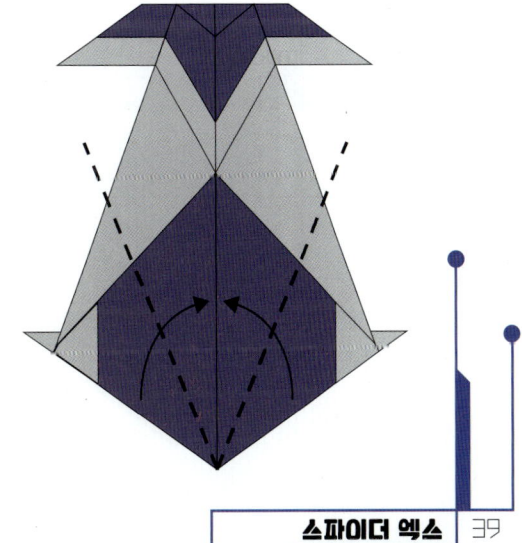

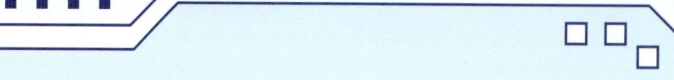

23 화살표를 따라 접어 주세요.

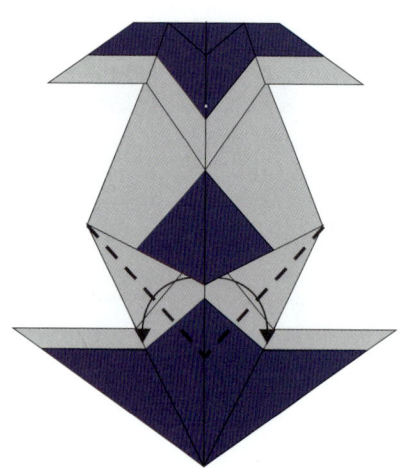

24 뒤로 뒤집어 주세요.

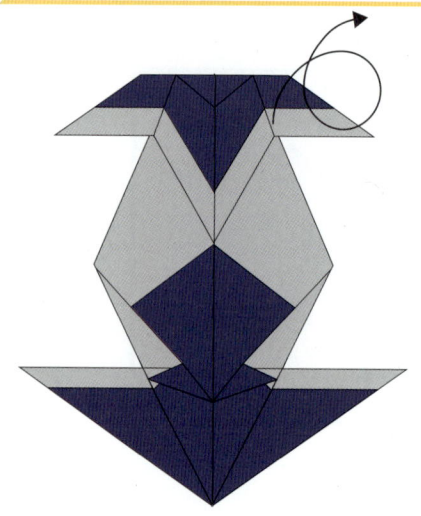

25 중심선에 맞춰 점선대로 접어 주세요.

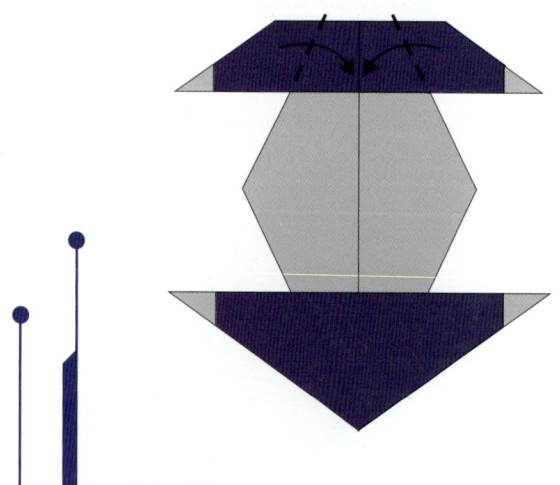

26 화살표를 따라 위로 접어 주세요.

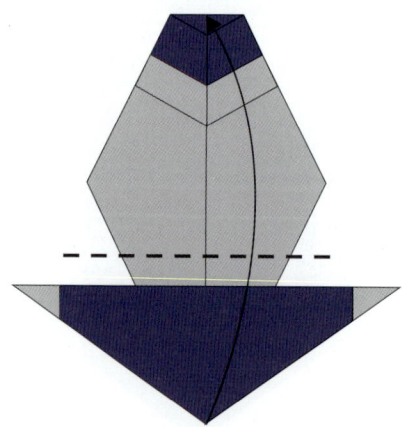

27 점선대로 접어 주세요.

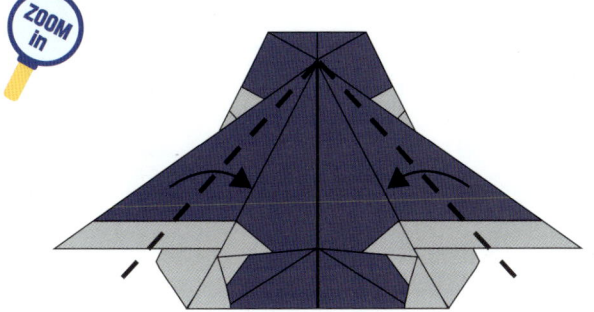

28 접었던 부분을 펼쳐 주세요.

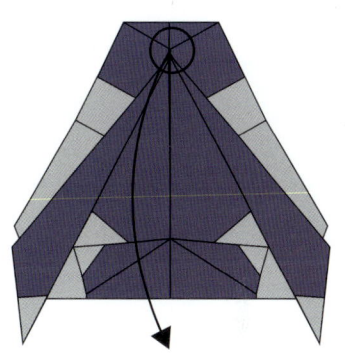

29 화살표 대로 펼쳐주세요.

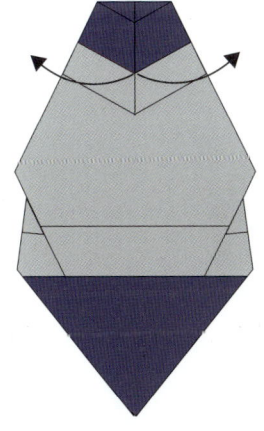

30 점선대로 접어 주세요.

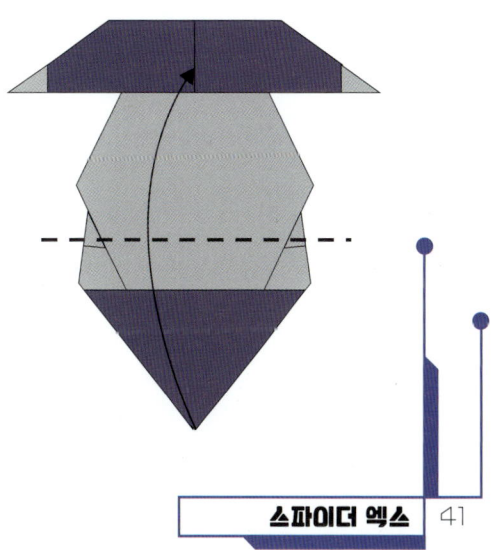

스파이더 엑스

○ 부분을 화살표 안 쪽으로 넣어 주세요.

완성

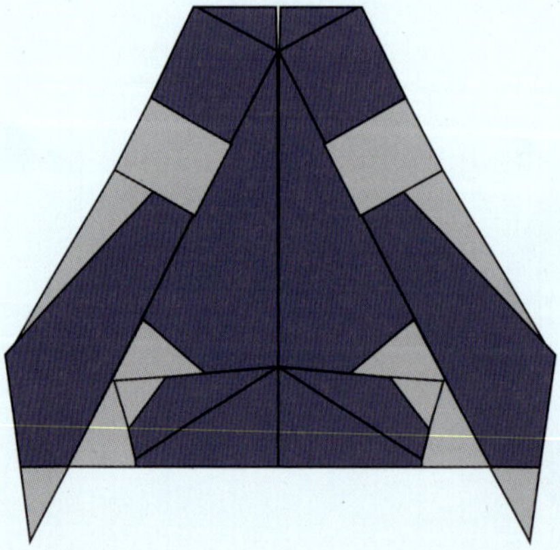

스파이더 엑스 날개

스페셜지 사용 시작

 나머지 반 장을 준비해 주세요.
원하는색(검정)을 뒷장에 놓아 주세요.

 반으로 접었다 펼쳐 주세요.

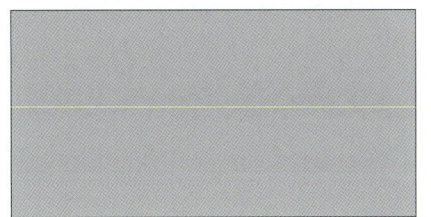

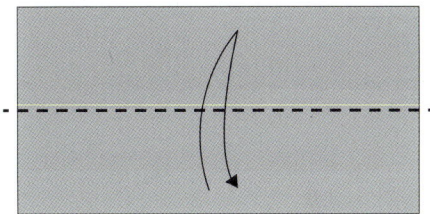

 손가락 반 마디(0.7cm)정도 위로 올려 접어 주세요.

4 3에서 만든 표시선을 따라 접어 주세요.

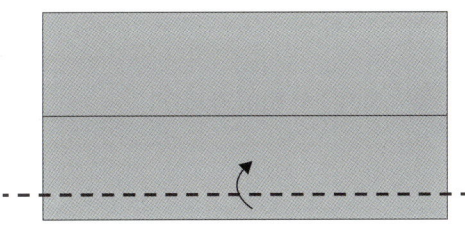

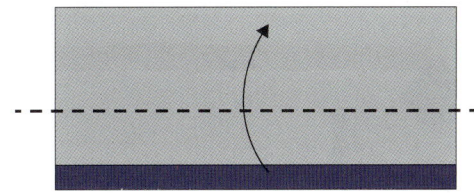

 점선대로 접었다 펼쳐 주세요.

6 한번 더 펼쳐 주세요.

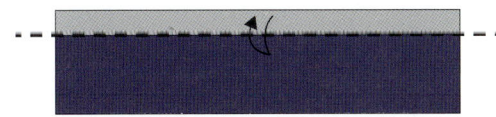

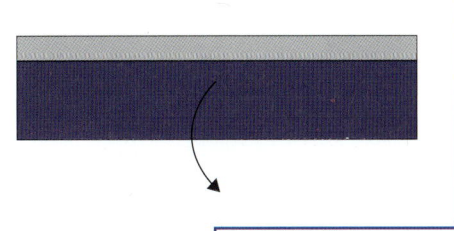

7 점선대로 접어 주세요.

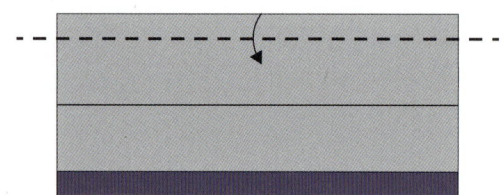

8 중심선에 맞춰 점선대로 접어 주세요.

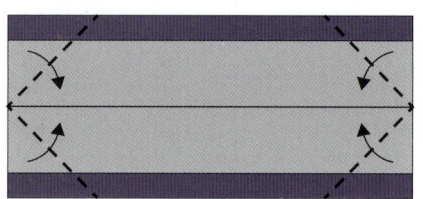

9 반으로 접었다 펴 주세요.

10 점선대로 접어 주세요.

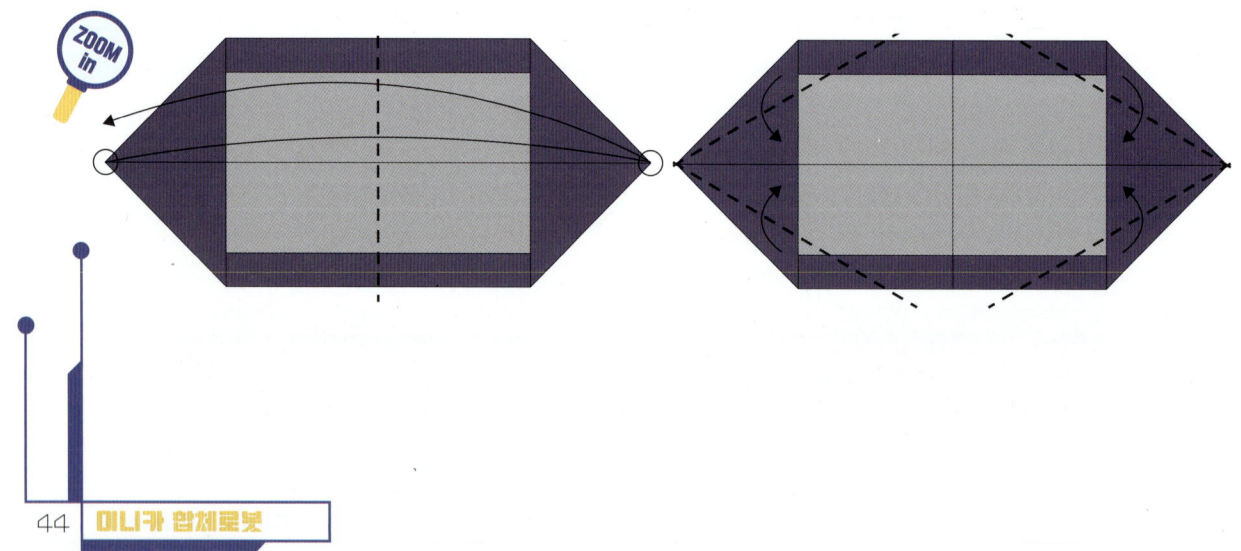

반으로 접어 주세요.

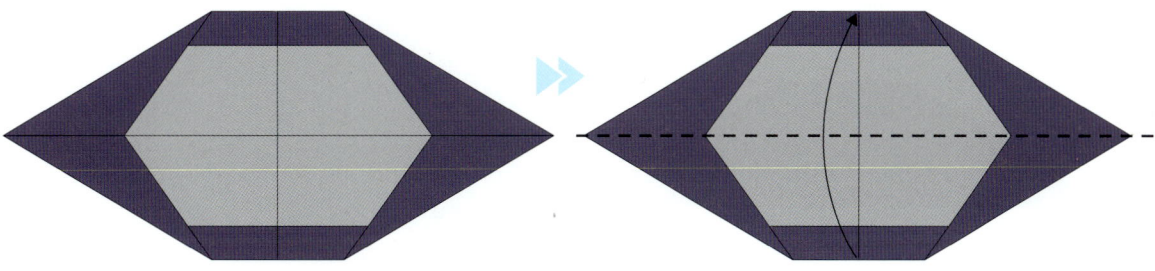

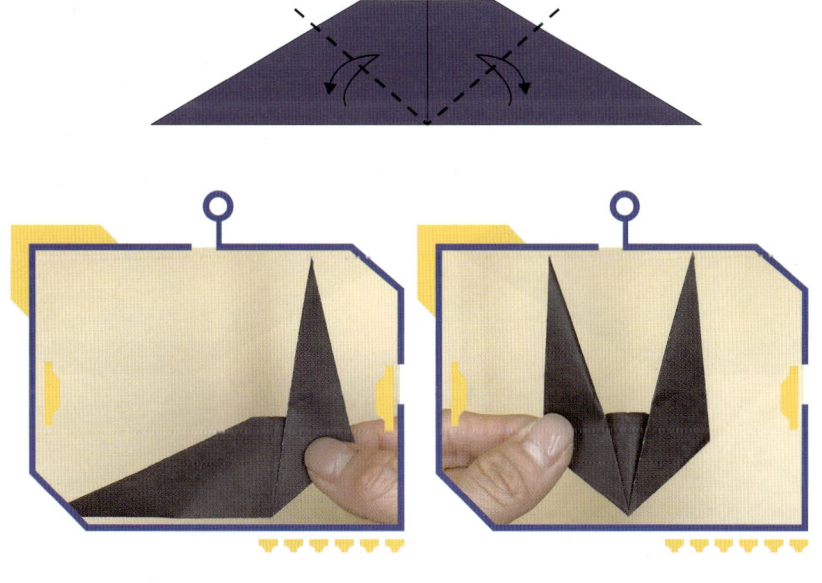 가운데 표시선에서 0.3cm 떨어지도록 비스듬하게 접었다 펼쳐 주세요.

13
위에 한 장만 펼쳐 주세요.

14
점선대로 접었다 펼쳐 주세요.

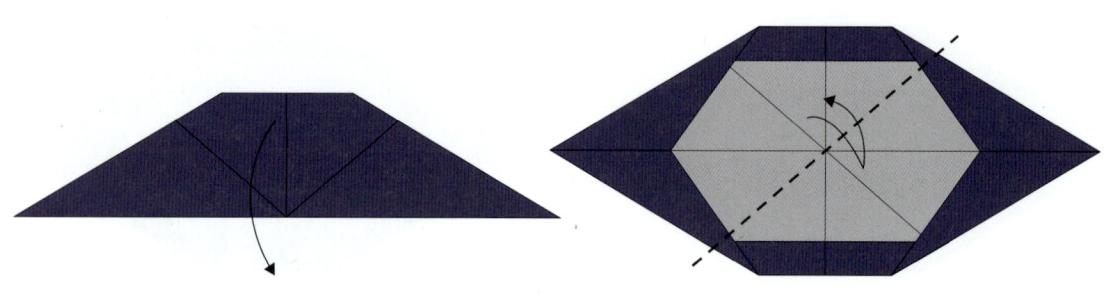

15
점선대로 접었다 펼쳐 주세요.

16
뒤로 뒤집어 주세요.

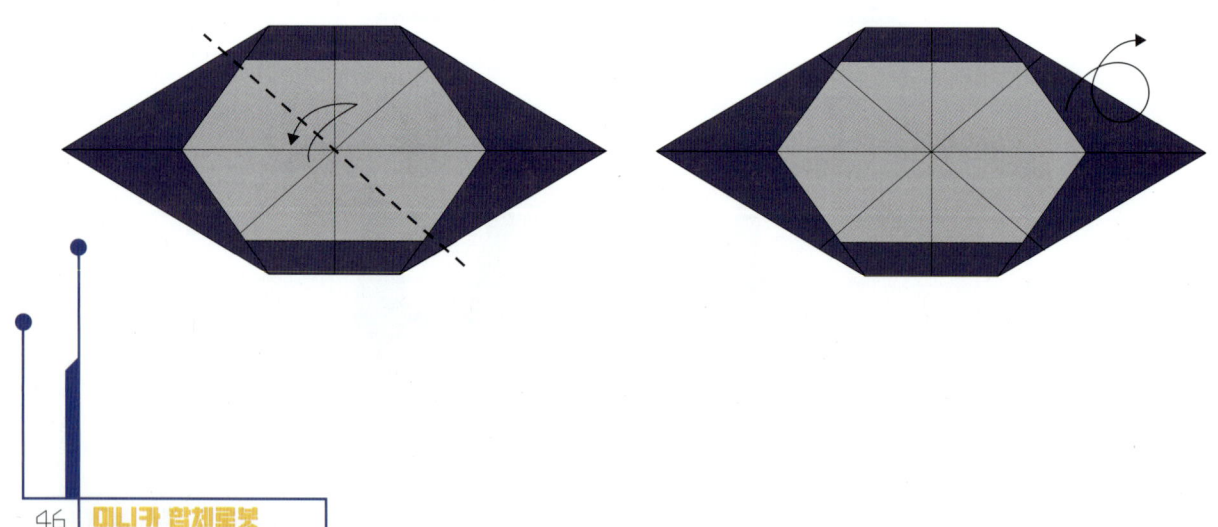

화살표 부분을 안쪽으로 넣으면서 접어 주세요.

 점선대로 접어 주세요. 뒷면도 똑같이 접어 주세요.

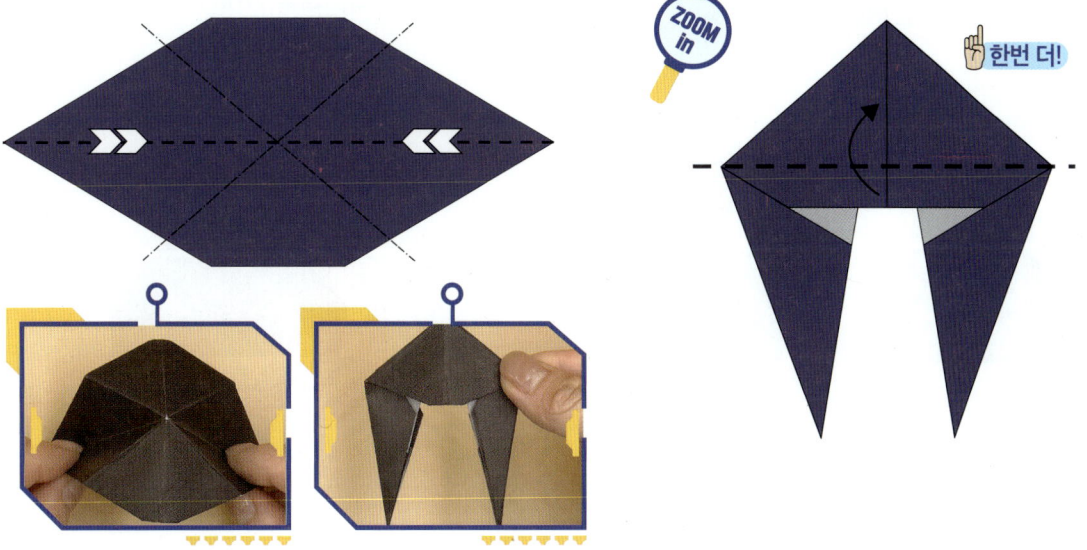

완성

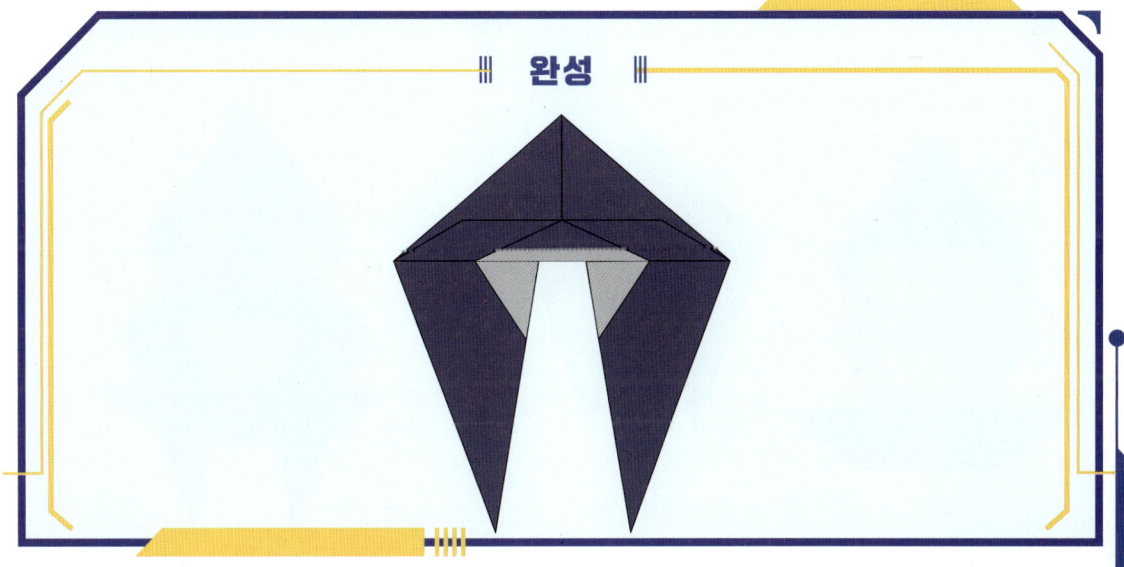

스파이더 엑스 날개

스파이더 엑스 몸 합체

 완성된 스파이더 엑스 미니카와 날개를 준비해 주세요.

 안쪽 종이들을 꺼내어 펼쳐 주세요.

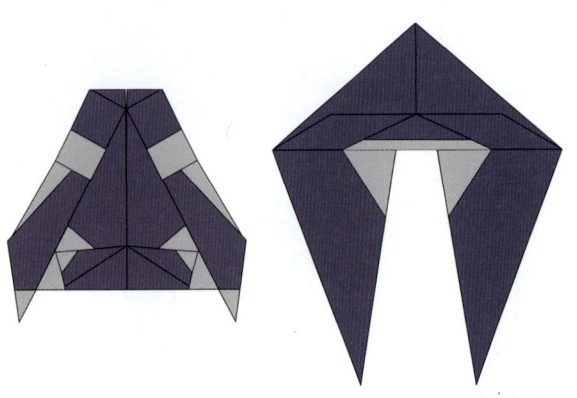

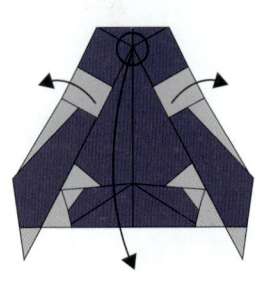

 펼쳐진 미니카 안에 날개를 끼워 넣어 주세요.

4 ○ 부분을 화살표 방향대로 접어 주세요.

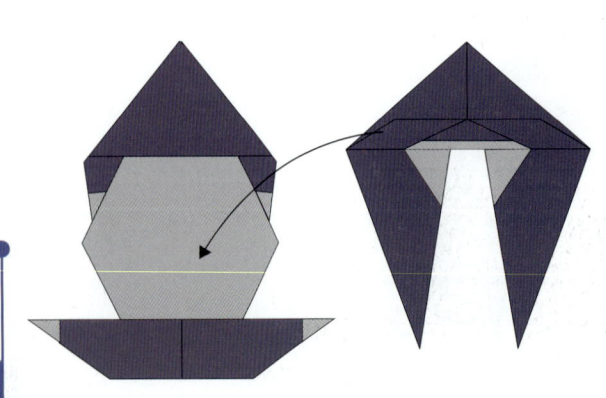

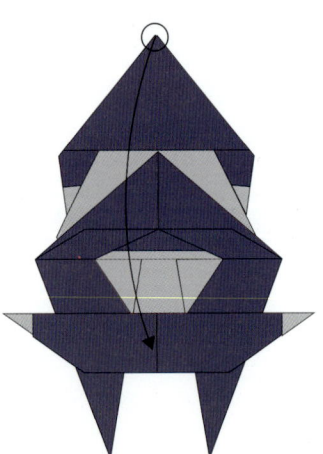

5 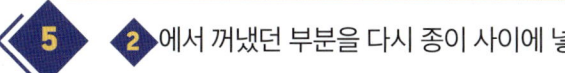에서 꺼냈던 부분을 다시 종이 사이에 넣어 주세요.

완성

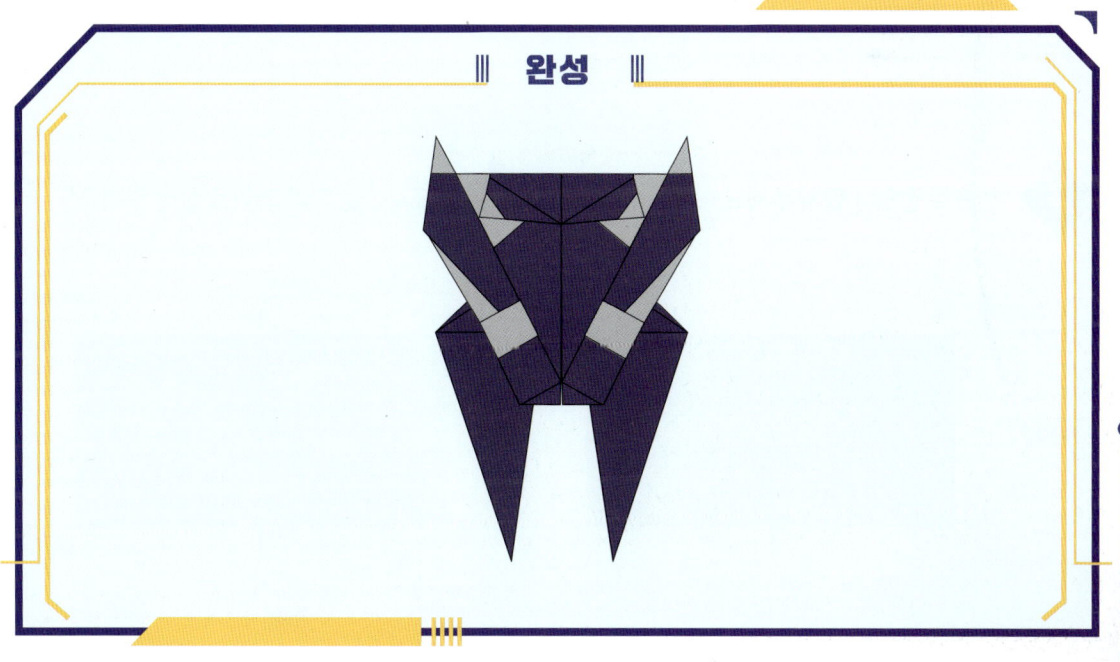

스파이더 엑스 머리

 종이를 1/8로 잘라 줄 거예요.
먼저 반으로 접었다 펼쳐 주세요.

 표시선을 따라 가위로 잘라 주세요.

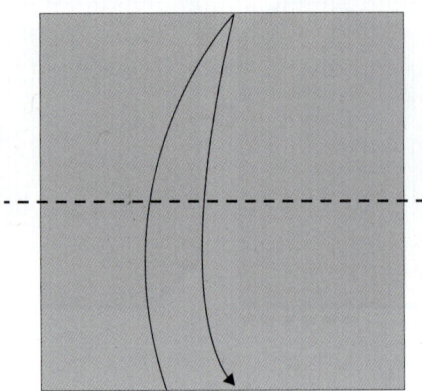

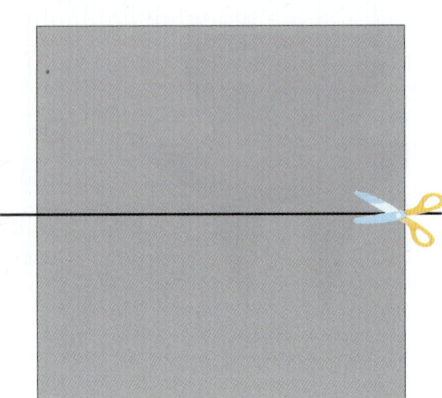

 반으로 접었다 펼쳐 주세요.

표시선을 따라 가위로 잘라 주세요.

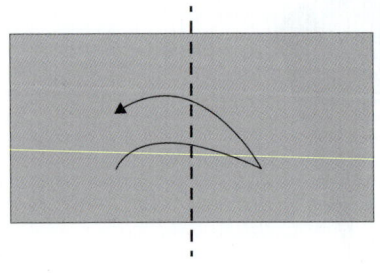

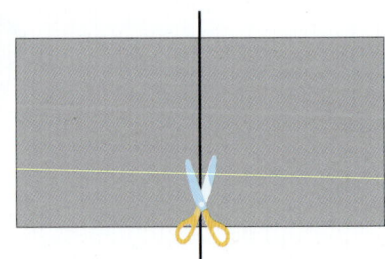

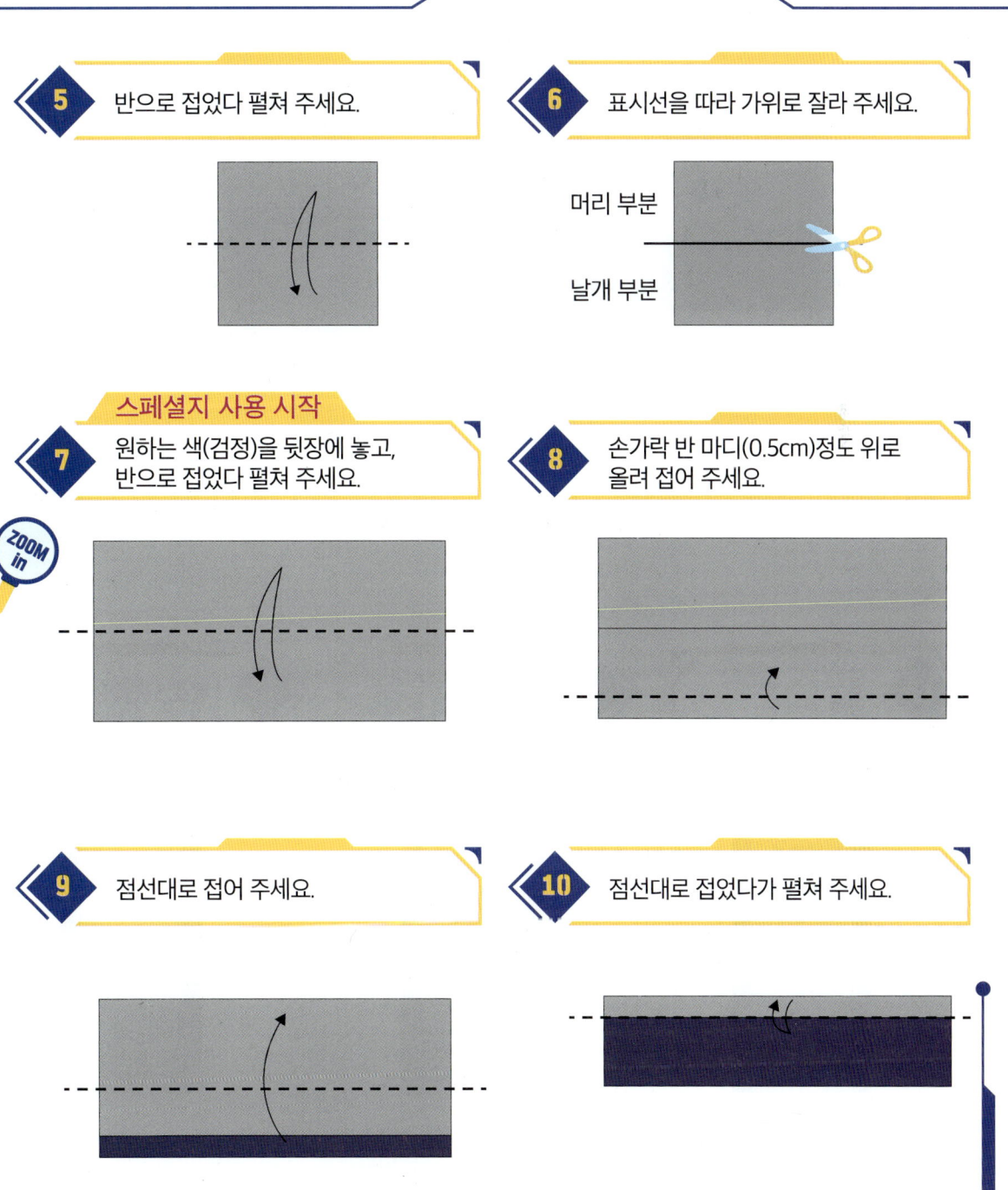

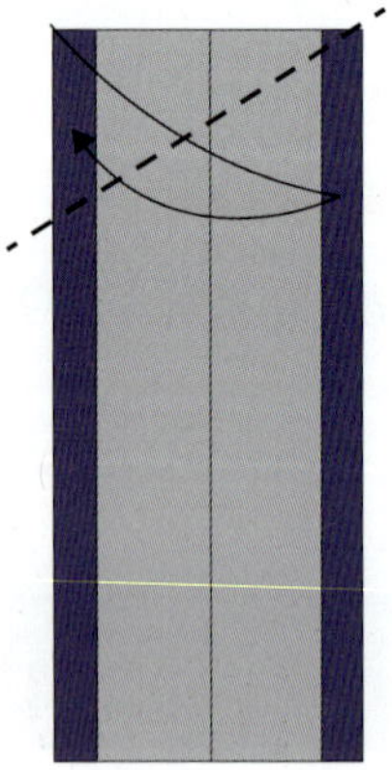

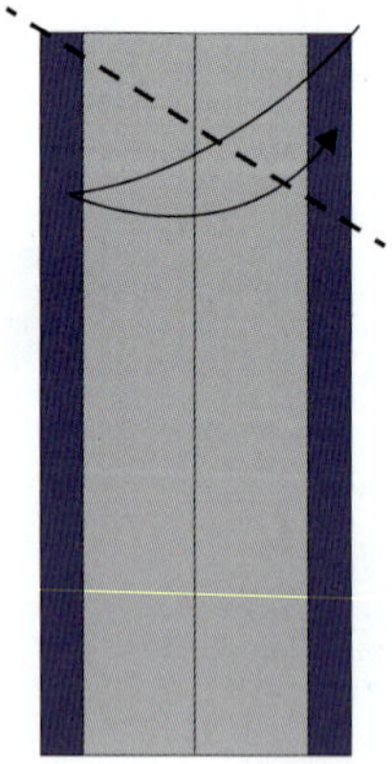

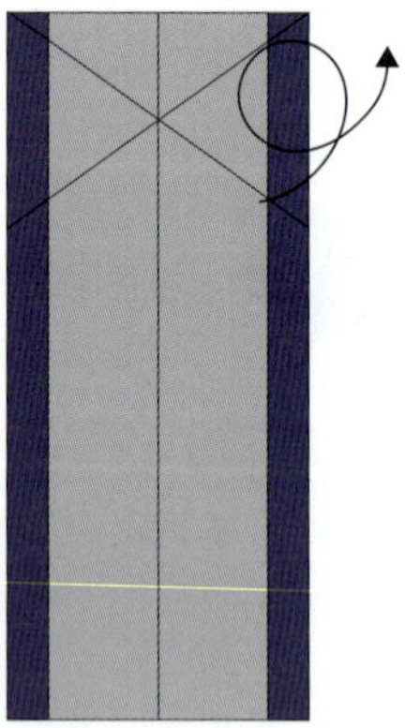

16 화살표 방향으로 종이를 넣어 주세요. 반대편도 **13** ~ **16** 까지 같은 방법으로 접어 주세요.

17 점선을 따라 접었다 펼쳐 주세요.

18 ○ 부분을 펼쳐 주세요.

스파이더 엑스 머리

19 가운데 □ 표시선을 진하게 만들기 위해 점선대로 접었다 펼쳐 주세요.

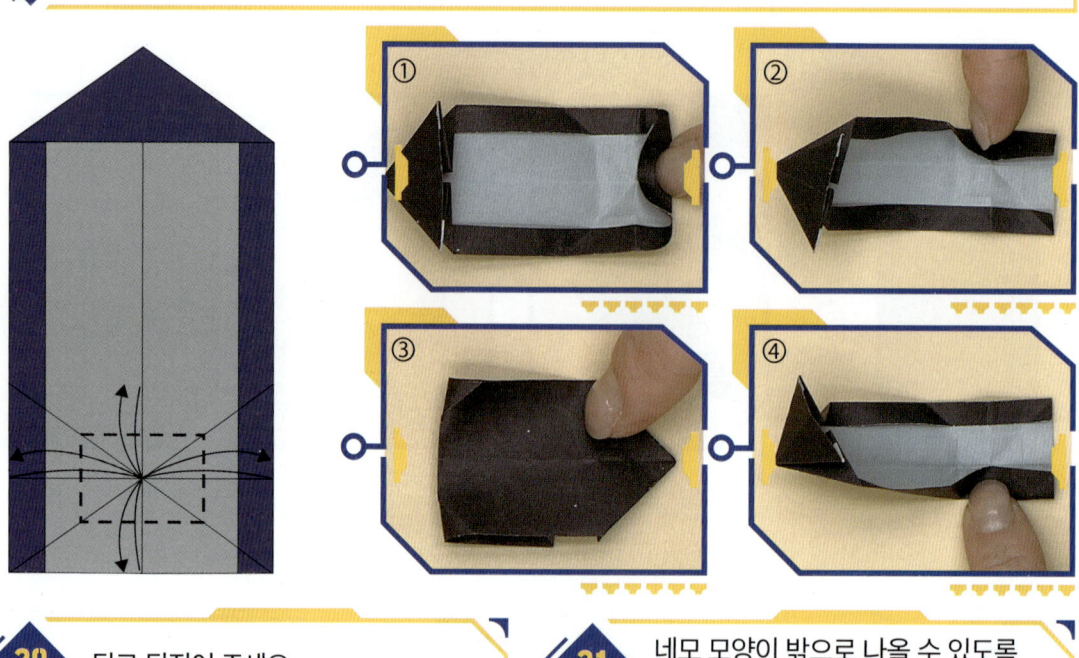

20 뒤로 뒤집어 주세요.

21 네모 모양이 밖으로 나올 수 있도록 화살표 부분을 손으로 잡아 주세요.

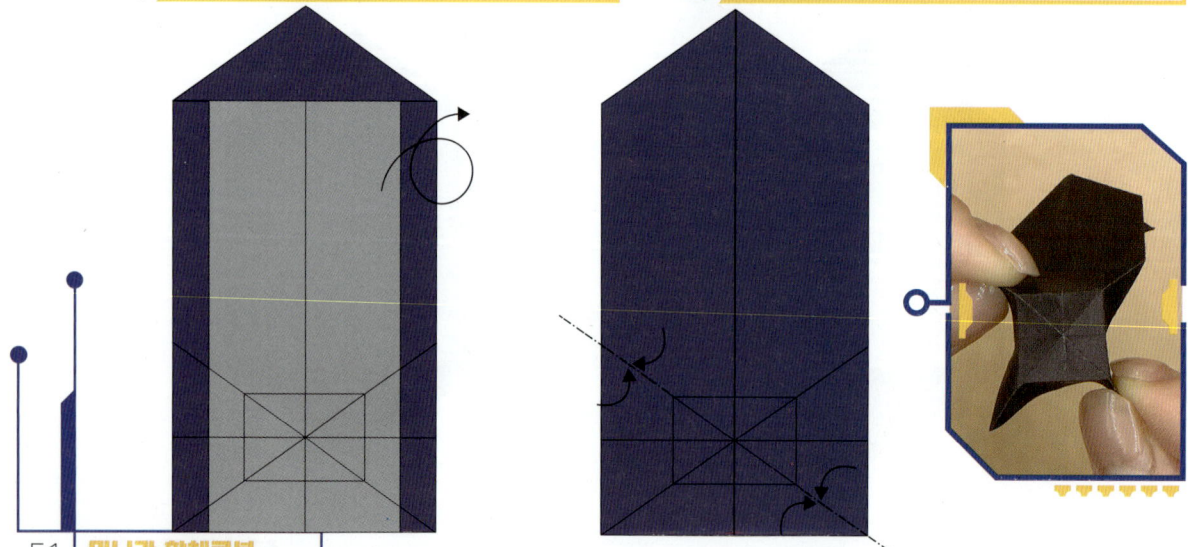

22 화살표 부분을 안쪽으로 눌러 접어 주세요.

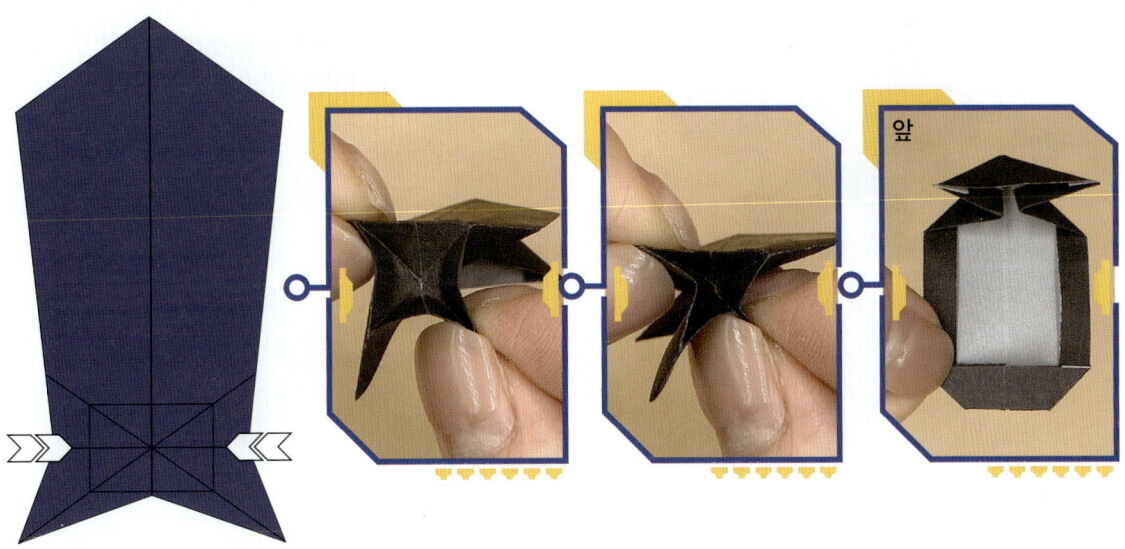

23 뒤로 뒤집어 주세요.

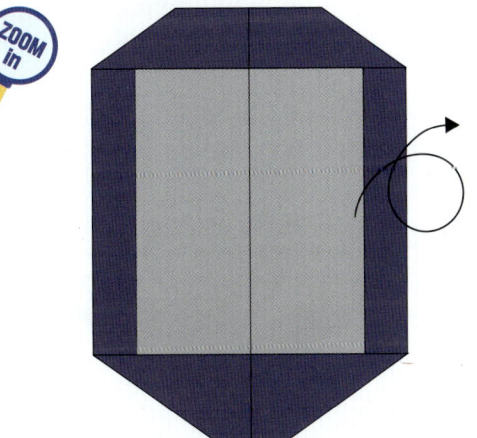

24 가운데 선에 맞춰서 점선대로 접어 주세요.

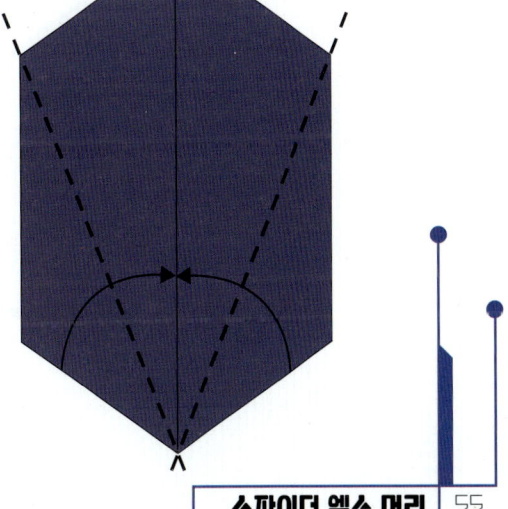

스파이더 엑스 머리

○ 부분이 가운데 선에 닿도록 접어 주세요.

 뒤로 뒤집어 주세요.

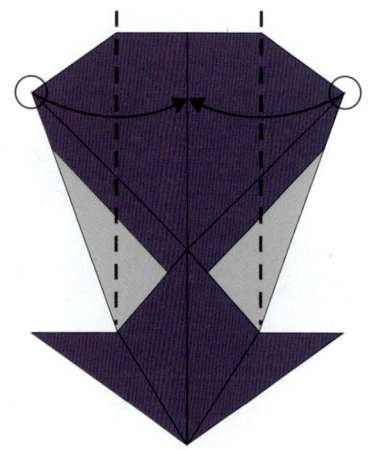

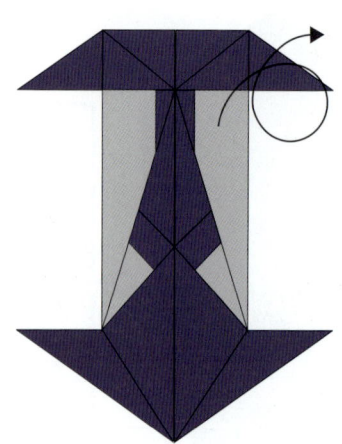

 가운데 선에 맞춰 접었다 펼쳐 주세요.

점선대로 접어 주세요.

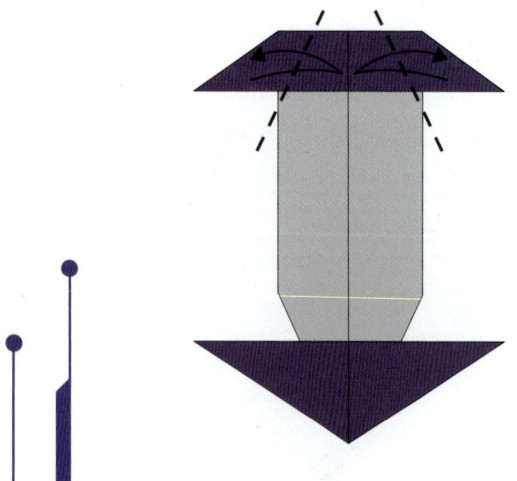

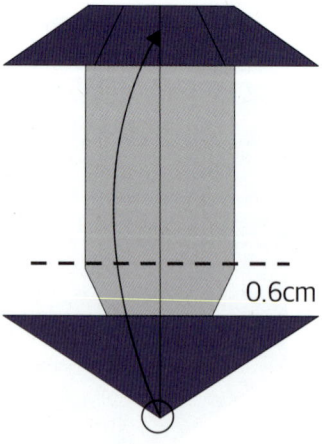

0.6cm

펼쳤던 부분을 종이 안쪽에 넣어 주세요.

완성

스파이더 엑스 머리

스파이더 엑스 머리 날개

1 스파이더 엑스 머리접기 에서 자른 나머지 반장을 준비해 주세요.

스페셜지 사용 시작

2 원하는 색(검정)을 뒷장에 놓고, 반으로 접었다 펴 주세요.

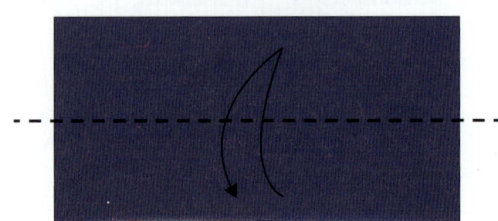

3 점선대로 접어 주세요.

4 반으로 접었다 펴 주세요.

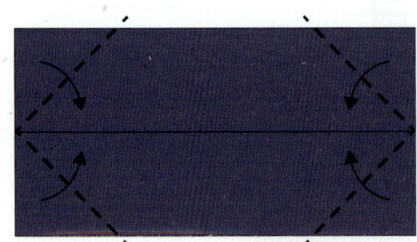
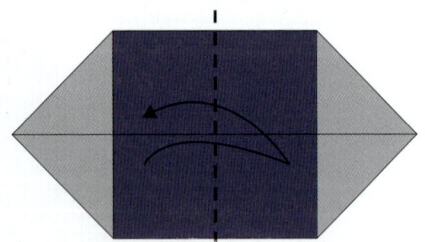

○ 부분이 맞닿을 수 있도록 접었다 펼쳐 주세요.

 ○ 부분이 맞닿을 수 있도록 접었다 펼쳐 주세요.

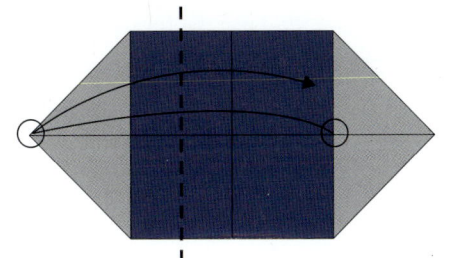

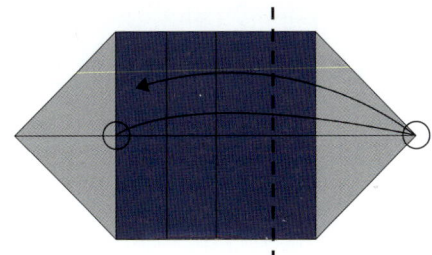

점선을 따라 순서대로 접어 주세요.

반으로 접어 주세요.

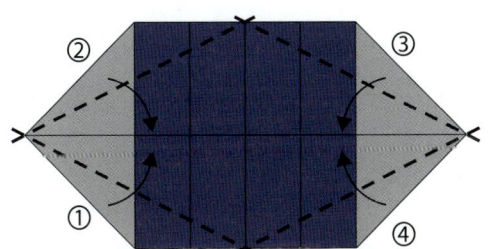

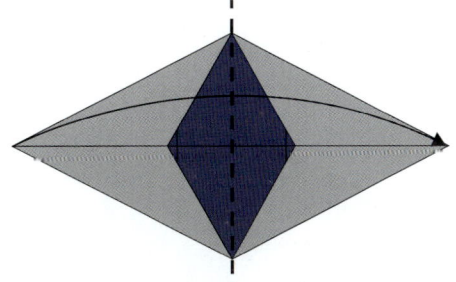

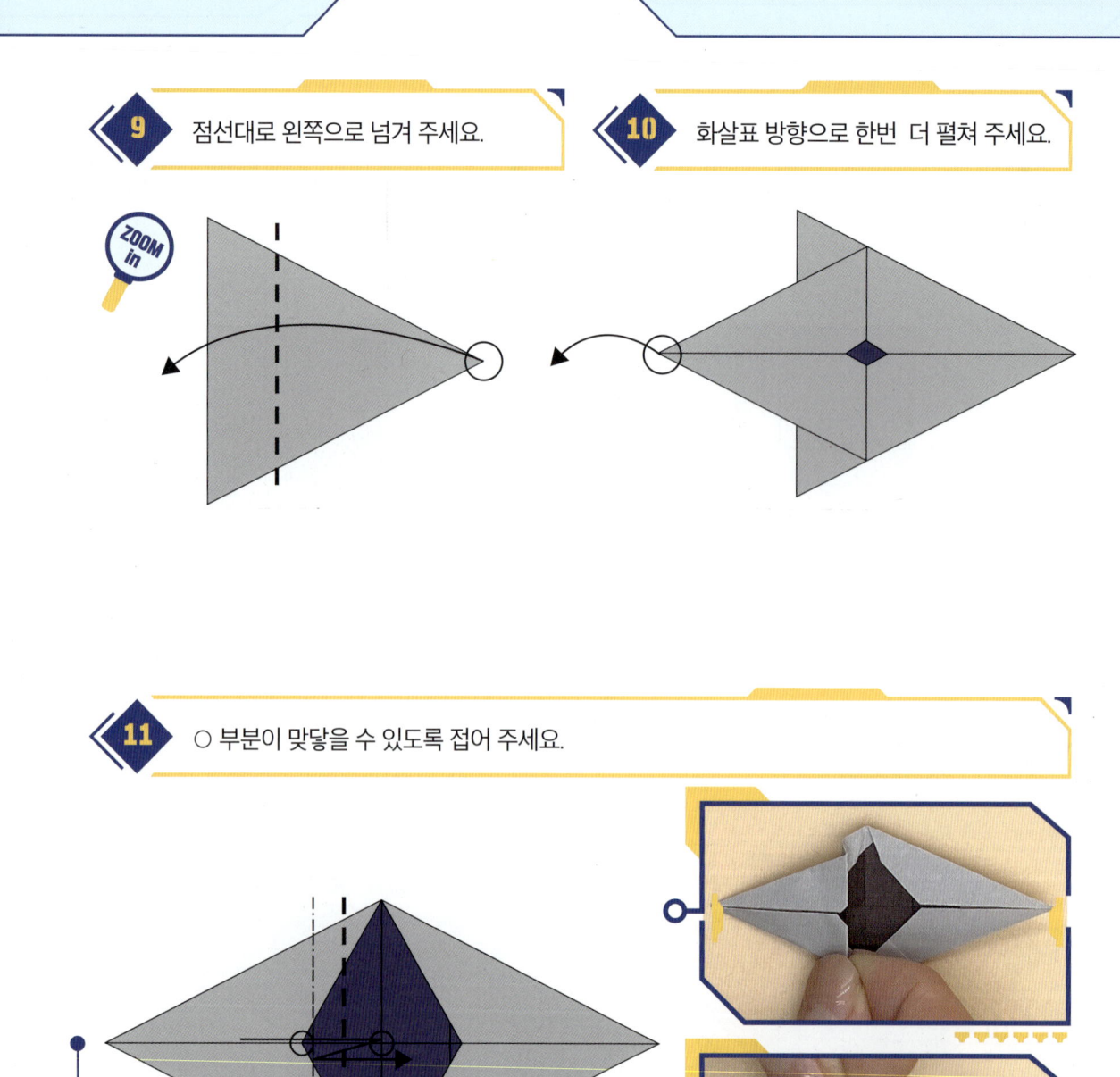

12 점선대로 접어 주세요.

13 점선을 따라 오른쪽으로 넘겨 주세요.

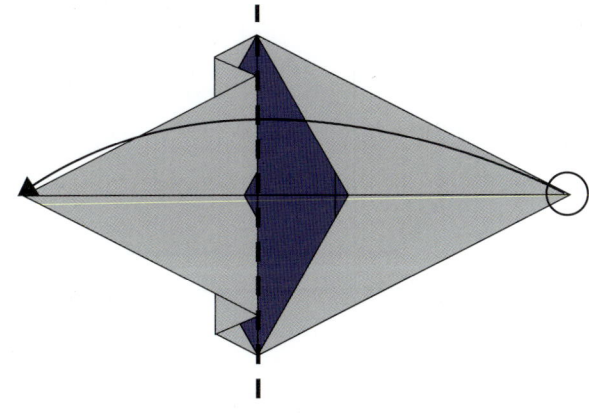
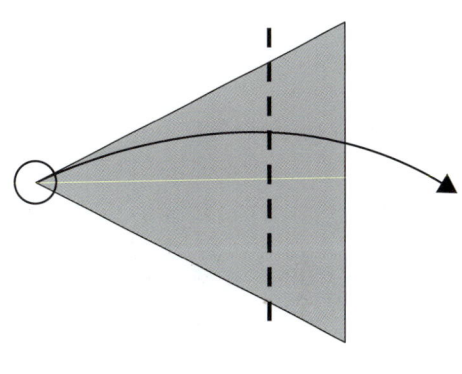

14 한번 더 펼쳐 주세요.

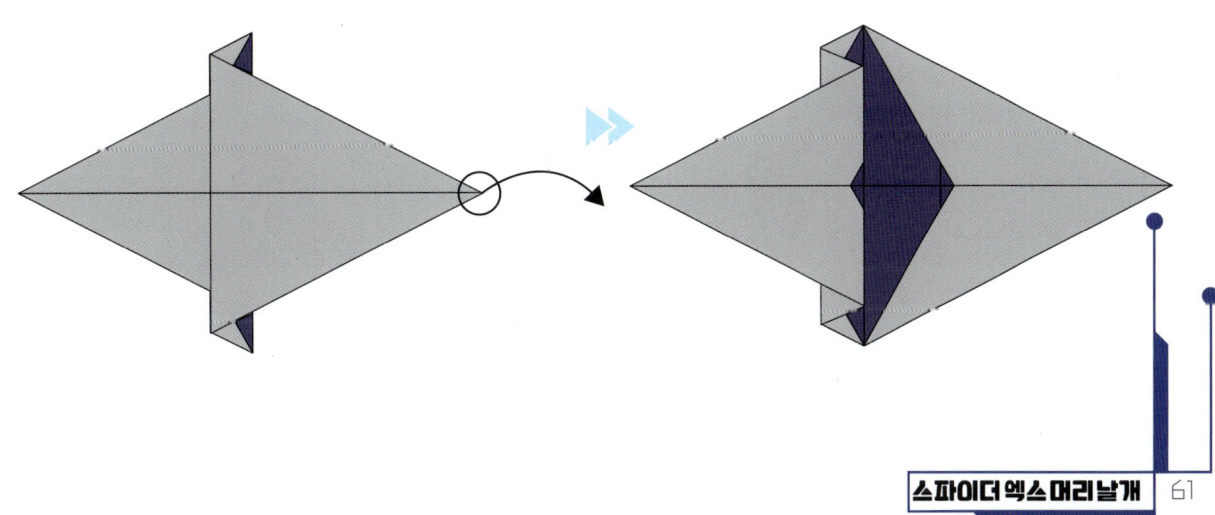

○ 부분이 맞닿을 수 있도록 접어 주세요.

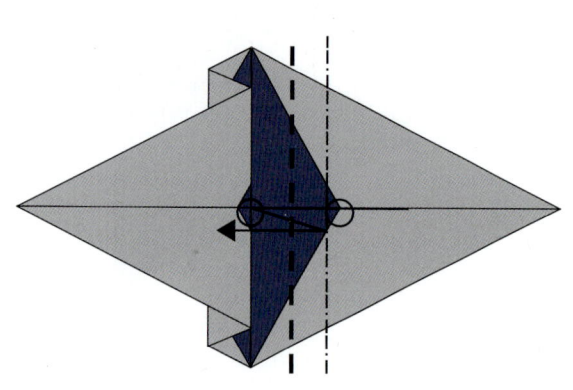

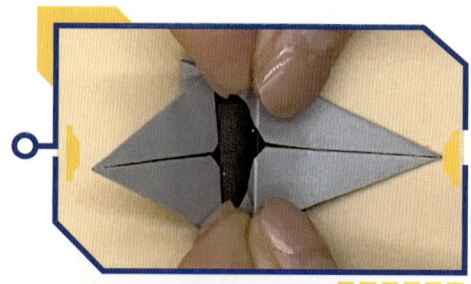

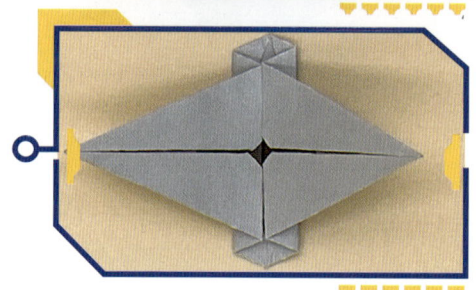

16 점선대로 반으로 접어 주세요.

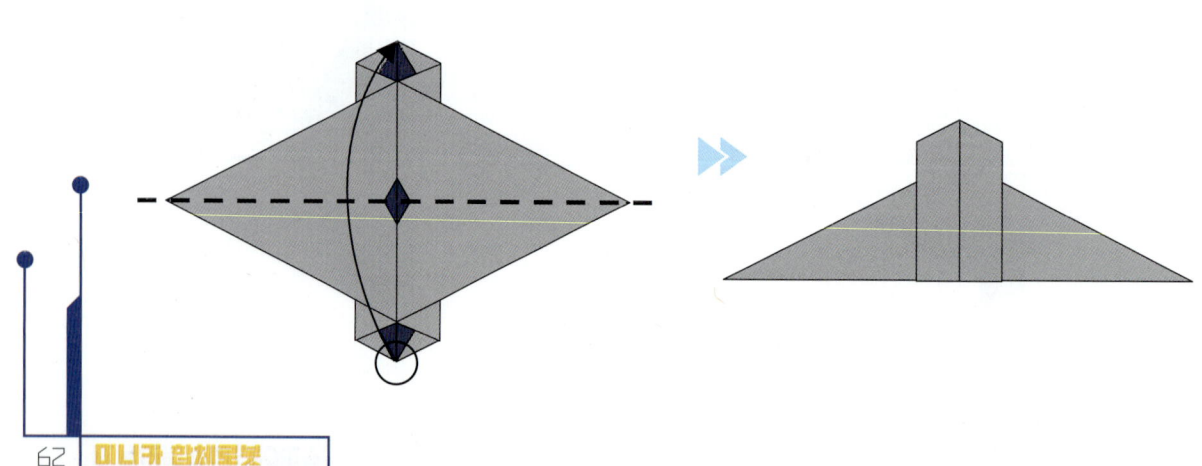

점선대로 접었다 펼친 후, ○ 부분을 한번 더 펼쳐주세요.

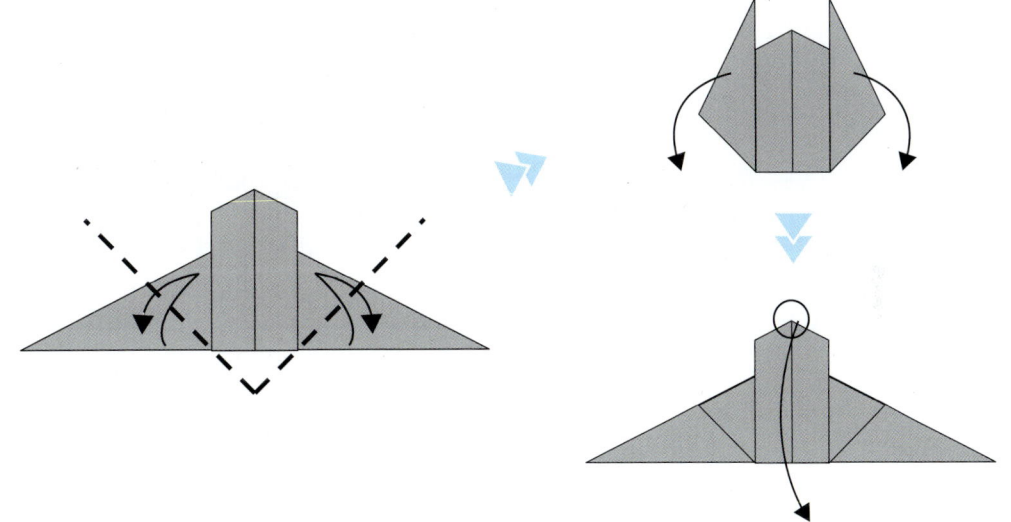

18 점선대로 접었다 펼쳐 준 뒤 뒤집어 주세요.

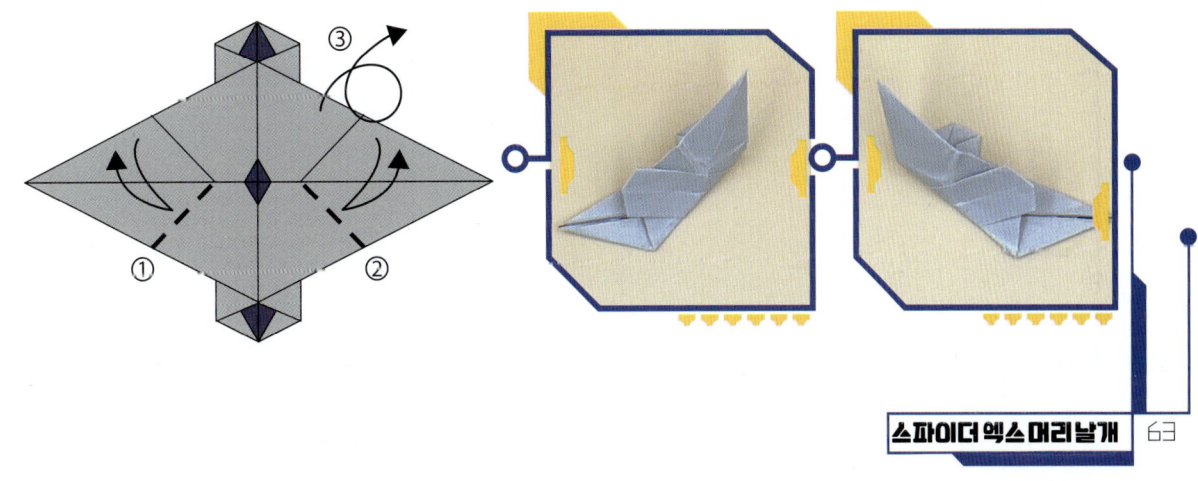

19 안쪽으로 모아 접어 주세요.

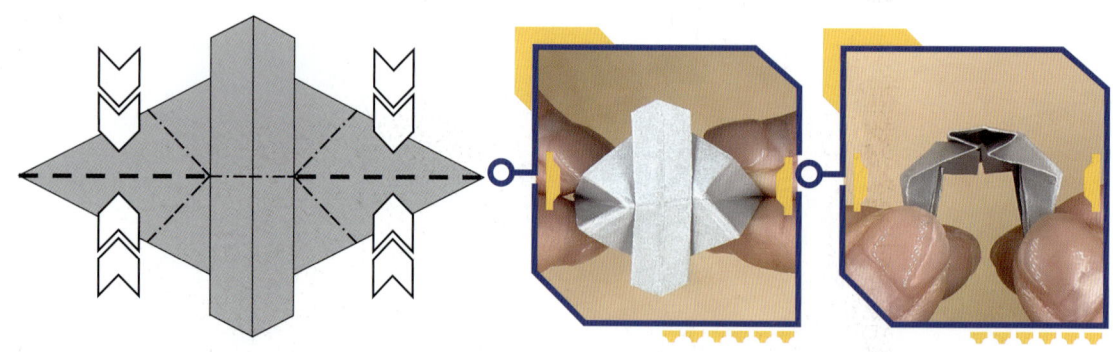

완성

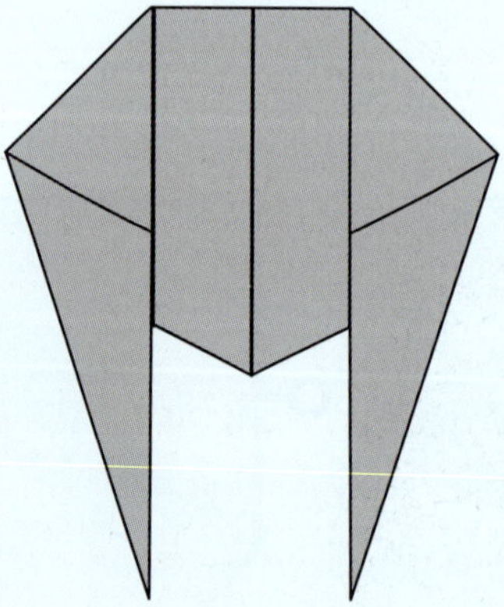

스파이더 엑스 머리 합체

접는 방법 영상

1 스파이더 엑스 머리 미니카와 머리 날개를 준비해 주세요.

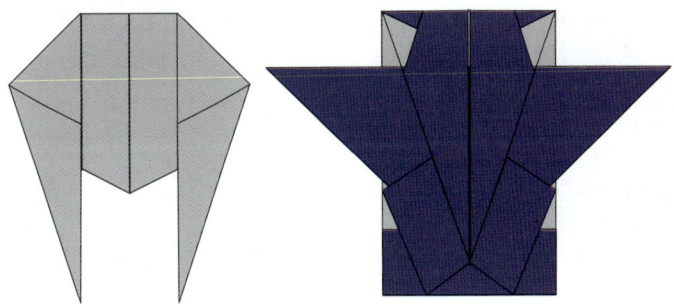

2 화살표 방향으로 빼 주세요.

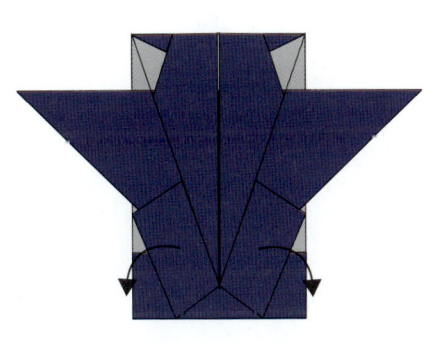

스파이더 엑스 머리 합체

3 화살표 방향으로 빼 주세요.

4 머리 날개를 미니카 안에 넣어 주세요.

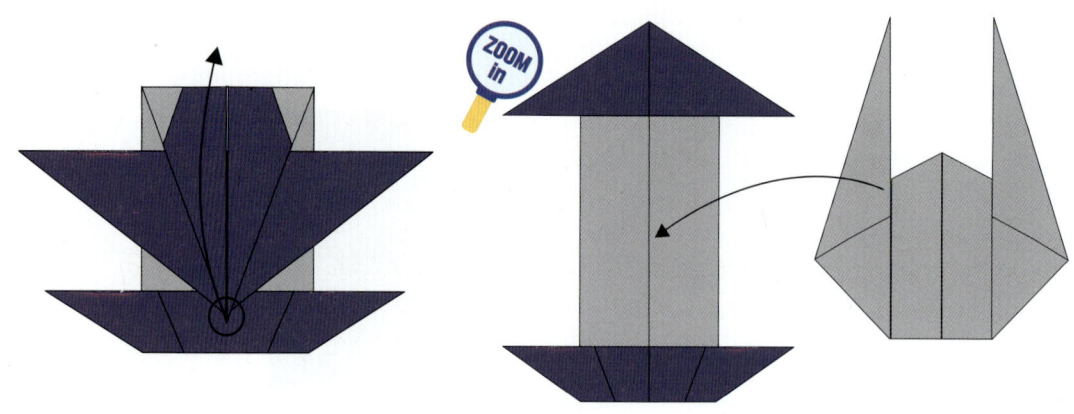

5 다시 덮어 주세요.

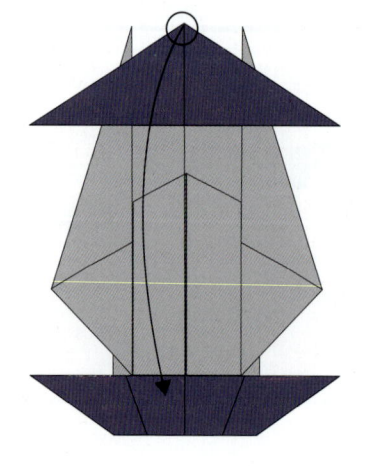
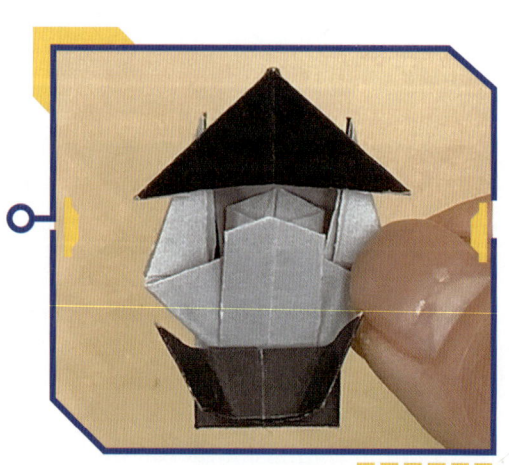

6 ○ 부분을 화살표 사이에 끼어 넣어주세요.

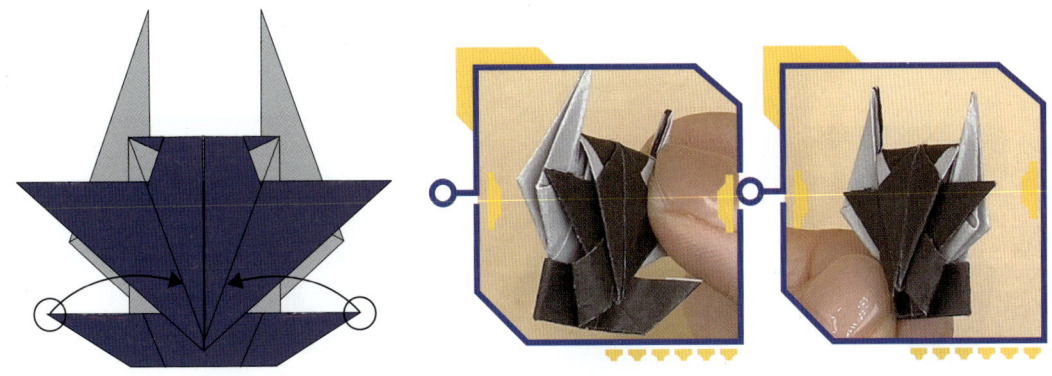

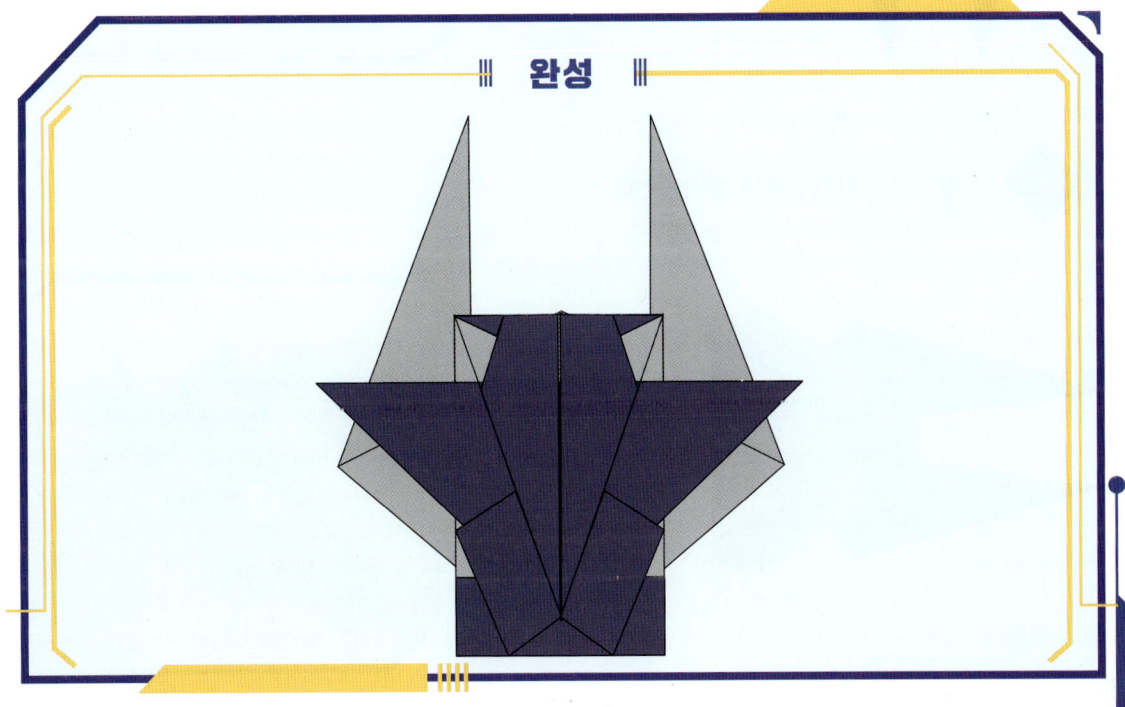

≡ 완성 ≡

스파이더 엑스 머리 합체

스파이더 엑스 합체

접는 방법 영상

1 합체된 스파이더 엑스 몸과 머리를 준비해 주세요.

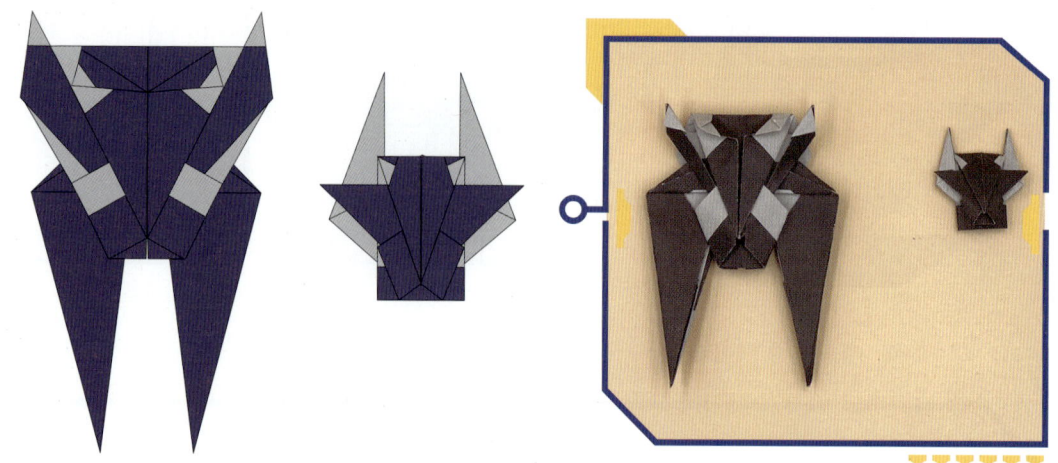

2 사진처럼 머리를 안쪽에 넣어 주세요.

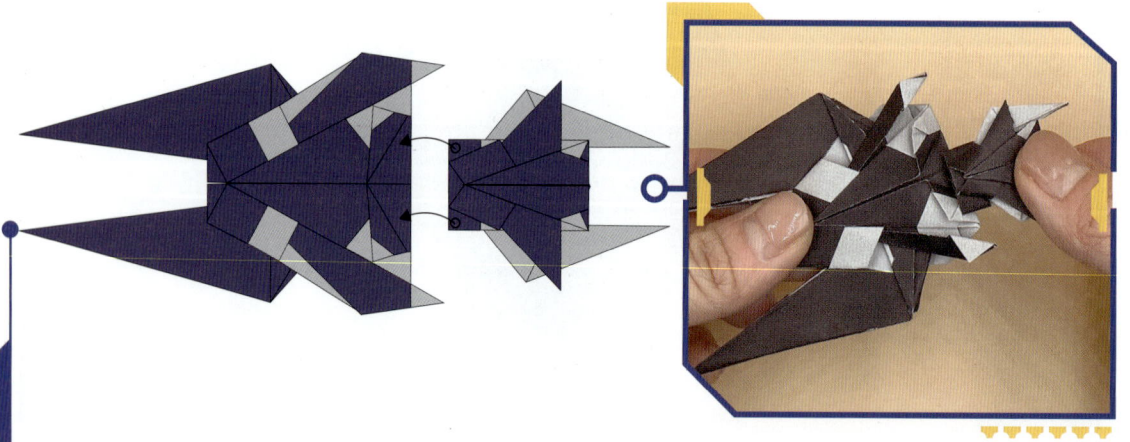

완성

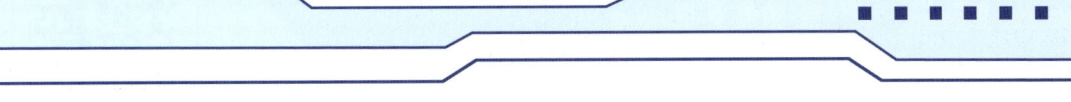

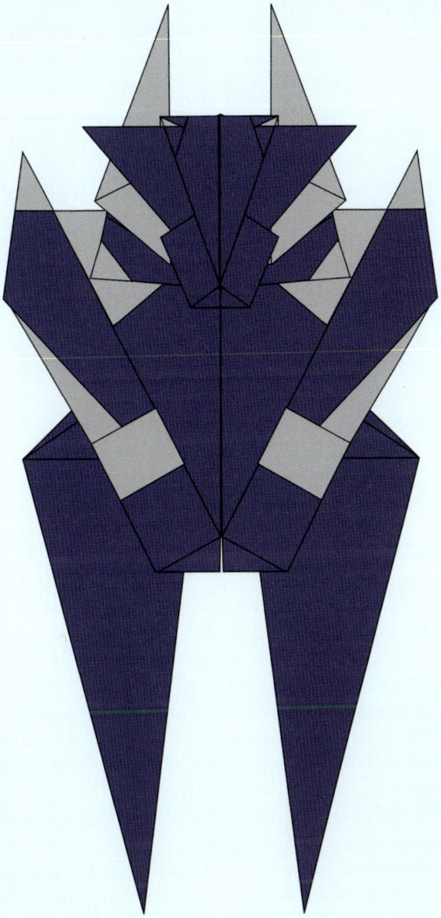

스파이더 엑스 합체

트윈 카미온

접는 방법 영상

1 반으로 접었다 펼쳐 주세요.

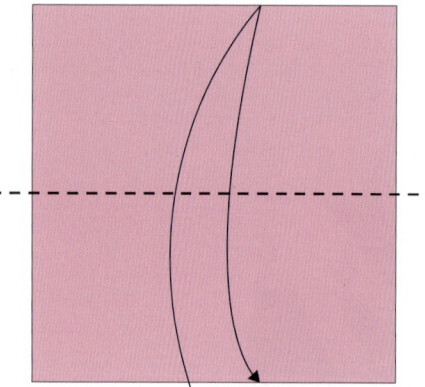

2 표시선을 따라 가위로 잘라 주세요.

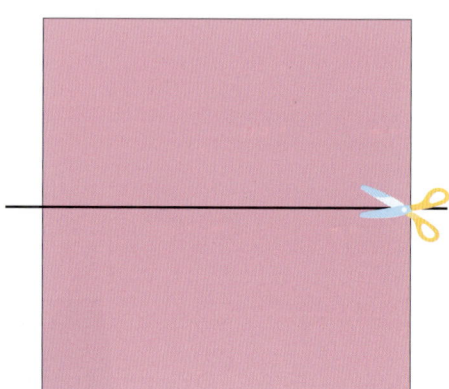

3 스페셜지 사용 시작
원하는 색(자주)을 뒷장에 놓고, 반으로 접었다 펼쳐 주세요.

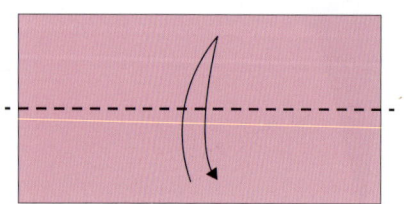

4 손가락 반 마디(0.7cm)정도 위로 올려 접어 주세요.

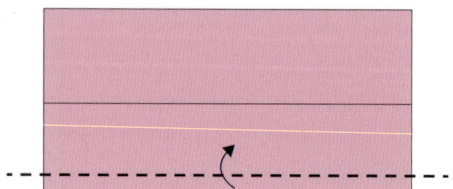

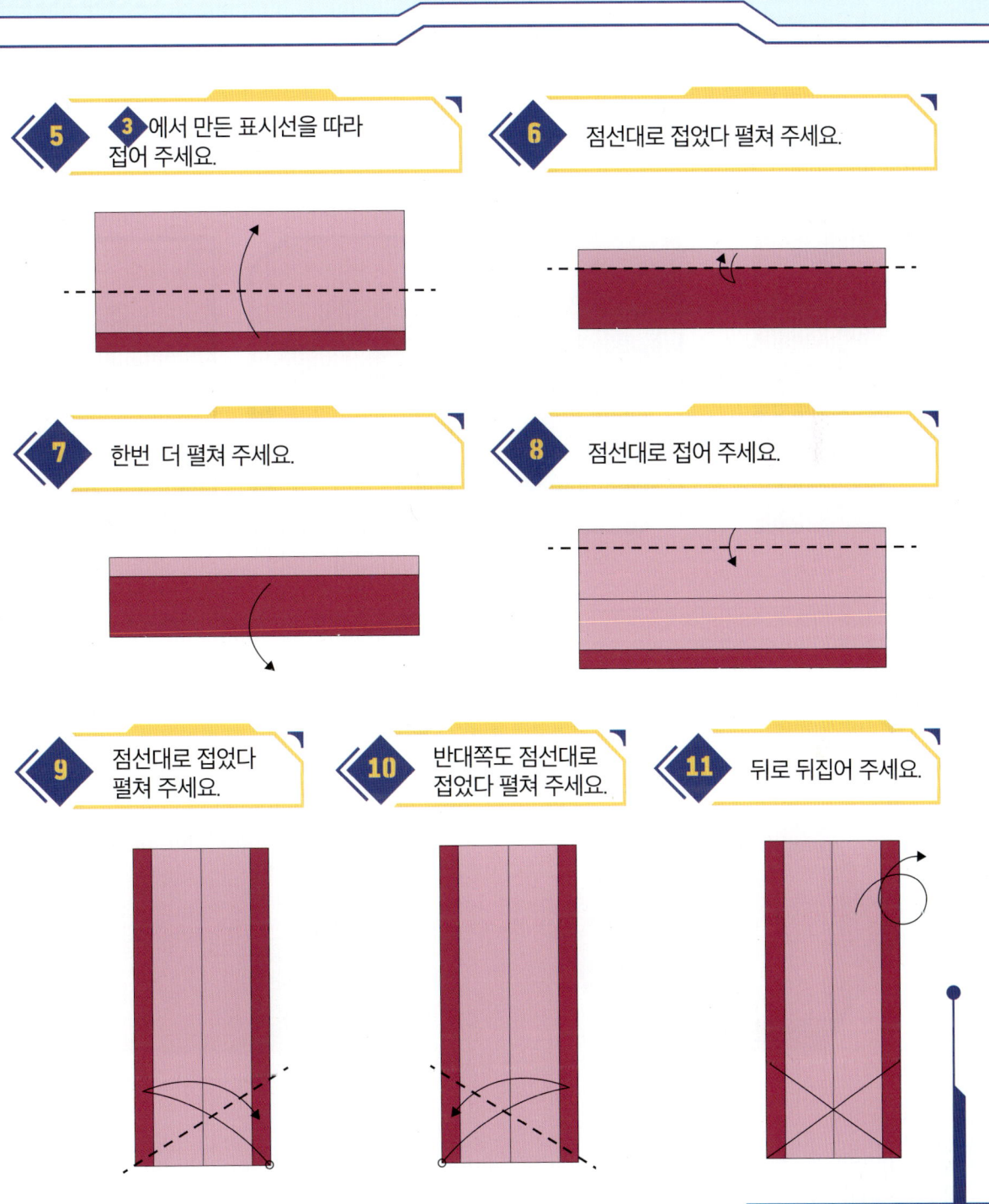

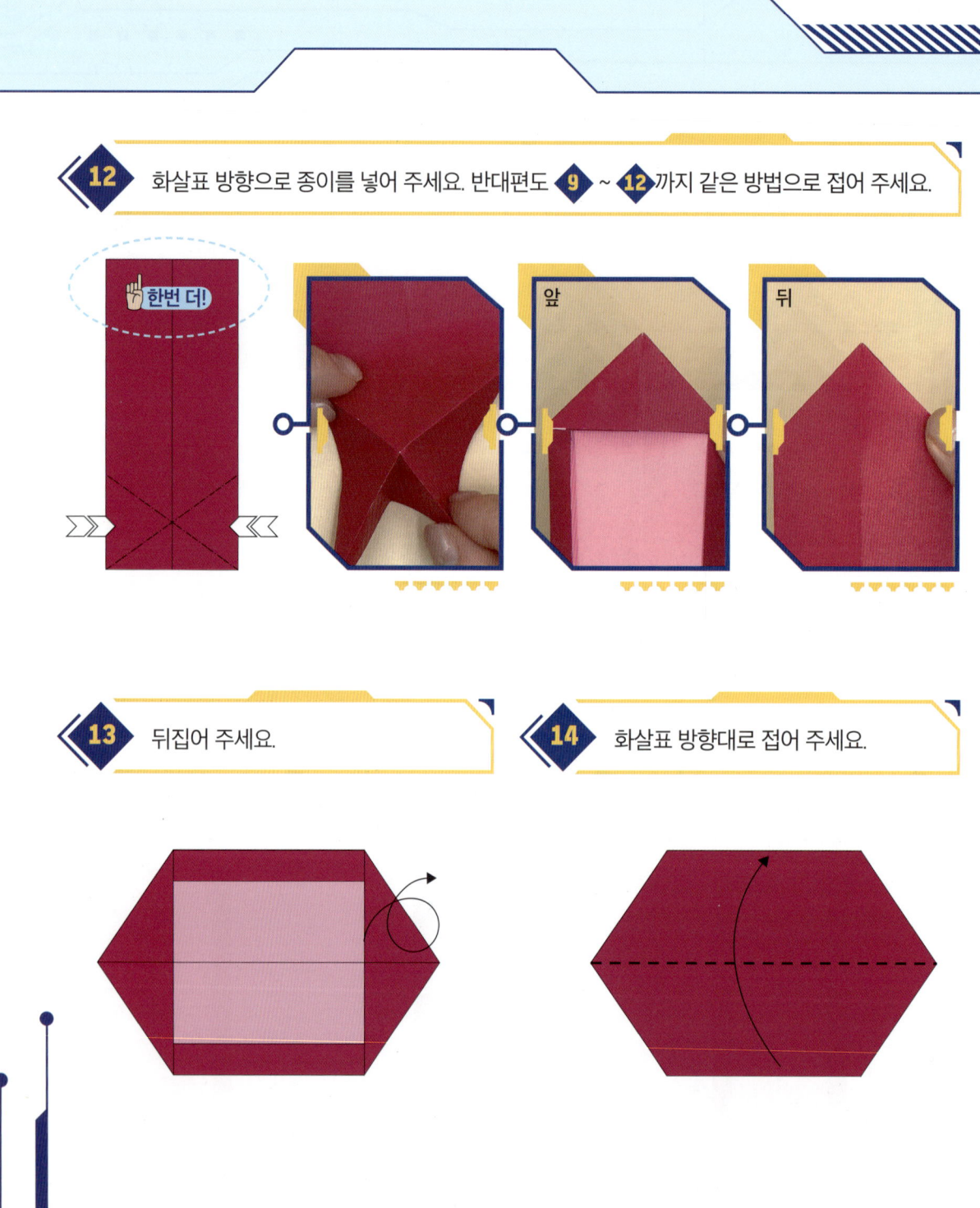

○ 부분이 닿을 수 있도록 접어 주세요.

 점선대로 접어 주세요.

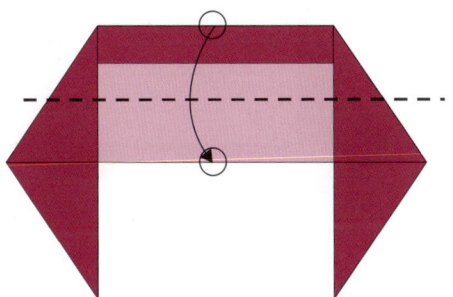

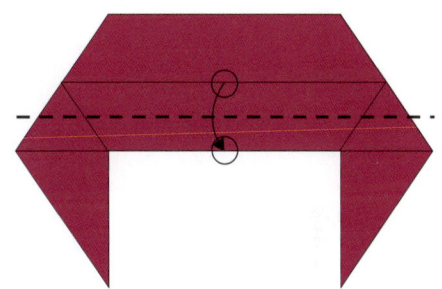

 화살표 방향대로 아래로 넘겨 주세요.

 점선대로 접어 주세요.

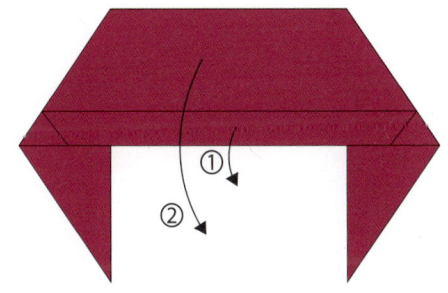

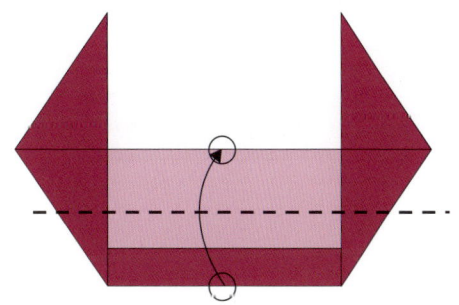

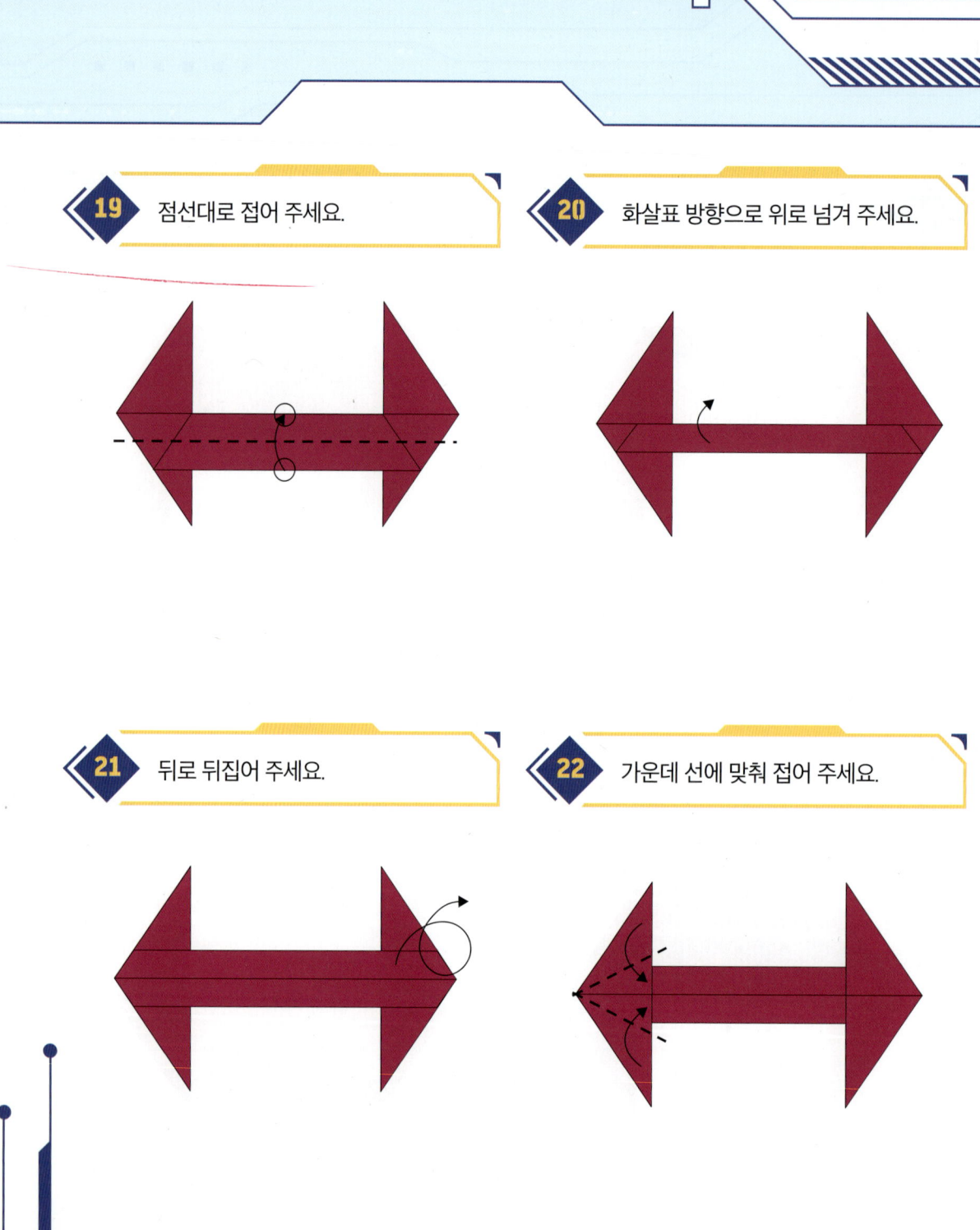

23 가운데 선에 맞춰 접었다 펼쳐 주세요.

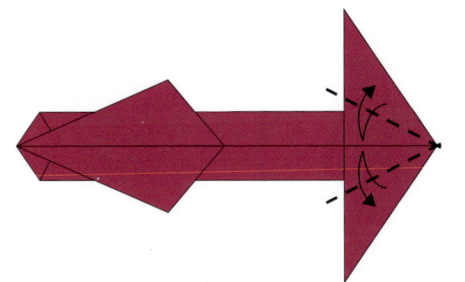

24 가운데 선에 맞춰 접었다 펼쳐 주세요.

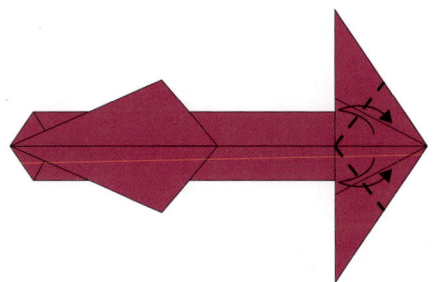

25 화살표 방향으로 종이를 모아 접어 주세요.

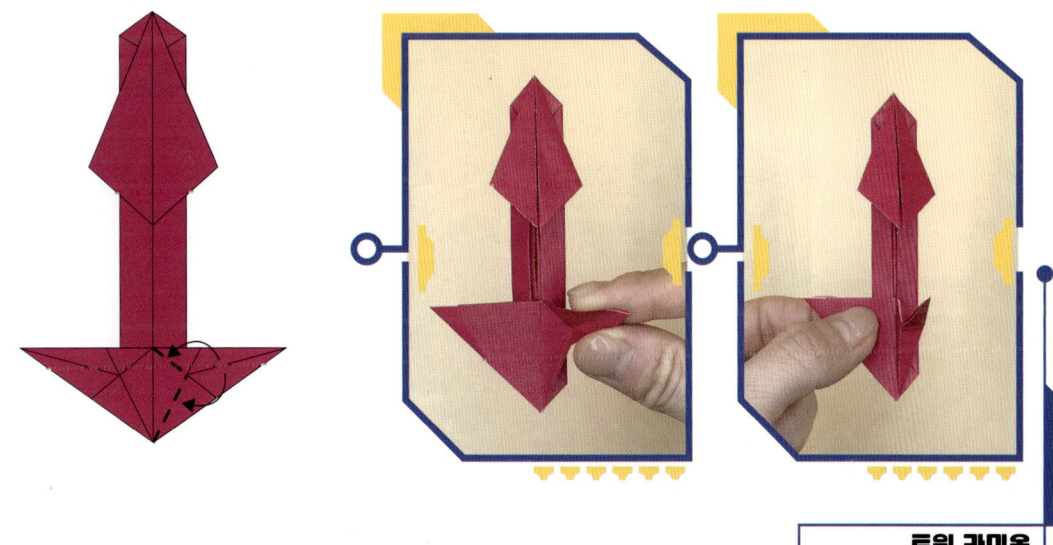

트윈 카미온

 튀어나온 부분을 위로 넘겨 주세요.
반대편도  처럼 접어 주세요.

 점선대로 접어 주세요.

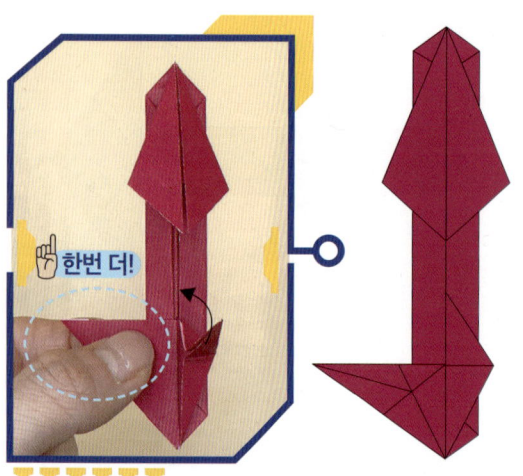

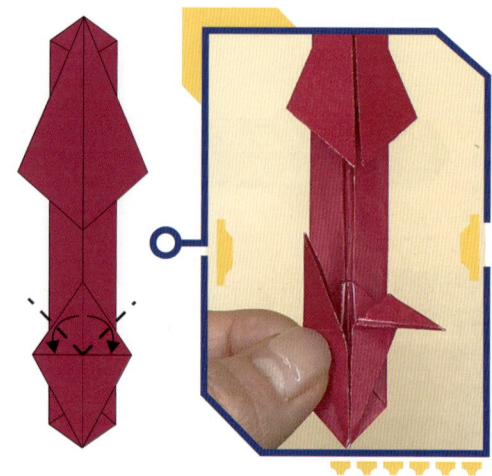

 점선대로 접었다 펼쳐 주세요.

 모두 펼쳐 주세요.

 점선대로 다시 접어 주세요.

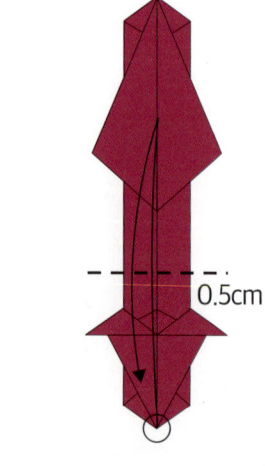

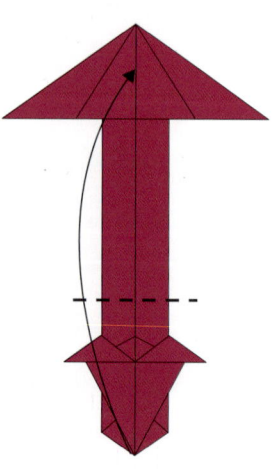

31 ○ 부분을 종이 안쪽에 끼어 넣어 주세요.

완성

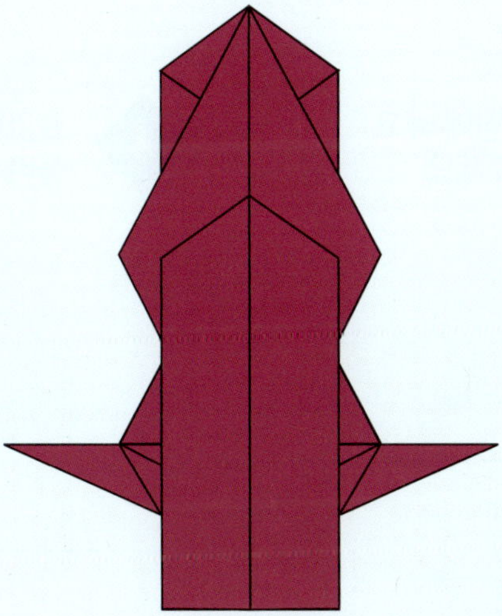

한개 더 만들기!

트윈 카미온

더블 카이젠

 반으로 접었다 펼쳐 주세요.

 표시선을 따라 가위로 잘라 주세요.

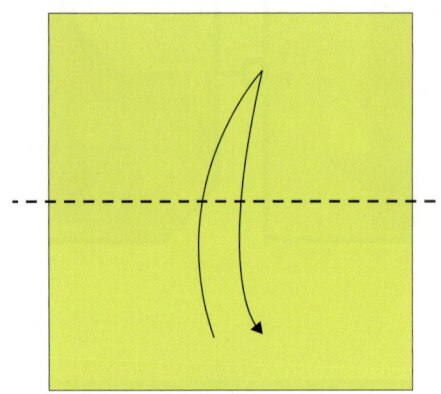

스페셜지 사용 시작

 원하는 색(파랑)을 뒷장에 놓고, 반으로 접었다 펼쳐 주세요.

 손가락 반 마디(0.7cm)정도 위로 올려 접어 주세요.

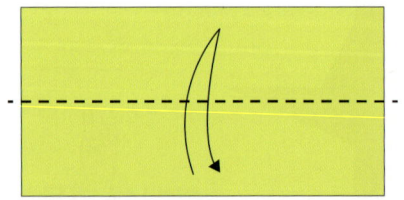

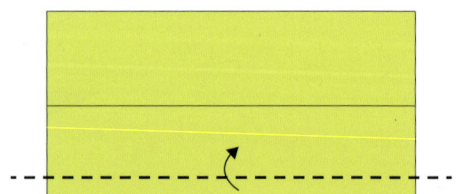

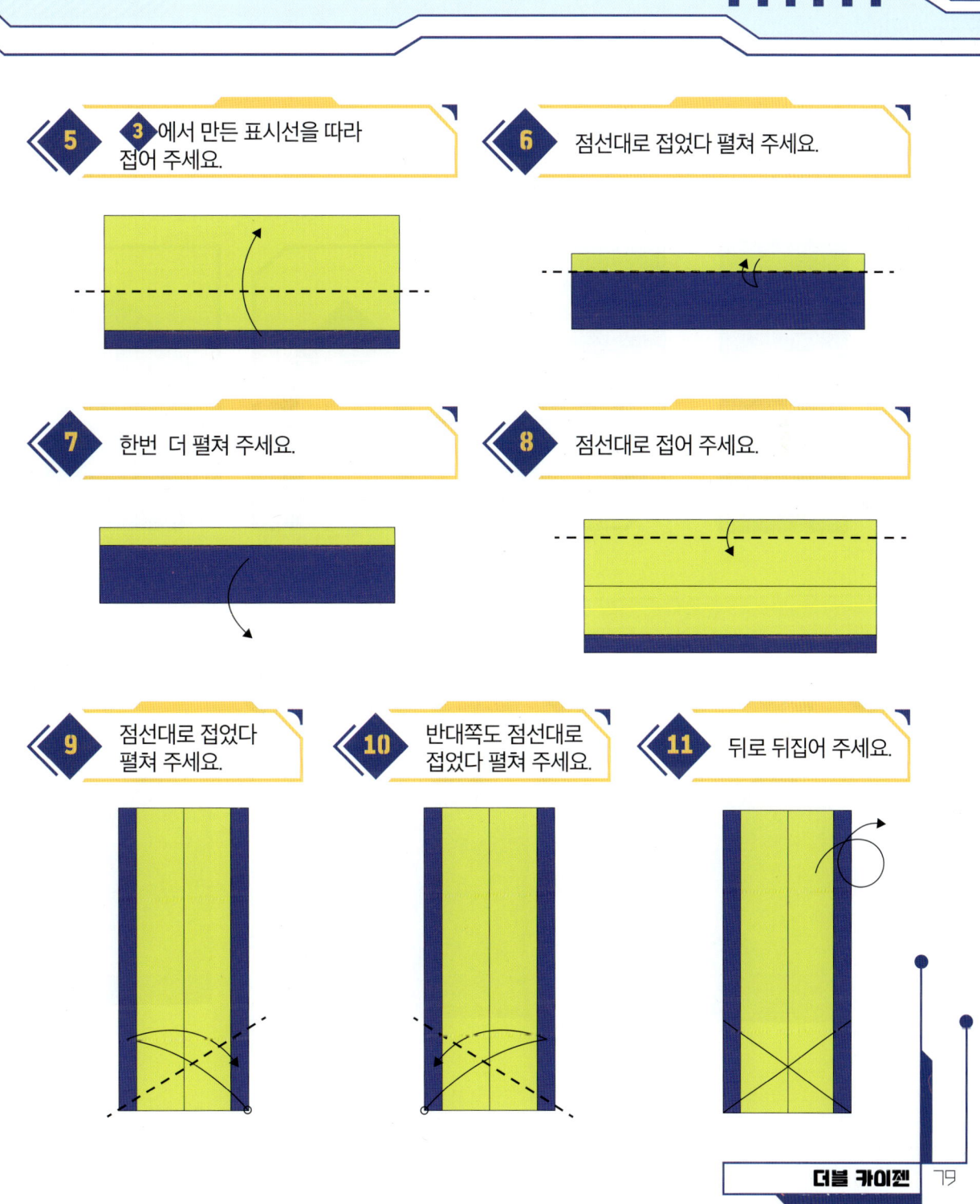

12 화살표 방향으로 종이를 넣어 주세요.

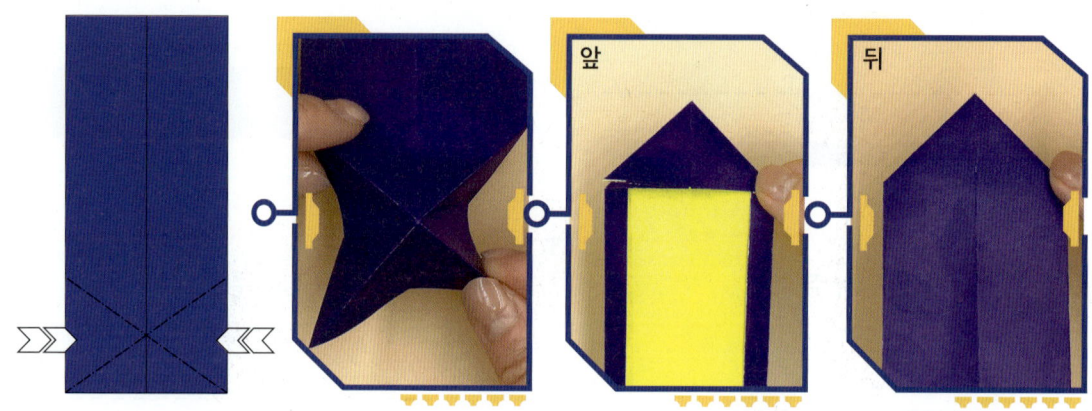

13 점선대로 접었다 펴 주세요.

14 반대쪽도 점선대로 접었다 펴 주세요.

15 뒤로 뒤집어 주세요.

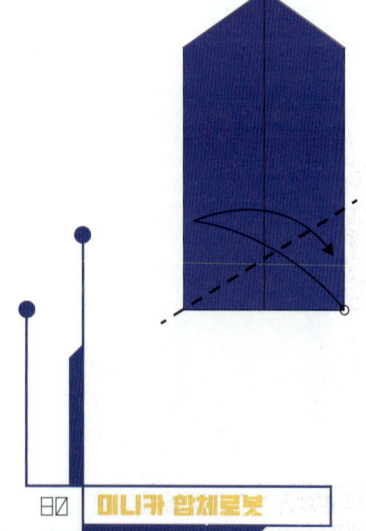
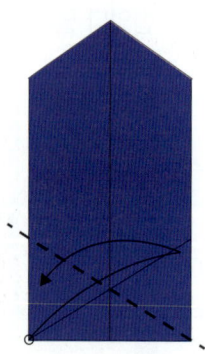
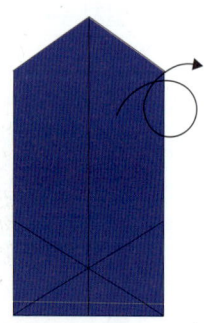

16 화살표 방향으로 종이를 넣어 주세요.

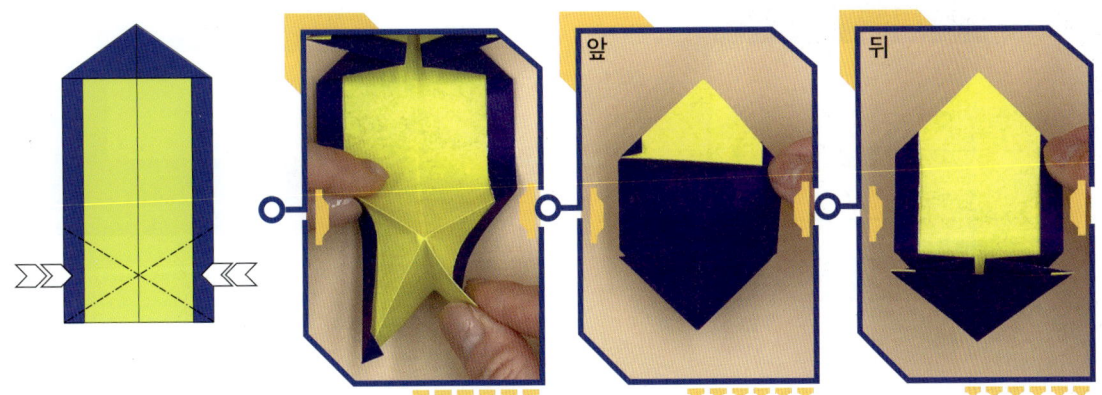

17 파란색 부분 한 장만 넘겨주세요.

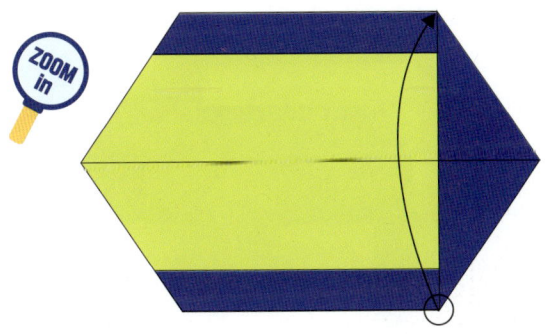

18 반으로 접었다 펼쳐 주세요.

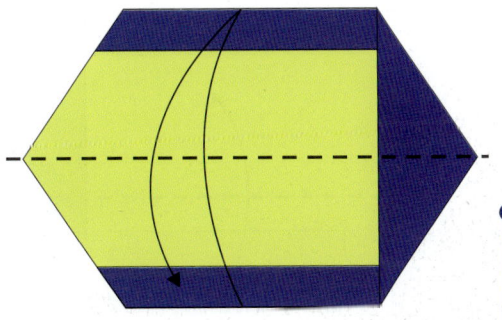

중심선에 맞춰 접었다 펼쳐 주세요.

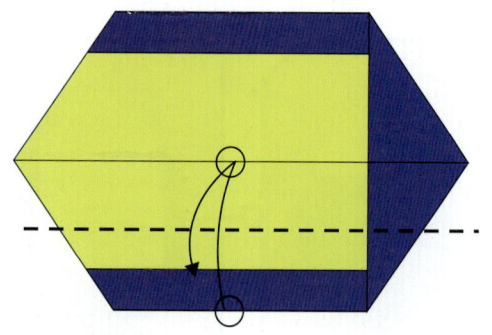 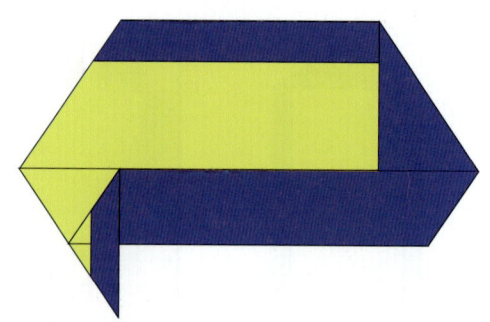

 ○ 부분이 맞닿을 수 있도록 점선대로 접어주세요.

 선에 맞춰 접어 주세요.

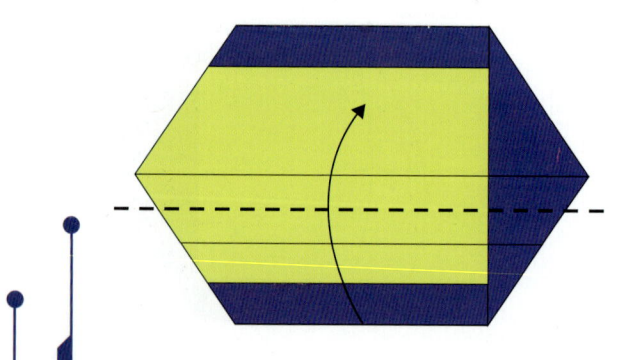 

22 점선대로 접어 주세요.

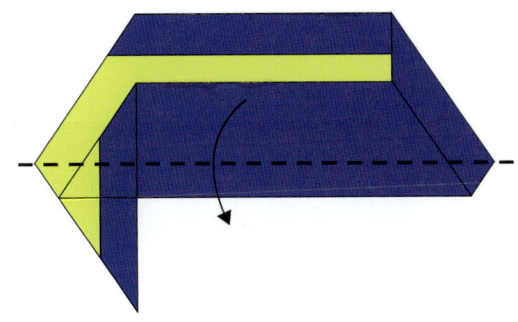

23 한 장을 아래로 넘겨 주세요.

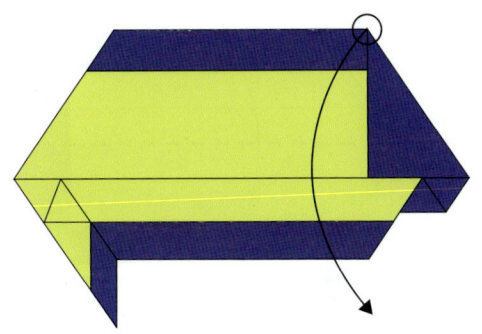

24 한 장 더 아래로 넘겨 주세요.

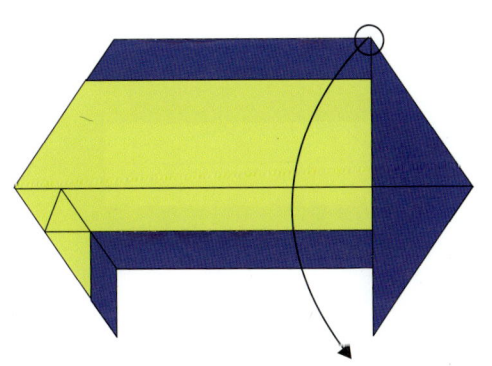

25 ○ 부분이 닿을 수 있도록 접었다 펼쳐주세요.

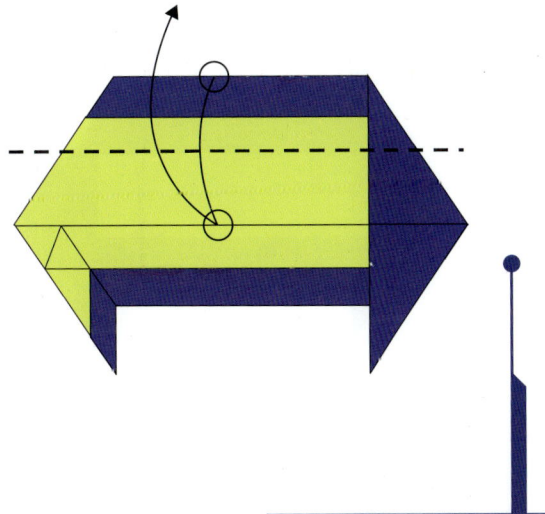

26
○ 부분이 닿을 수 있도록 접어 주세요.

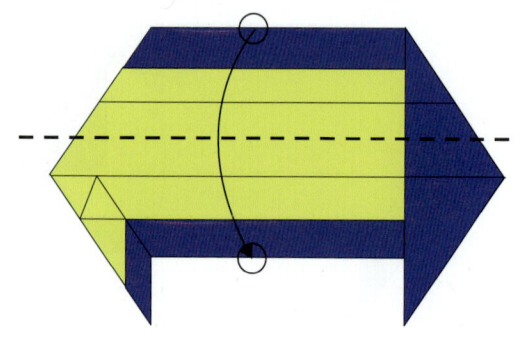

27
점선대로 올려 접어 주세요.

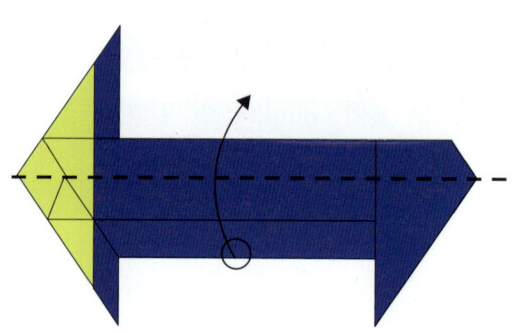

28
한 장만 위로 올려 접어 주세요.

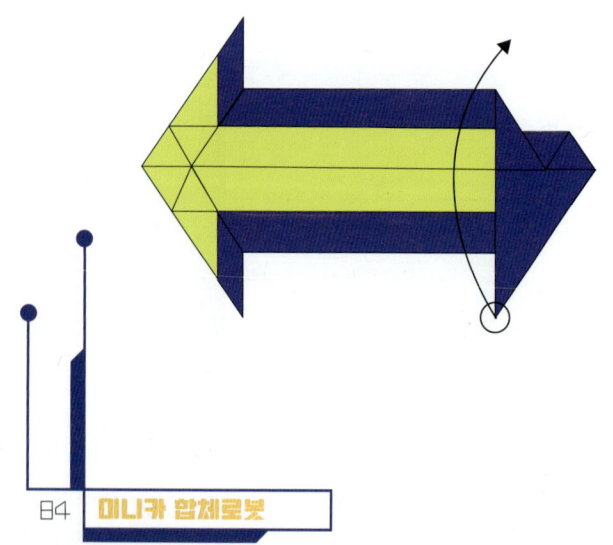

29
뒤로 뒤집어 주세요.

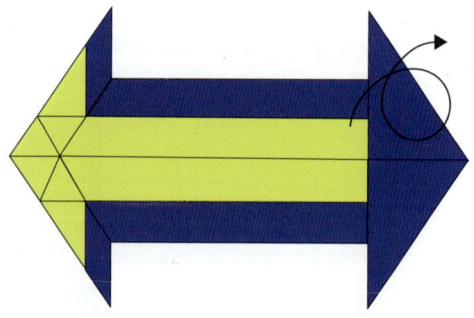

가운데 선에 맞춰 접어 주세요.

 점선대로 접어 주세요.

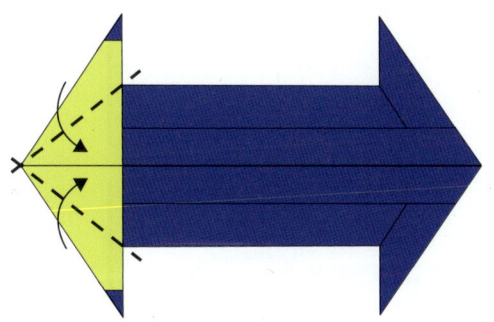
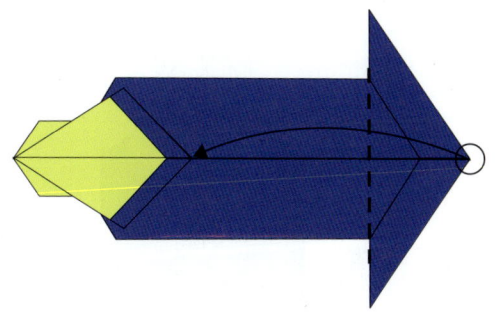

32 가운데 선에 맞춰 접었다 펼쳐 주세요.

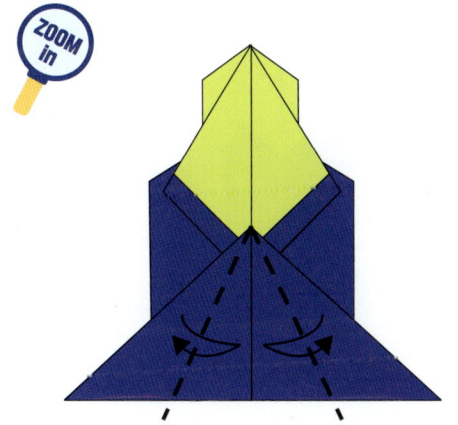

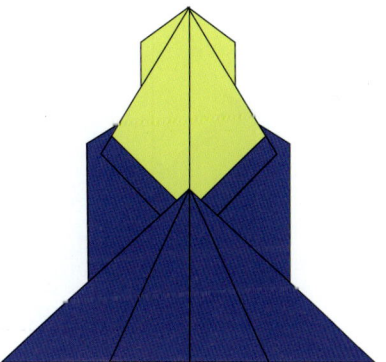

33 화살표 방향으로 손가락을 넣어 공간을 만들어 주세요.

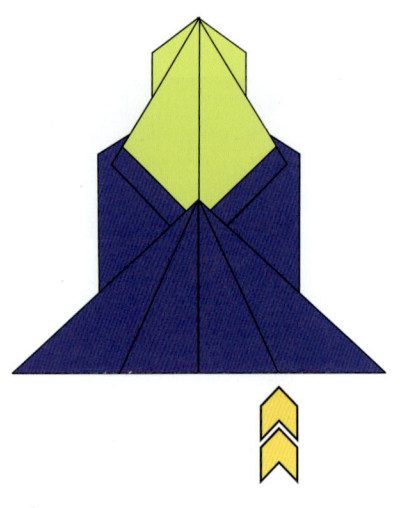

34 화살표 방향으로 눌러 주세요.

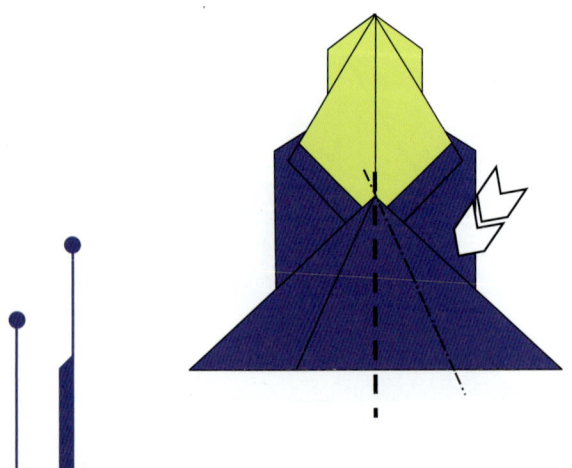

35 점선대로 접어주세요.

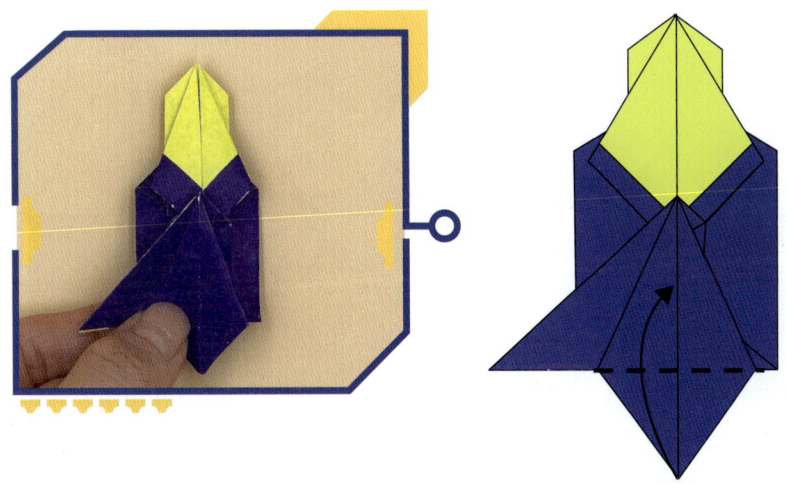

36 한 장만 오른쪽으로 넘겨 주세요. 반대편도 ~ 까지 같은 방법으로 접어 주세요.

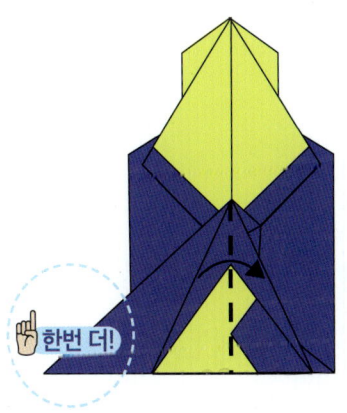 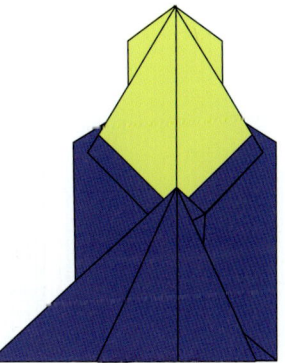

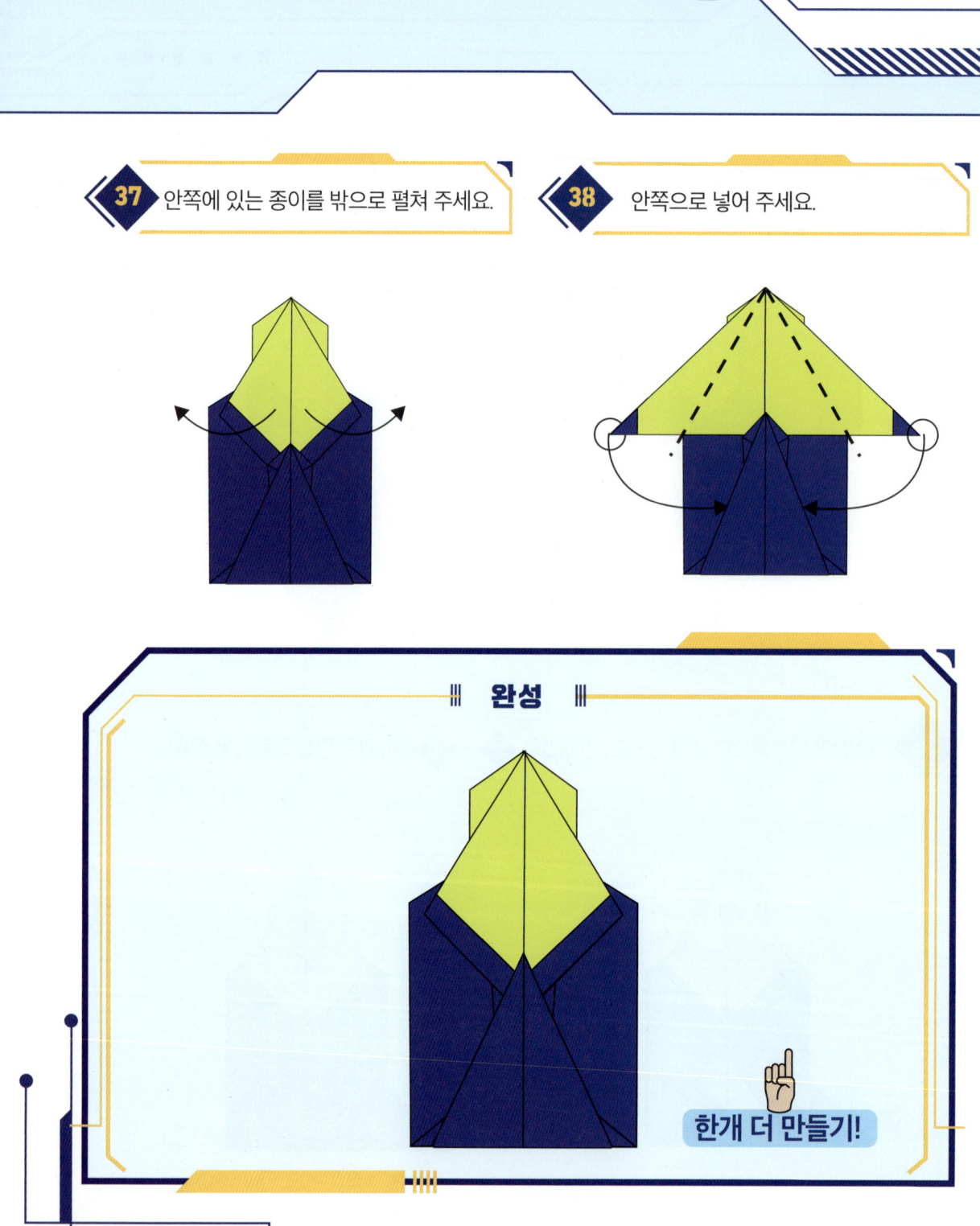

합체 로봇 I

1 레드이글, 스파이더 엑스, 트윈 카미온, 더블 카이젠을 모두 준비해 주세요.

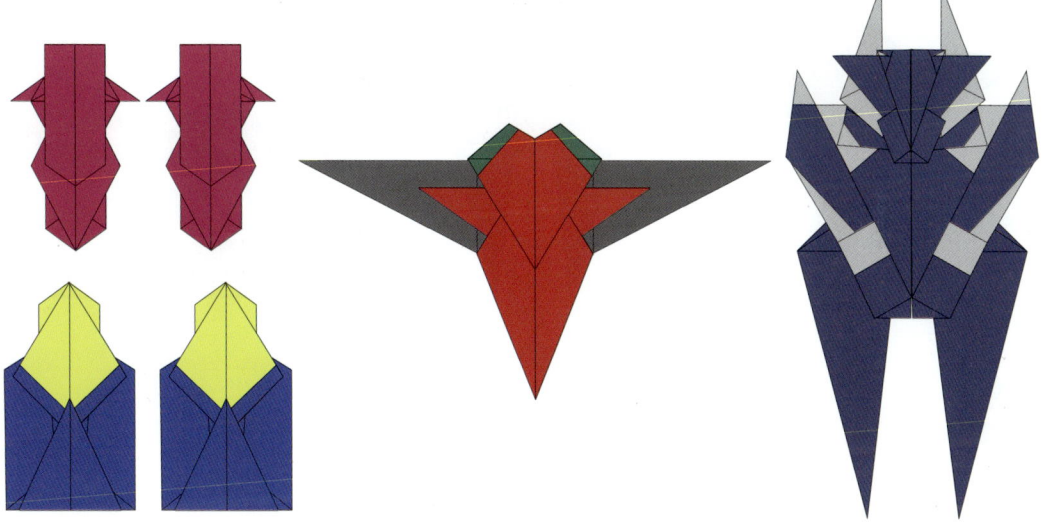

2 합체되어 있던 스파이더 엑스의 몸과 머리를 분리시켜 주세요.

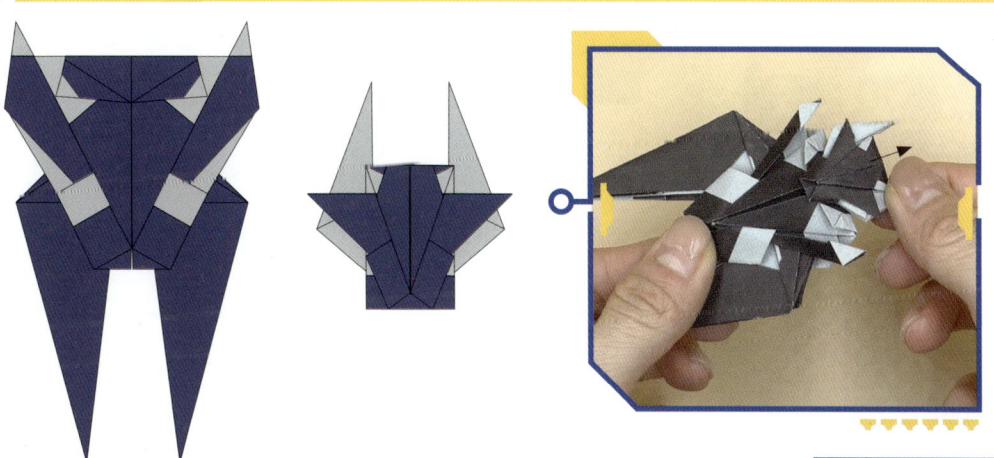

 레드이글을 스파이더 엑스 몸과 연결해 주세요.

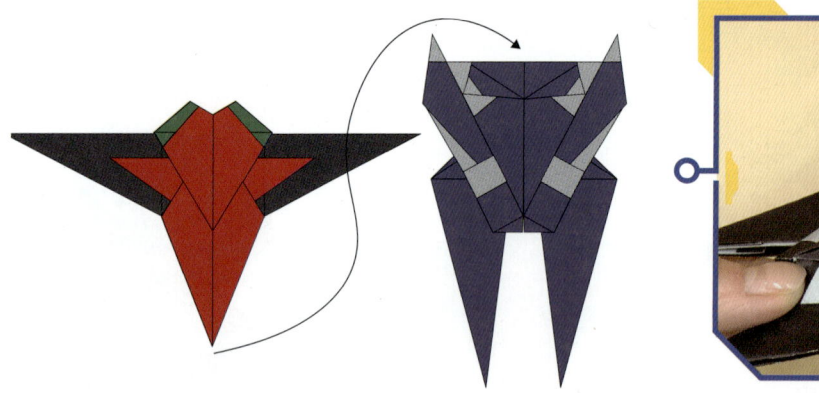

 레드이글 가운데 부분을 벌려 스파이더 엑스 머리를 넣어 주세요.

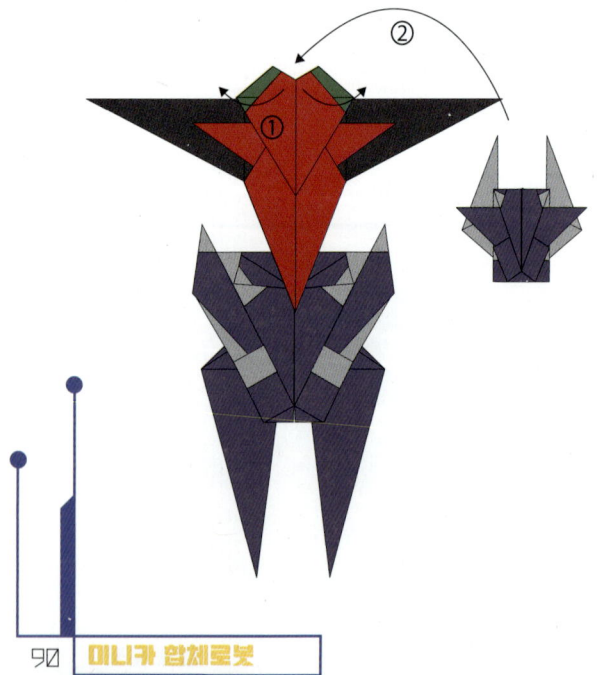

5 트윈 카미온을 레드이글 사이에 끼어 주세요.

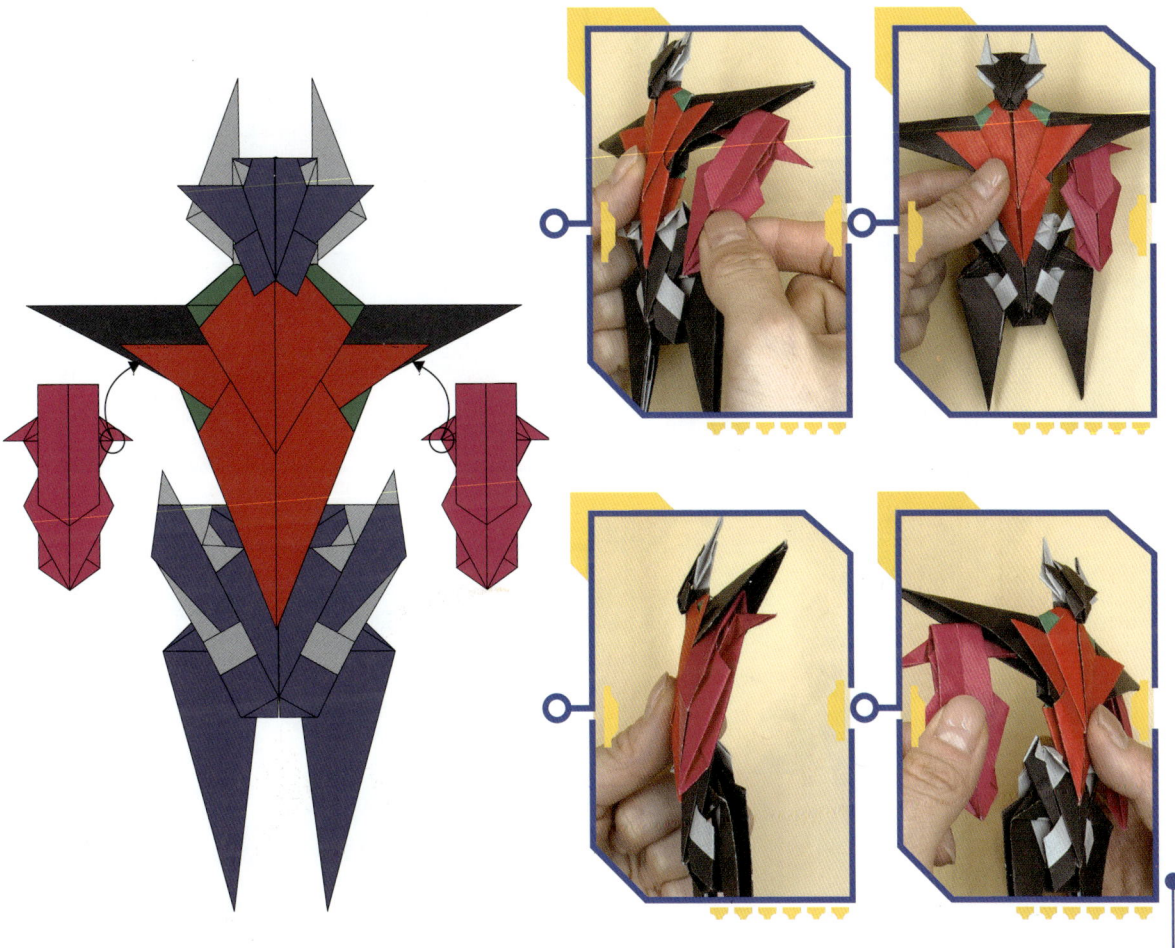

합체 로봇 I

6 더블 카이젠을 스파이더 엑스 양쪽에 끼워 주세요.

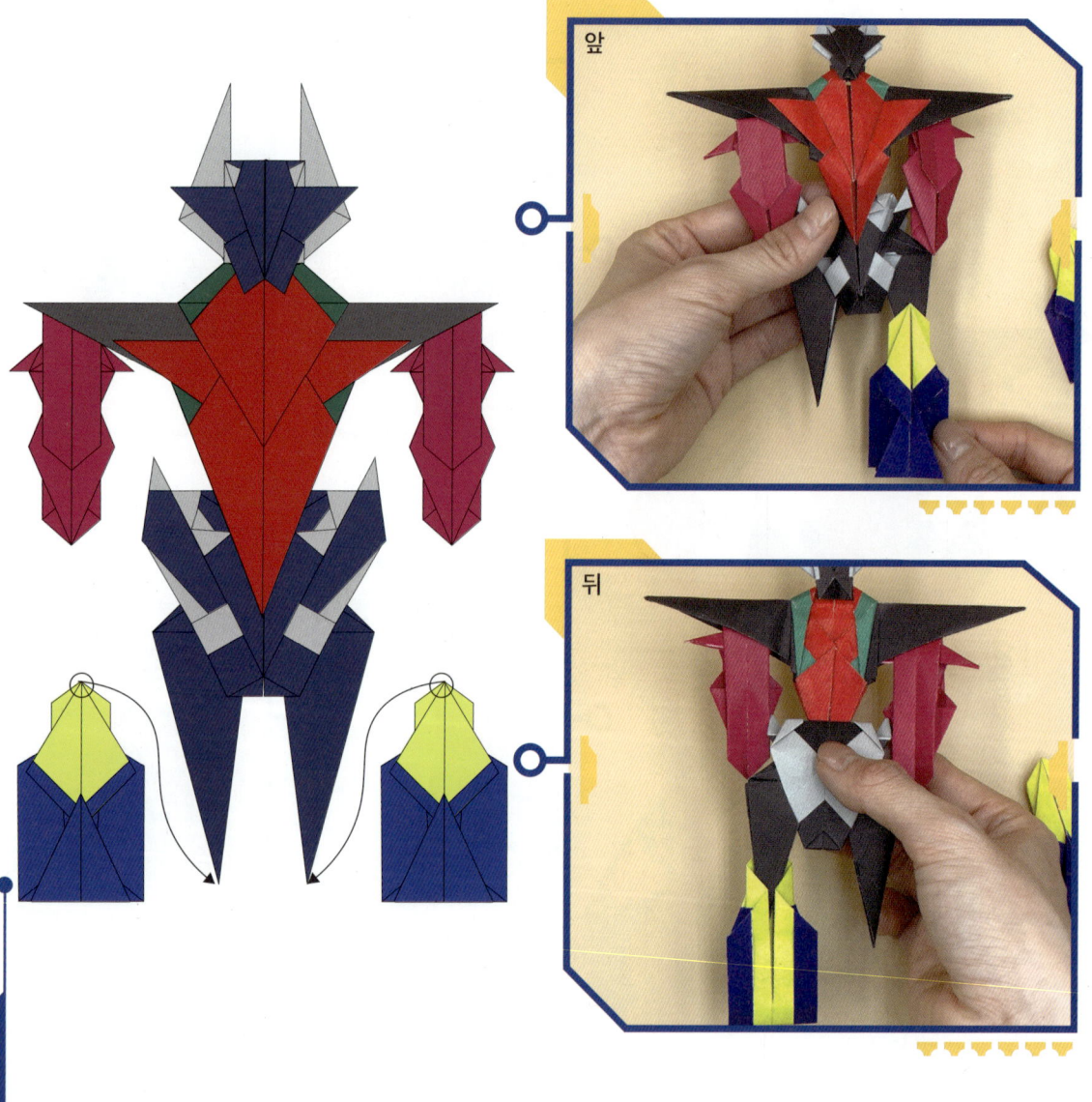

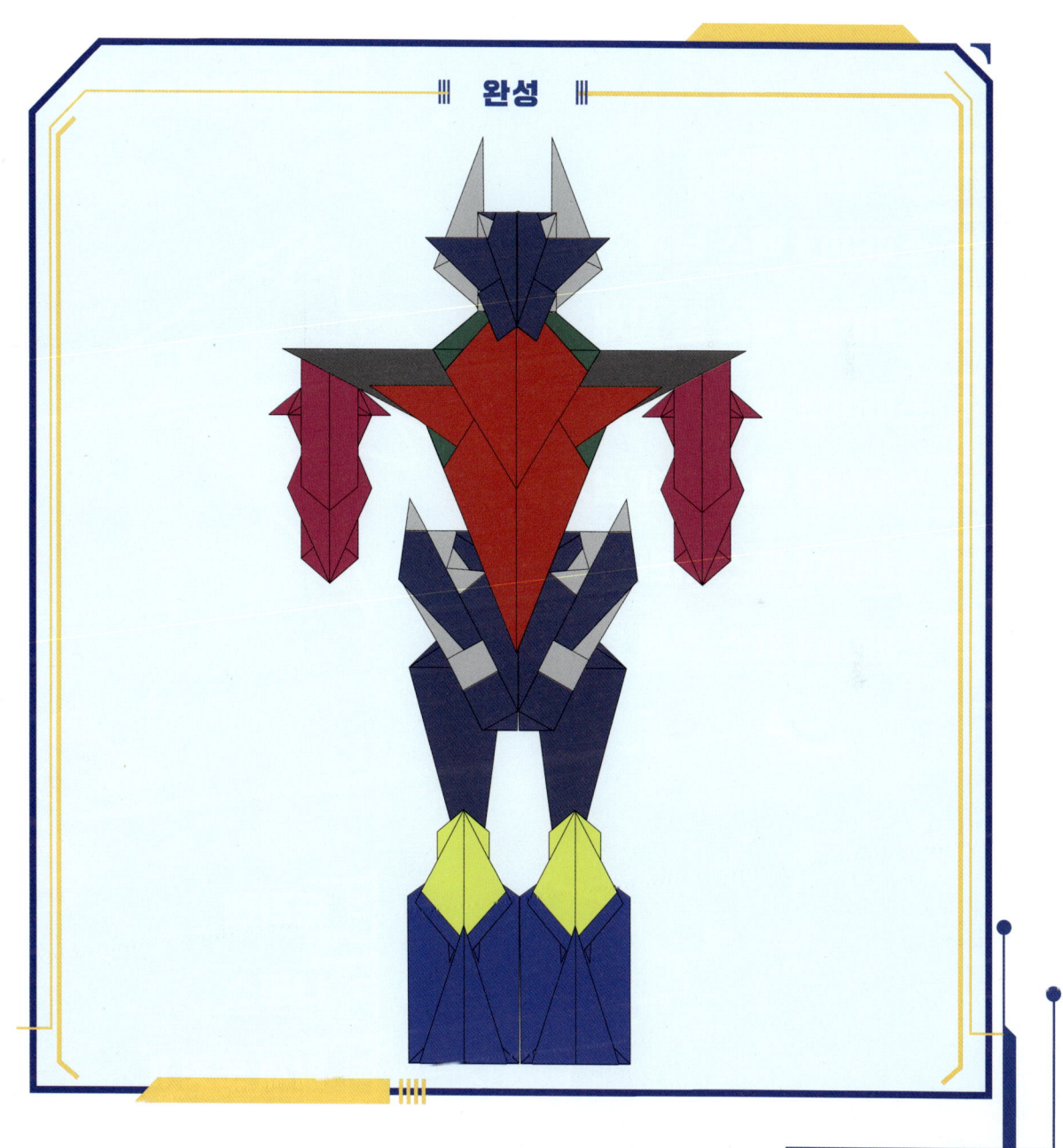

- 페르세우스
- 페르세우스 날개 1
- 페르세우스 날개 2
- 페르세우스 합체
- 스파이더 맥스
- 스파이더 맥스 날개
- 스파이더 맥스 몸 합체
- 스파이더 맥스 머리
- 스파이더 맥스 머리 날개
- 스파이더 맥스 머리 합체
- 스파이더 맥스 전체 합체
- 드라켄   
- 나토스
- 합체 로봇 II

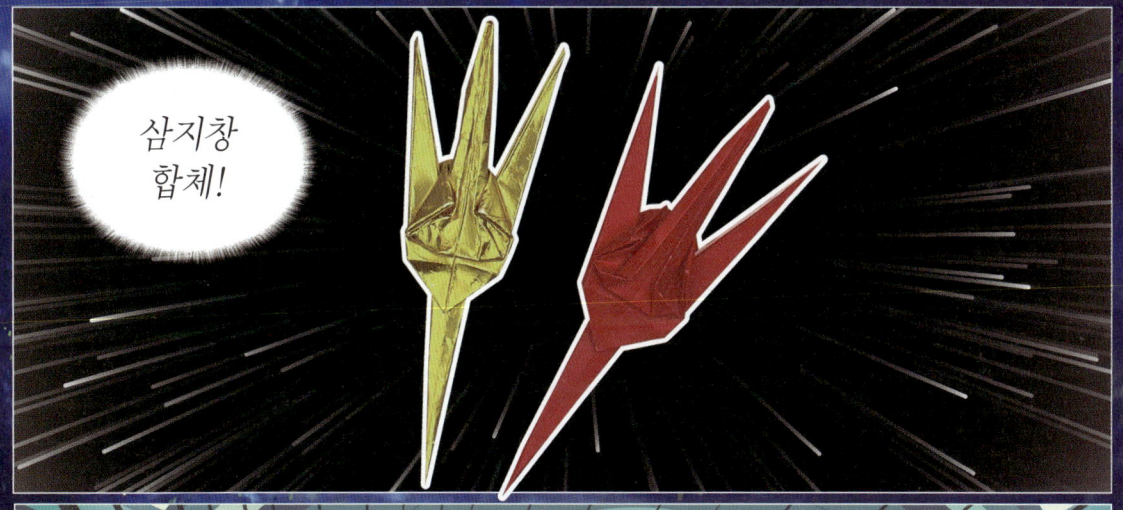

페르세우스

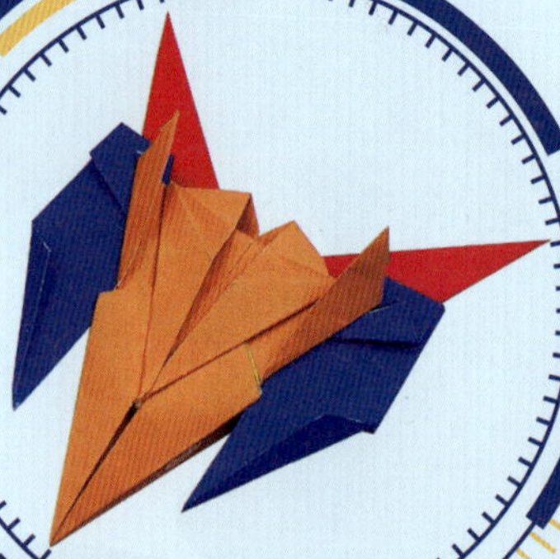

빠른 스피드를 앞세워 선제공격이 가능하다.

공격력	★★★★
방어력	★★
스피드	★★★

스파이더 맥스

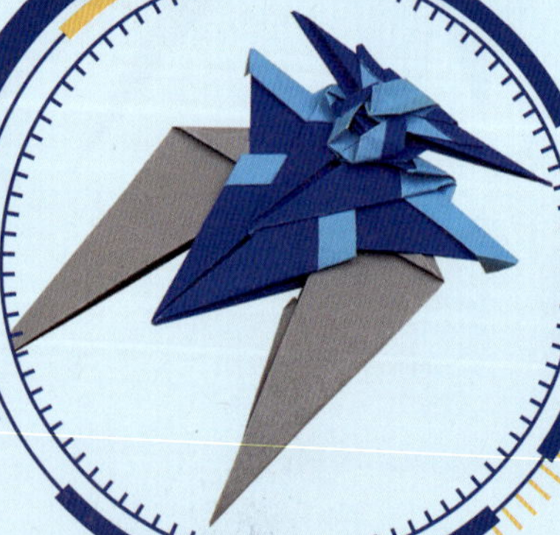

적의 움직임을 마비시키는 거미줄 공격으로 합체로봇2의 핵심 전략을 담당하고 있다.

공격력	★★★
방어력	★★★★
스피드	★

나토스

태평양 바다에 기지를 가지고 있는 나토스.
강한 상어처럼 지지 않는 전투력을 자랑한다.

- 공격력 ★★★★
- 방어력 ★
- 스피드 ★★★★

드라켄

지구 최강의 수비력을 가지고 있는 드라켄.
강인한 외부로 다른 미니카까지 보호 가능하다.

- 공격력 ★★★
- 방어력 ★★★★
- 스피드 ★★

페르세우스

스파이더 맥스

나토스

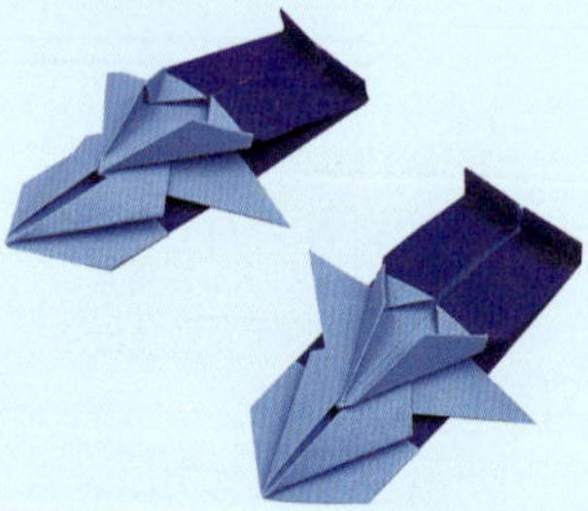

드라켄

합체로봇

많은 외계 괴물과 싸우려면 더 강력한 무기가 필요하다!

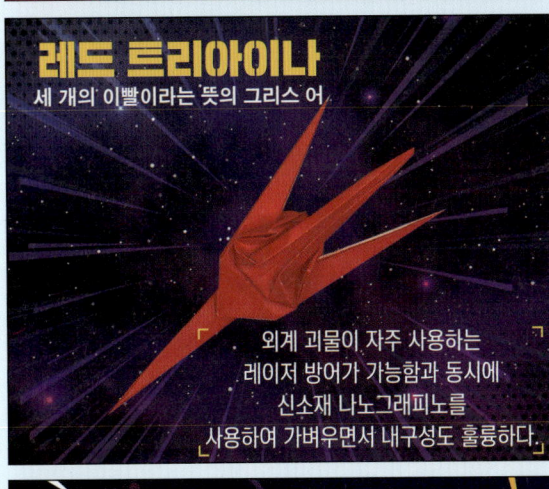

레드 트리아이나
세 개의 이빨이라는 뜻의 그리스 어

외계 괴물이 자주 사용하는 레이저 방어가 가능함과 동시에 신소재 나노그래피노를 사용하여 가벼우면서 내구성도 훌륭하다.

골드 트리아이나
세 개의 이빨이라는 뜻의 그리스 어

레드 크리아이나보다 무겁지만 그만큼 최강의 내구성을 뽐낸다. 칼리스토 행성에서 온 운석 소재로 만들어졌다. 한번 찌르면 동시에 다수의 공격이 가능하다.

최강 삼지창으로 지구를 지킨다!

합체 로봇 2 출동!!!

페르세우스

접는 방법 영상

 1 반으로 접었다 펼쳐 주세요.

 2 표시선을 따라 가위로 잘라 주세요.

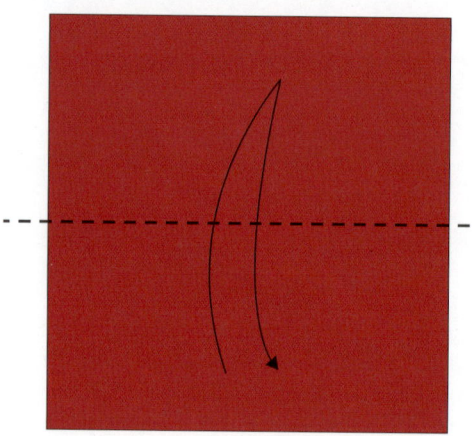

스페셜지 사용 시작

 3 원하는 색(초록)을 뒷장에 놓고, 반으로 접었다 펼쳐 주세요.

 4 손가락 반 마디(0.7cm)정도 위로 올려 접어 주세요.

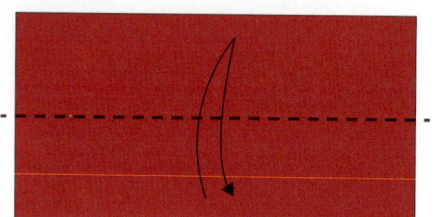

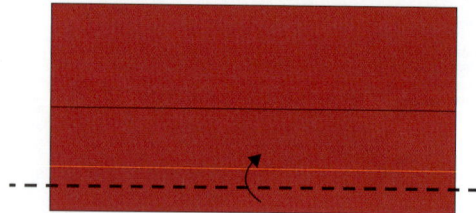

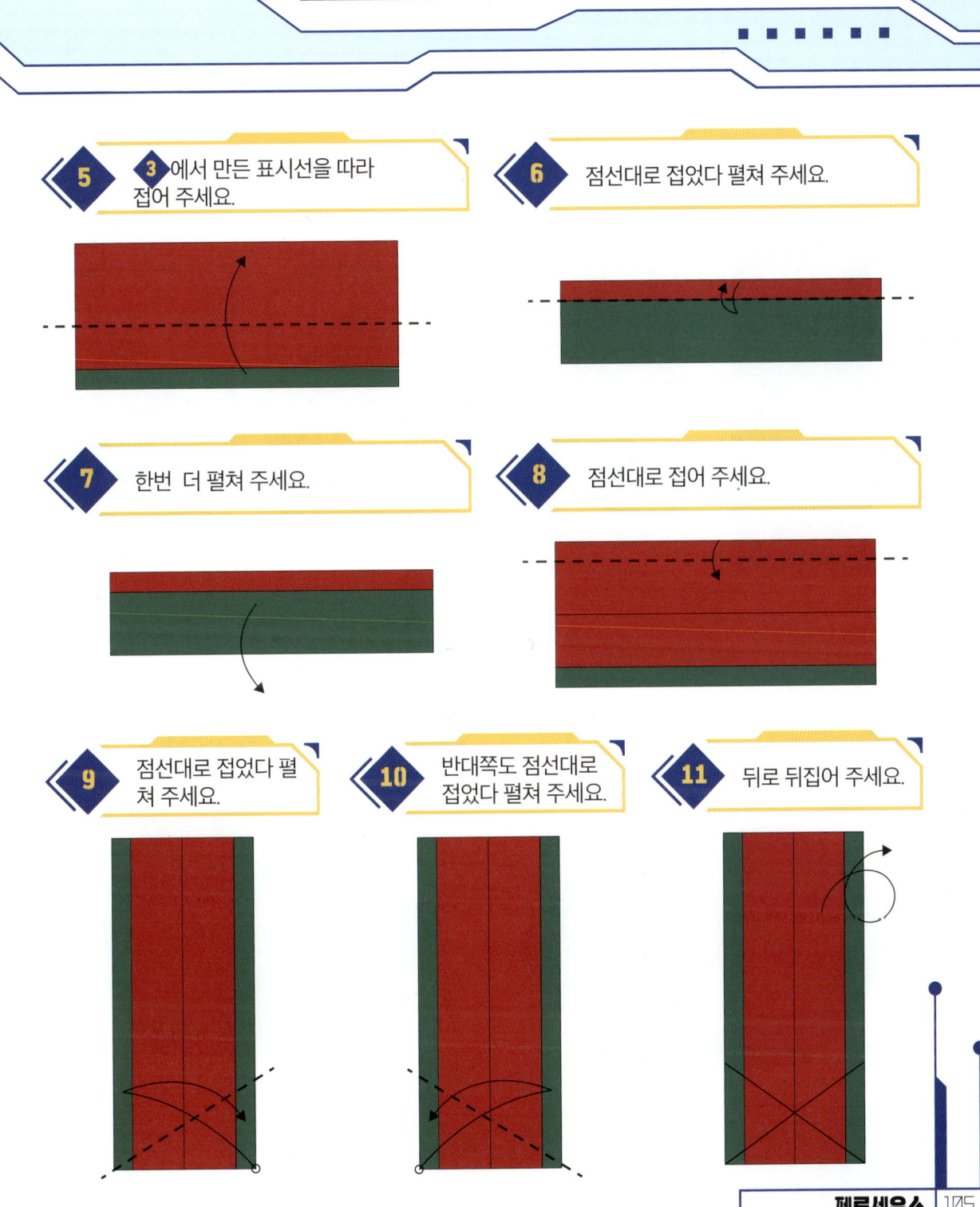

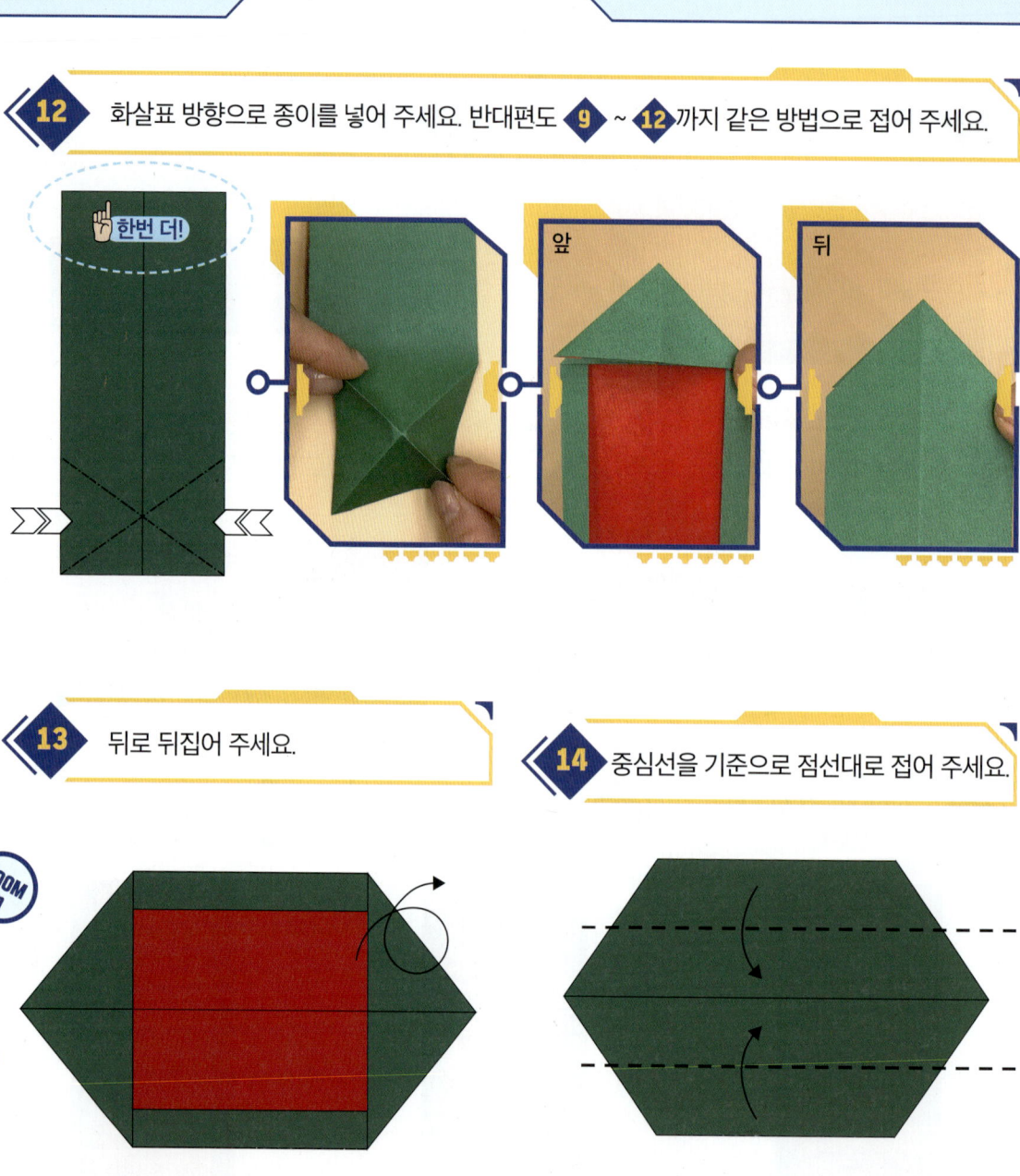

위에 한 장만 중심선을 기준으로 점선대로 접어 주세요.

 오른쪽도 중심선을 기준으로 점선대로 접어 주세요.

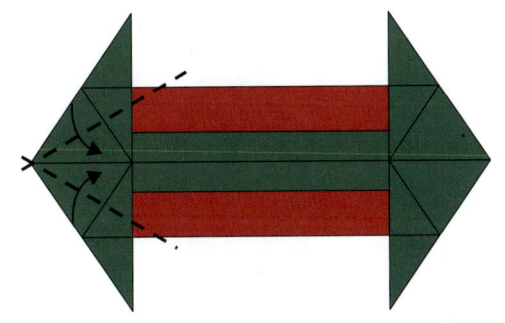

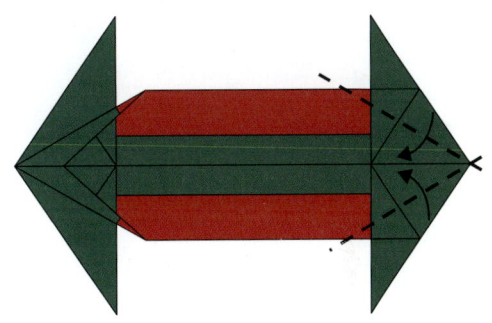

 뒤로 뒤집어 주세요.

18 중심선을 기준으로 점선대로 접어 주세요.

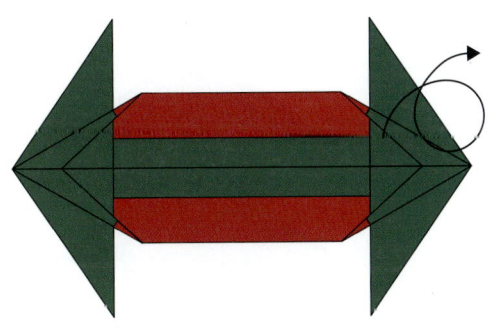

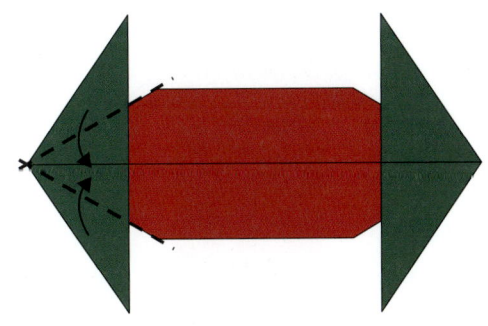

19 0.5cm 정도 점선대로 접어 주세요.

20 화살표 방향으로 펼쳐 주세요.

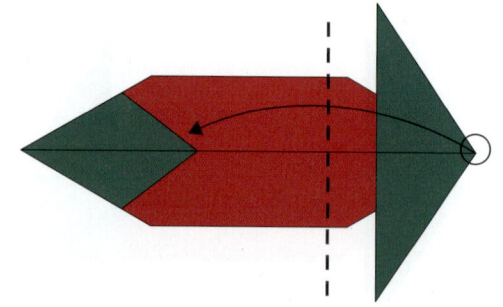
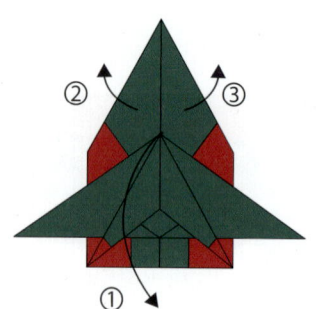

21 점선대로 접어 주세요.

22 점선대로 접었다 펼쳐 주세요.

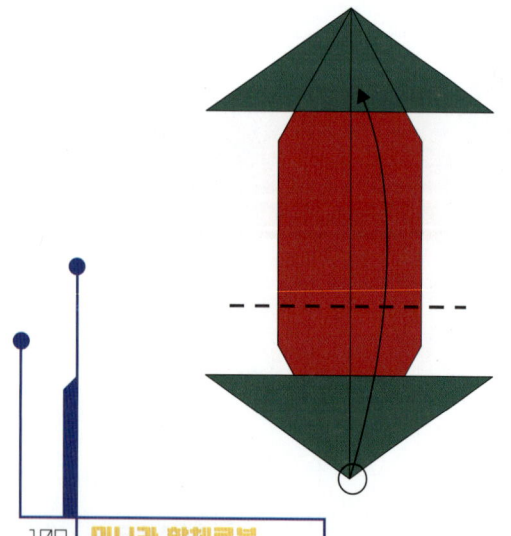
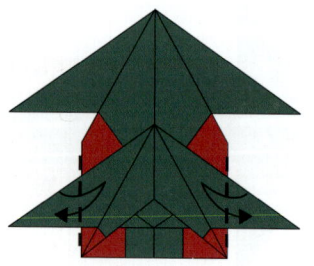

23 ○ 부분을 화살표 안쪽으로 넣어 주세요.

24 ○ 부분을 화살표 방향으로 펼쳐 주세요.

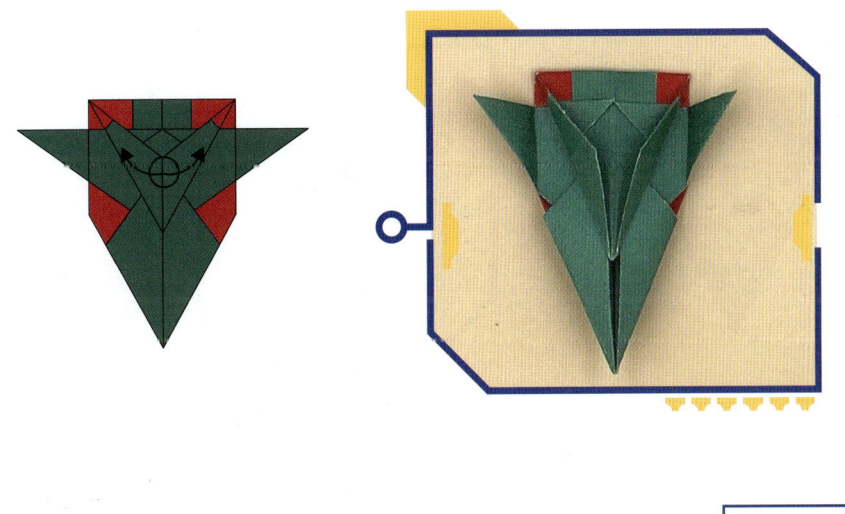

25 손가락을 넣어 종이를 부풀려 주세요.

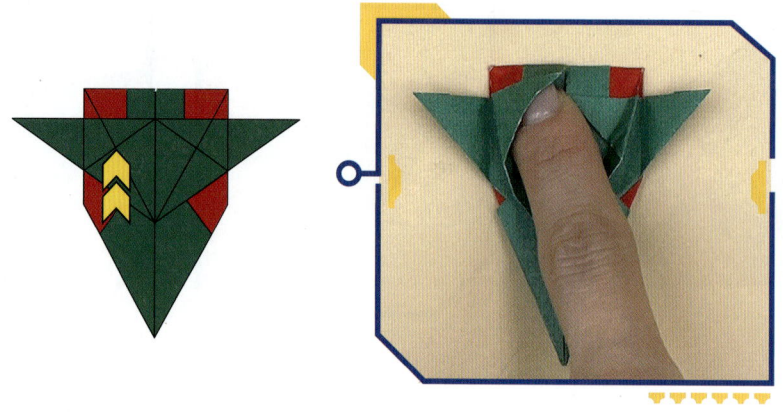

26 화살표 부분을 손으로 밀면서 눌러 주세요.
오른쪽도 **25** ~ **26** 까지 같은 방법으로 접어 주세요.

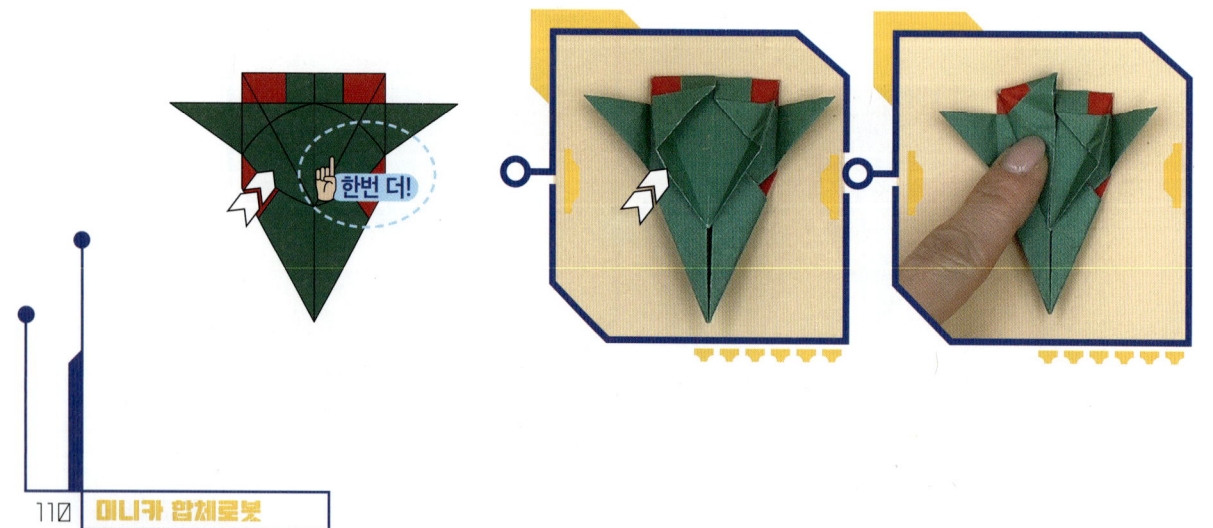

27 점선대로 접어 주세요.

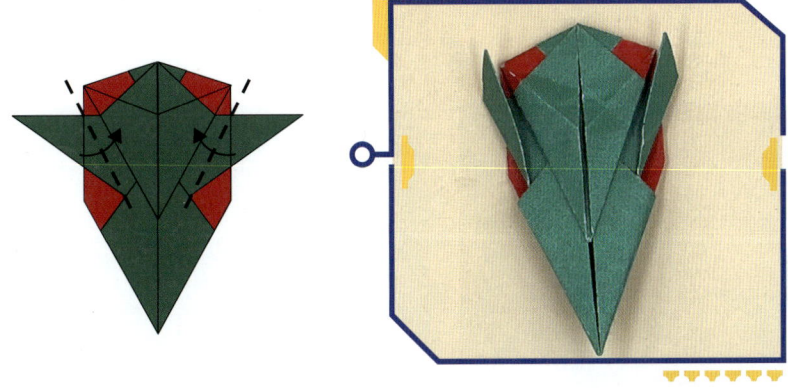

완성

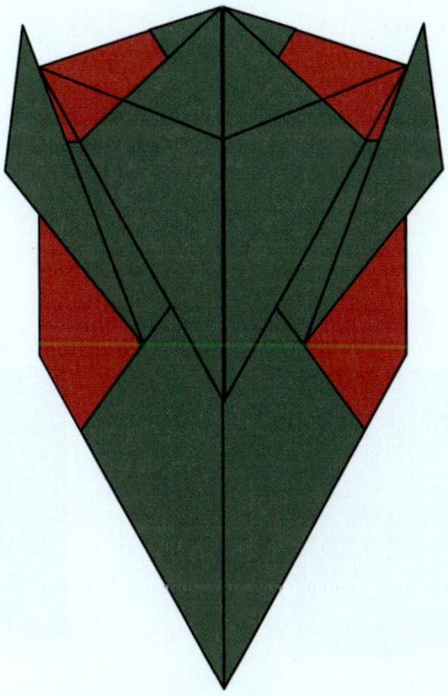

페르세우스

페르세우스 날개 1

접는 방법 영상

 1 반으로 접었다 펼쳐 주세요.

 2 표시선을 따라 가위로 잘라 주세요.

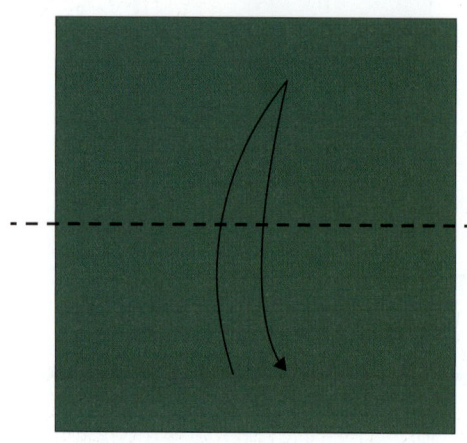

스페셜지 사용 시작

 3 원하는 색(빨강)을 뒷장에 놓고, 반으로 접었다 펼쳐 주세요.

4 손가락 반 마디(0.7cm)정도 위로 올려 접어 주세요.

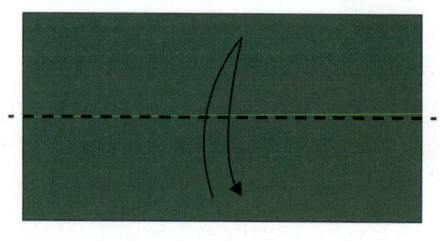

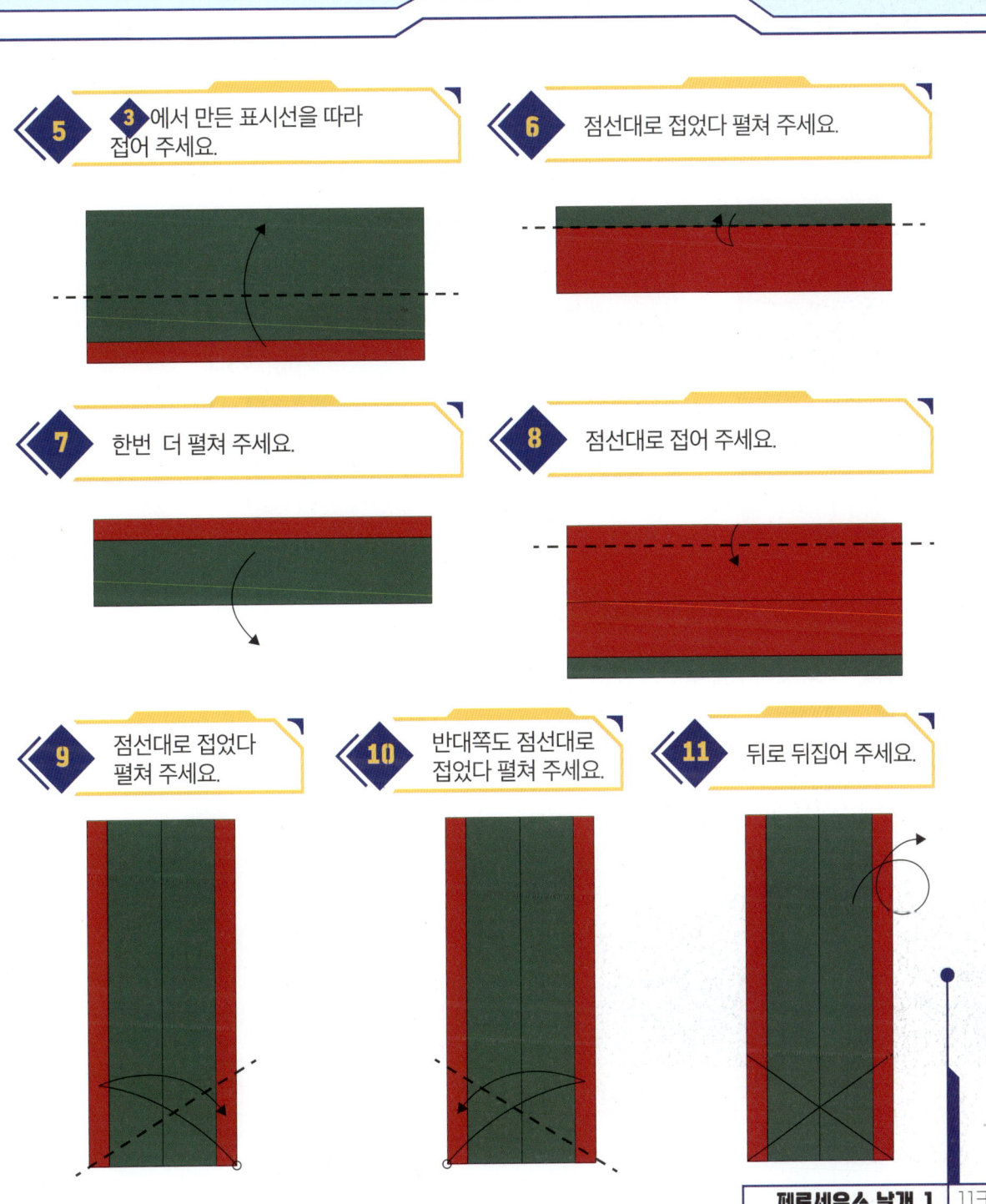

12 화살표 방향으로 종이를 넣어 주세요. 반대편도 9 ~ 12 까지 같은 방법으로 접어 주세요.

13 ○ 부분이 닿을 수 있게 접었다 펼쳐 주세요.

14 ○ 부분을 아래로 펼쳐 주세요.

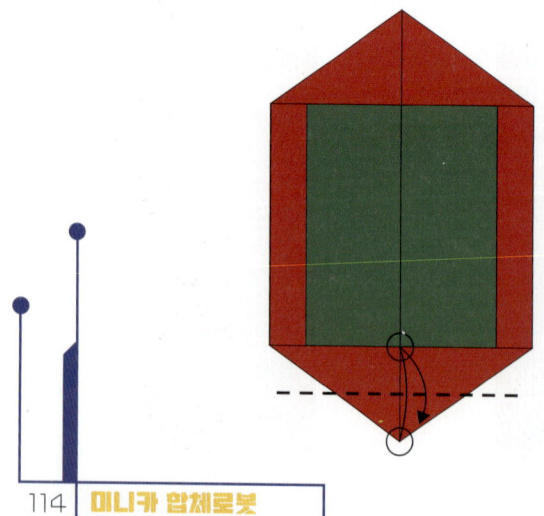
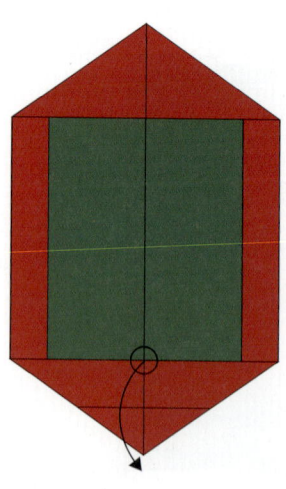

15 가운데 □ 표시선을 진하게 만들기 위해 점선대로 접었다 펼쳐 주세요.

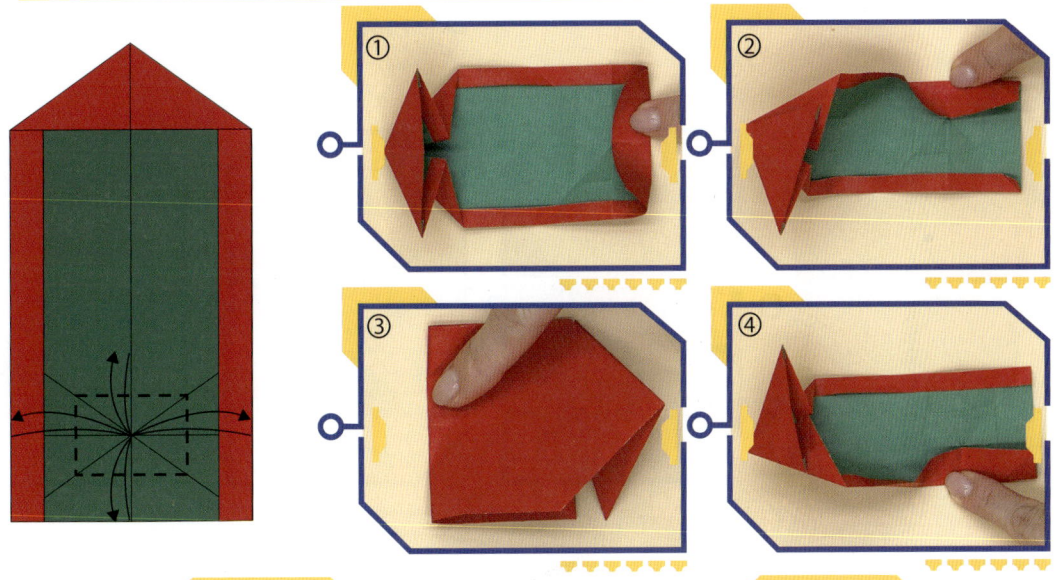

16 뒤로 뒤집어 주세요.

17 네모 모양이 밖으로 나올 수 있도록 화살표 부분을 손으로 잡아 주세요.

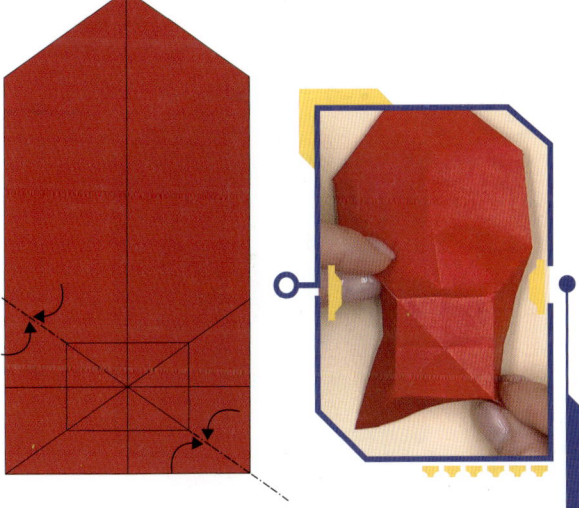

화살표 부분을 안쪽으로 눌러 접어 주세요.

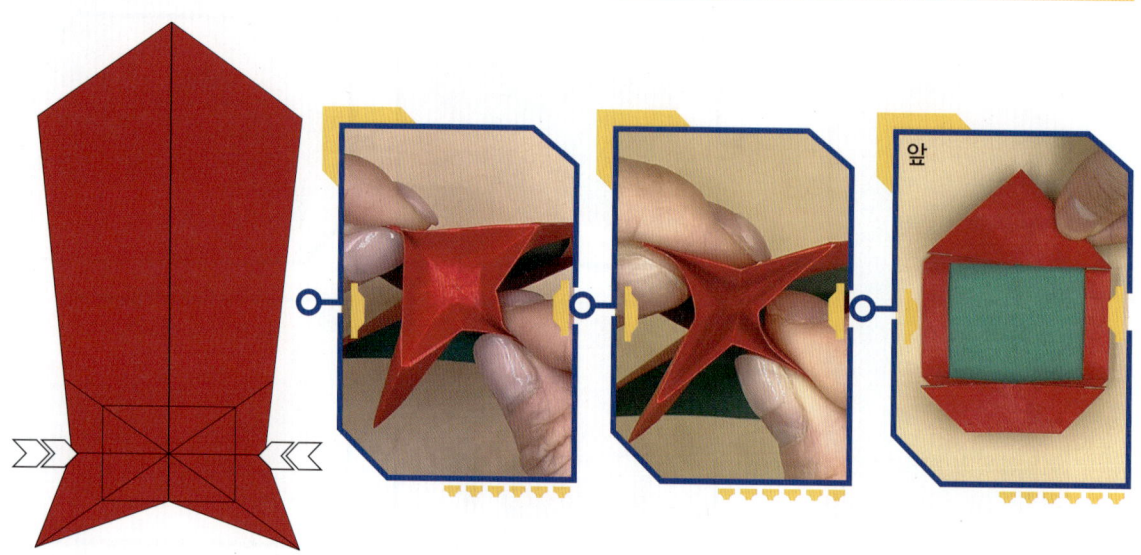

 반대편도 13 ~ 18 까지 같은 방법으로 접어 주세요.

 뒤로 뒤집어 주세요.

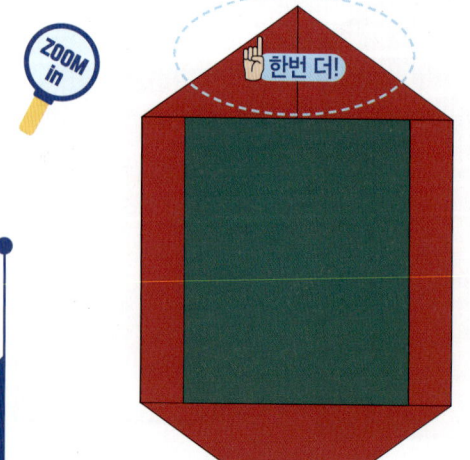

한번 더!

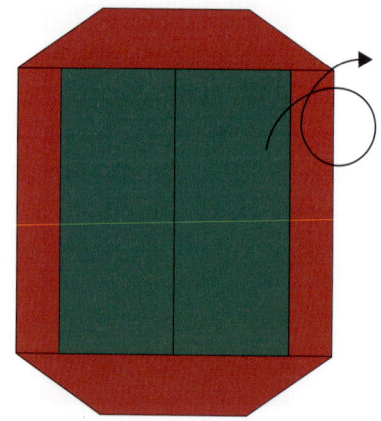

21 중심선을 기준으로 점선대로 접어 주세요.

22 중심선을 기준으로 점선대로 접어 주세요.

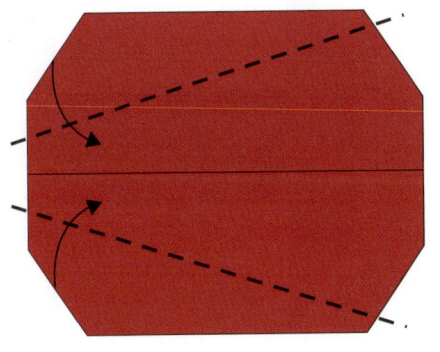
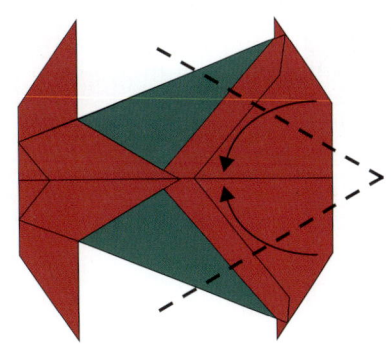

23 0.8cm 정도 점선대로 접어 주세요. 중심선에서 살짝 떨어뜨려 접어 주세요.

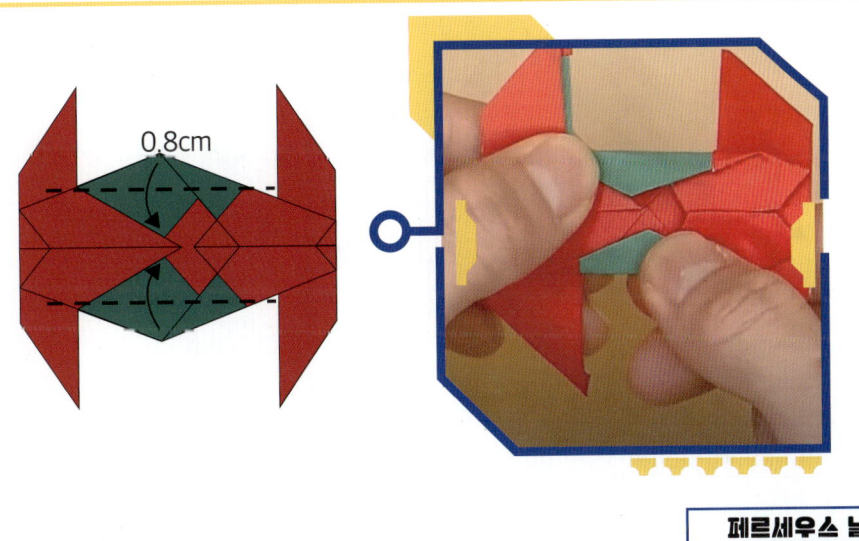

24 뒤로 뒤집어 주세요.

25 ○ 부분이 닿을 수 있도록 접었다 펼쳐 주세요.

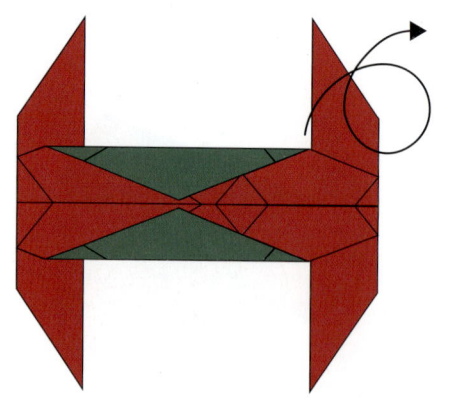

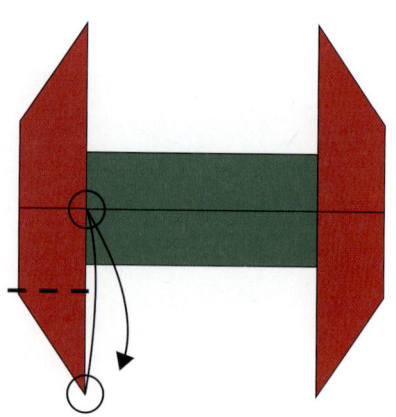

26 ○ 부분을 살짝 벌려 주세요.

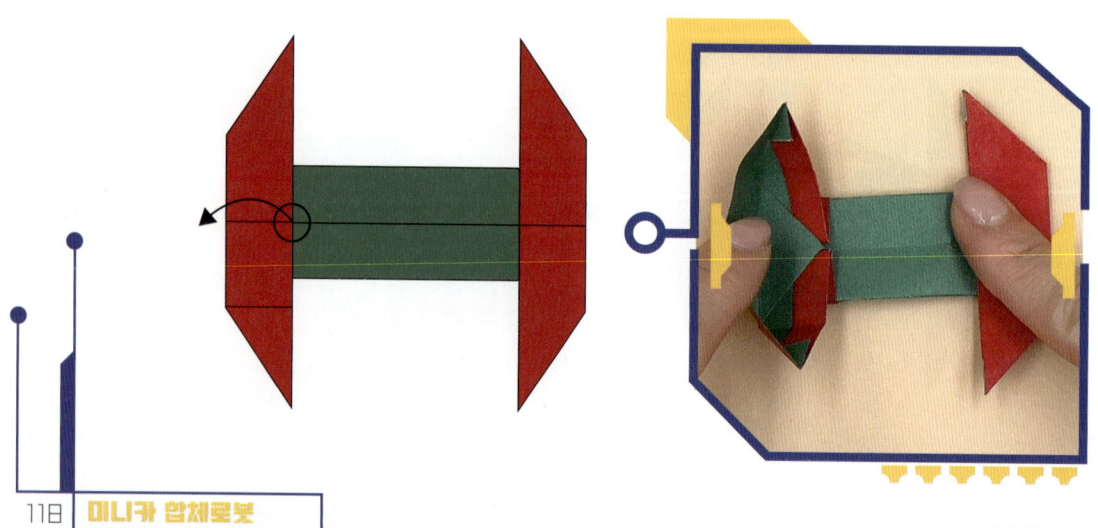

27 뾰족한 부분을 사진처럼 접어 주세요.

28 ○ 부분을 아래로 내려 접어 주세요.

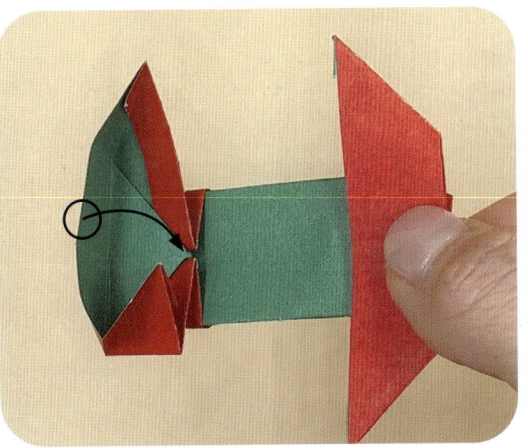

29 한 장만 점선대로 접어 주세요.

30 가운데 선에 맞춰서 양끝을 접어 주세요.

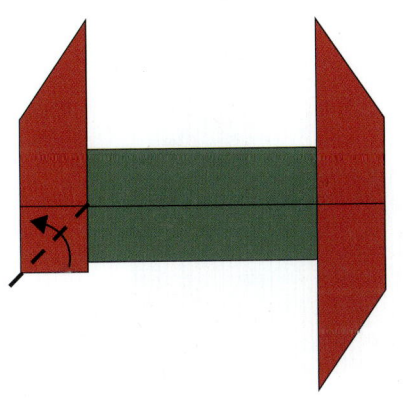
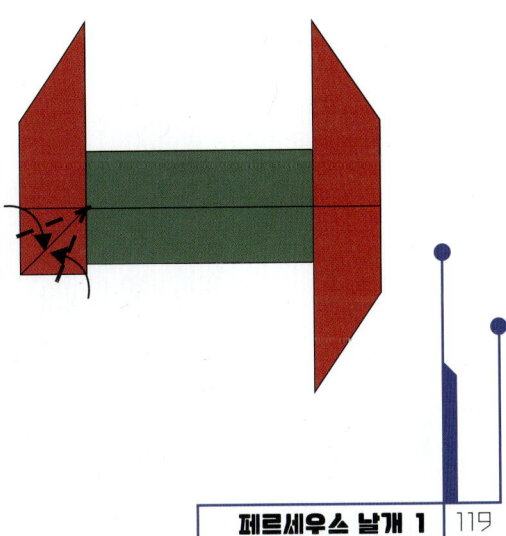

페르세우스 날개 1 | 119

 반대편도 25 ~ 30 까지 같은 방법으로 접어 주세요.

 ○ 부분을 뾰족하게 점선대로 접어 주세요.

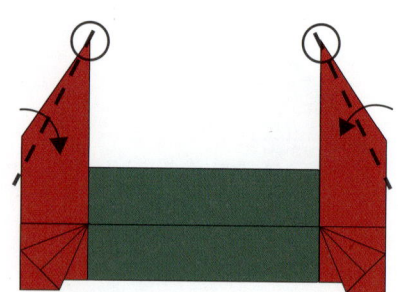

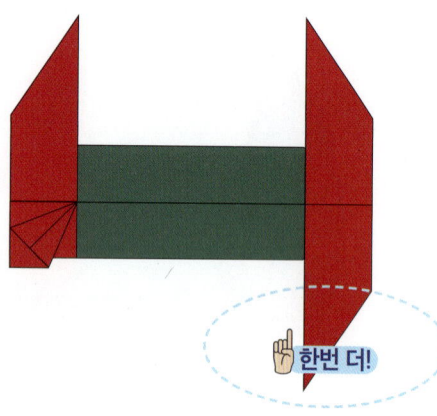

한번 더!

완성

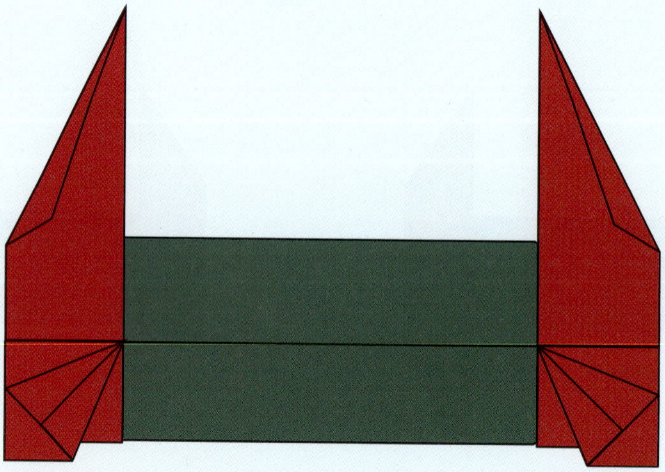

페르세우스 날개 2

 반으로 접었다 펼쳐 주세요.

 표시선을 따라 가위로 잘라 주세요.

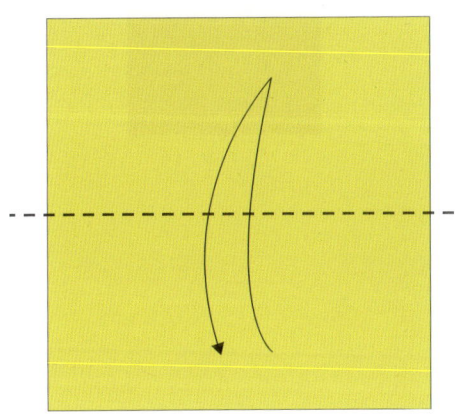

 반으로 접었다 펼쳐 주세요.

표시선을 따라 가위로 잘라 주세요.

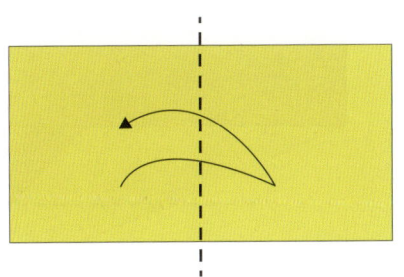

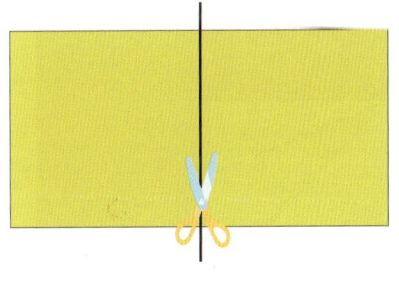

스페셜지 사용 시작

5 원하는 색(노랑)을 뒷장에 놓고, 반으로 접었다 펼쳐 주세요.

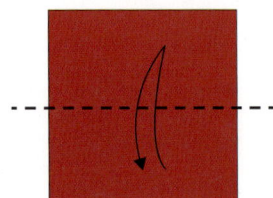

6 가운데 중심선에 맞춰 점선대로 접어 주세요.

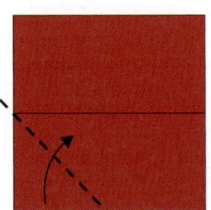

7 가운데 중심선에 맞춰 점선대로 접어 주세요.

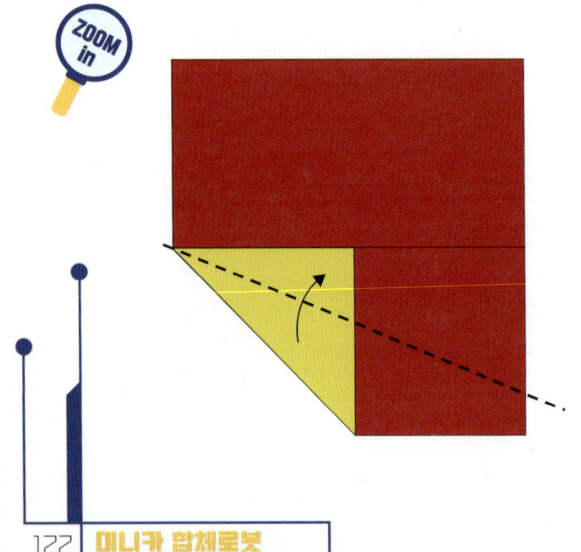

8 ○ 부분이 닿을 수 있도록 접어 주세요.

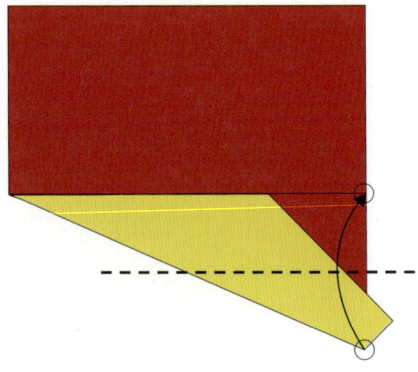

9 윗부분도 **6** ~ **8** 까지 같은 방법으로 접어 주세요.

10 반으로 접어 주세요.

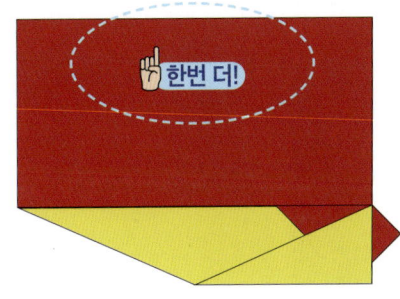

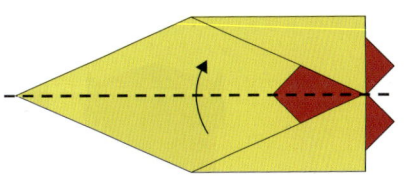

완성

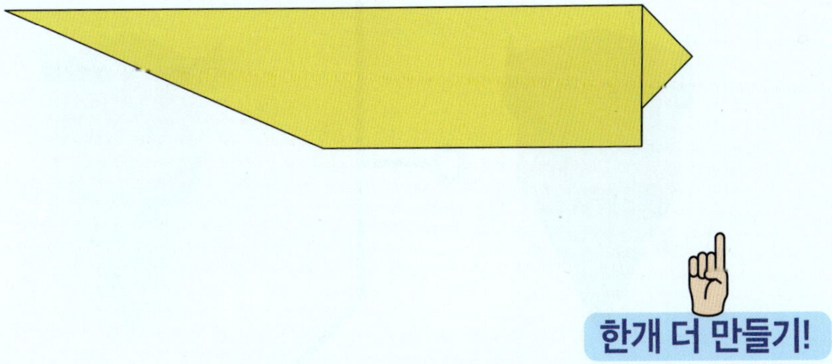

한개 더 만들기!

페르세우스 날개 2

페르세우스 합체

1 완성된 페르세우스의 미니카와 날개를 준비해 주세요.

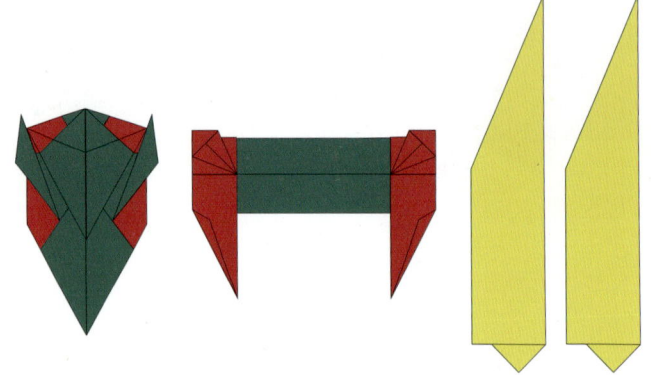

2 미니카 안쪽에 끼운 부분을 빼주세요.

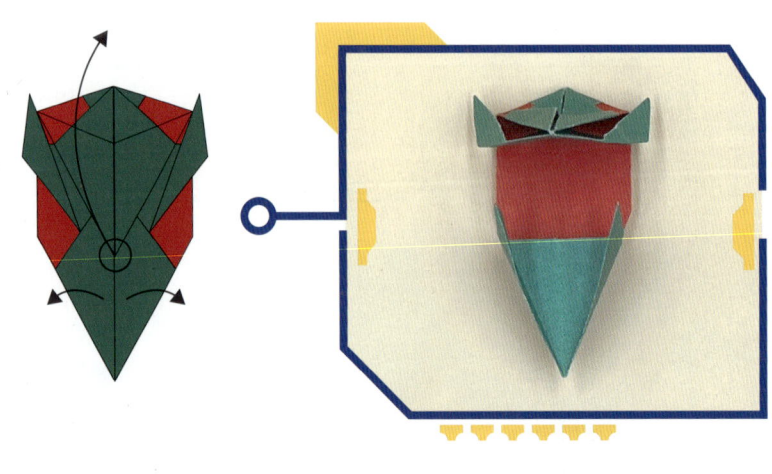

3 미니카 날개를 미니카 안 쪽에 넣어 주세요.

4 ○ 부분을 화살표 방향대로 넣어 주세요.

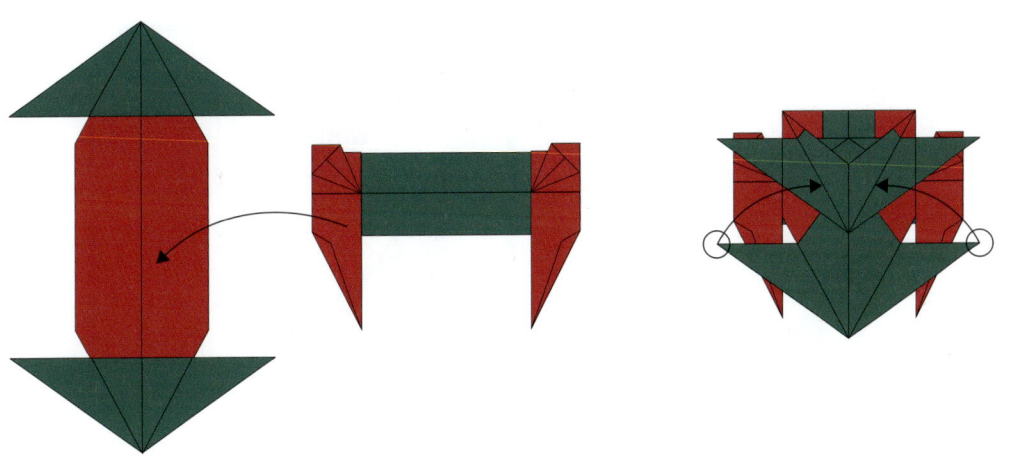

5 뒤로 돌려 주세요.

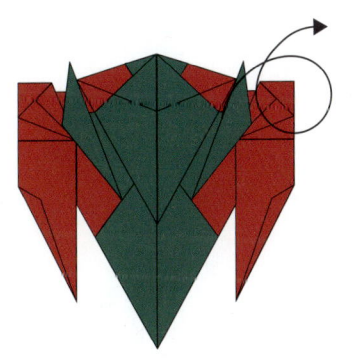

6 화살표 안쪽에 맞춰 끼워 주세요.

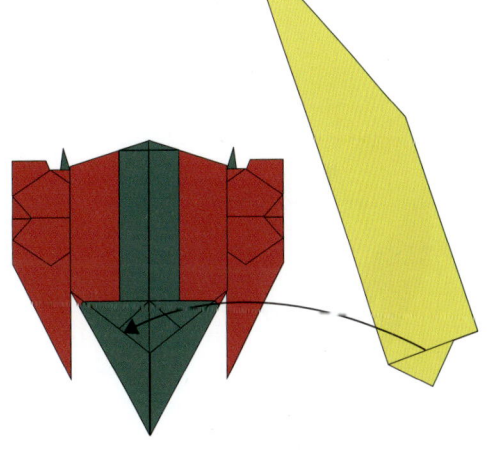

7
안쪽에 들어갈 수 있도록 끼워 주세요.

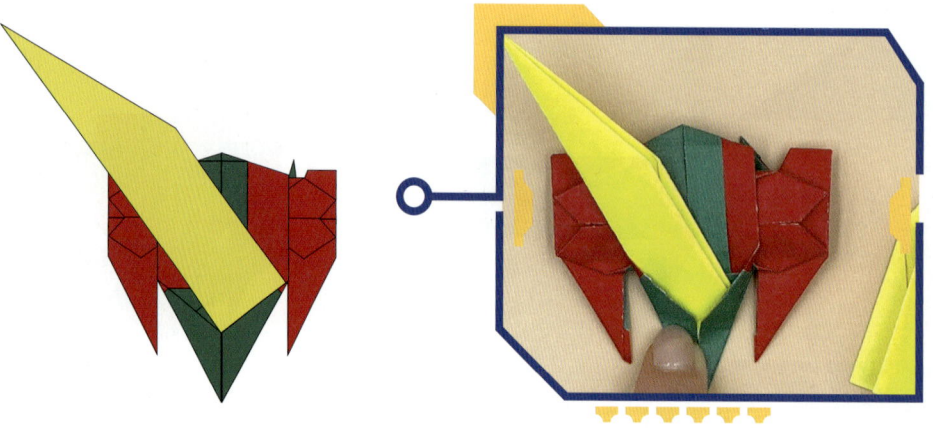

8
다른 한 개도 안쪽에 들어갈 수 있도록 끼워 주세요.

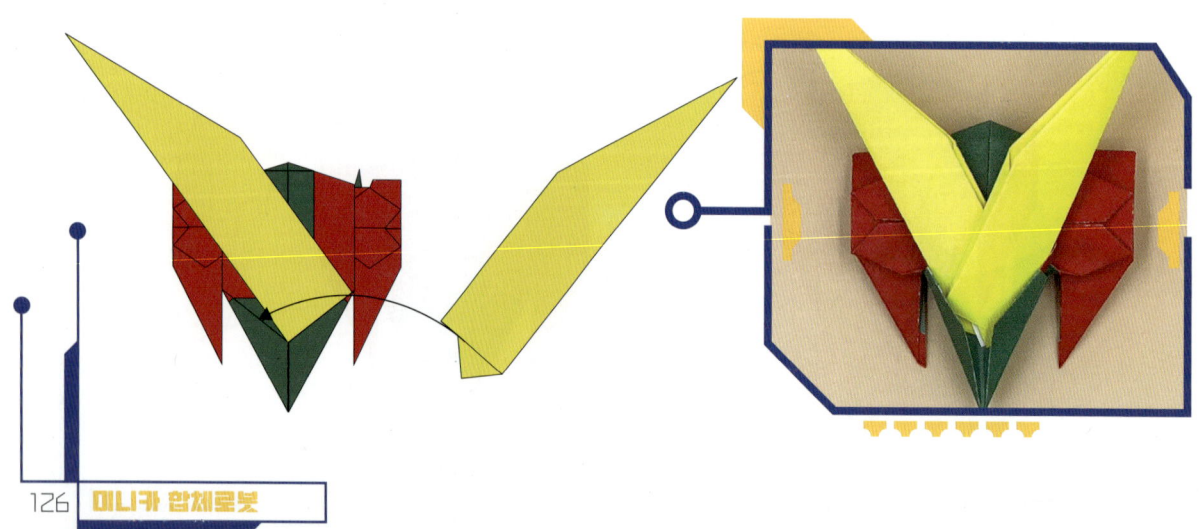

9 고정되도록 테이프를 붙여 주세요.

10 뒤로 돌려 주세요.

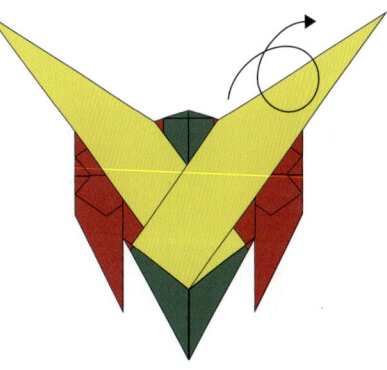

완성

페르세우스 합체

스파이더 맥스

접는 방법 영상

1 반으로 접었다 펼쳐 주세요.

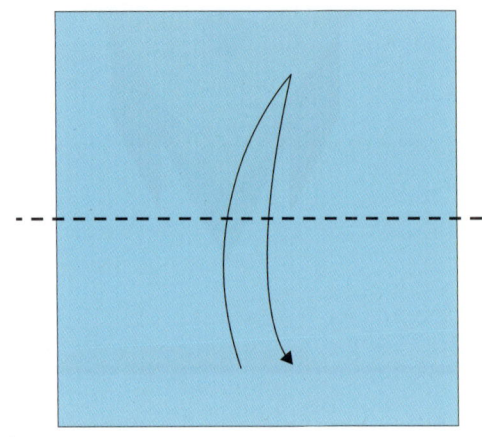

2 표시선을 따라 가위로 잘라 주세요.

스페셜지 사용 시작

3 원하는 색(파랑)을 앞장에 놓고, 반으로 접었다 펼쳐 주세요.

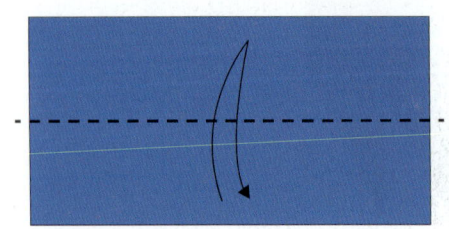

4 손가락 반 마디(0.7cm)정도 위로 올려 접어 주세요.

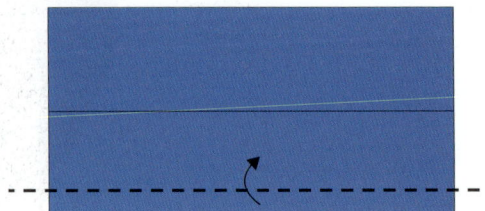

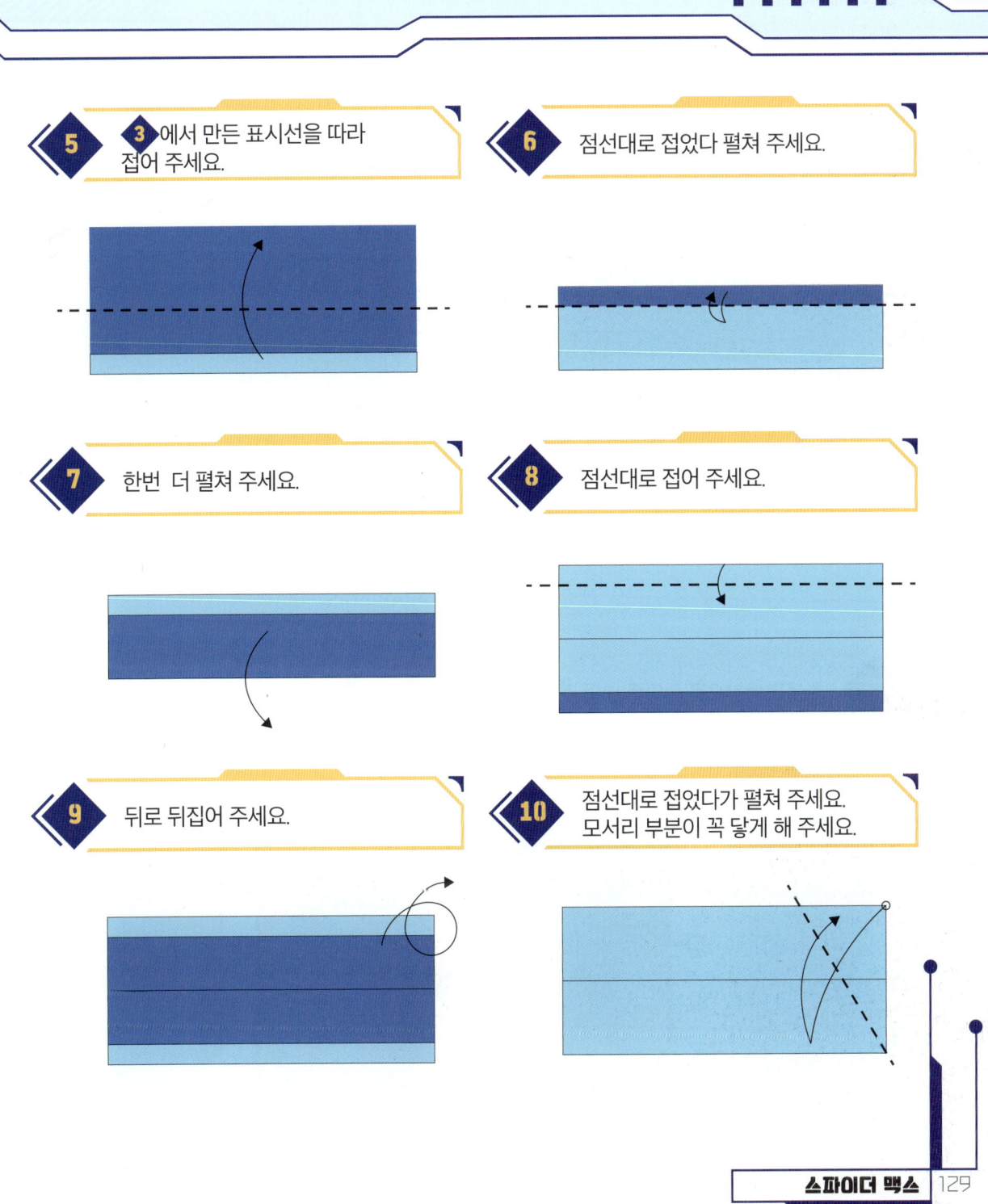

점선대로 접었다가 펼쳐 주세요.
모서리 부분이 꼭 닿게 해 주세요.

 뒤로 뒤집어 주세요.

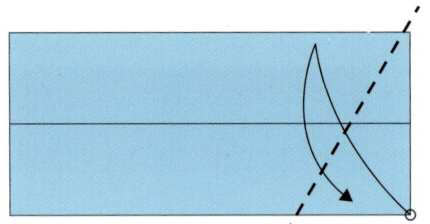

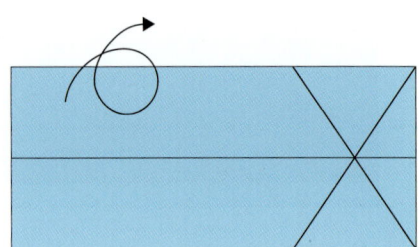

 화살표 방향으로 종이를 넣어 주세요. 반대편도 10 ~ 13 까지 같은 방법으로 접어 주세요.

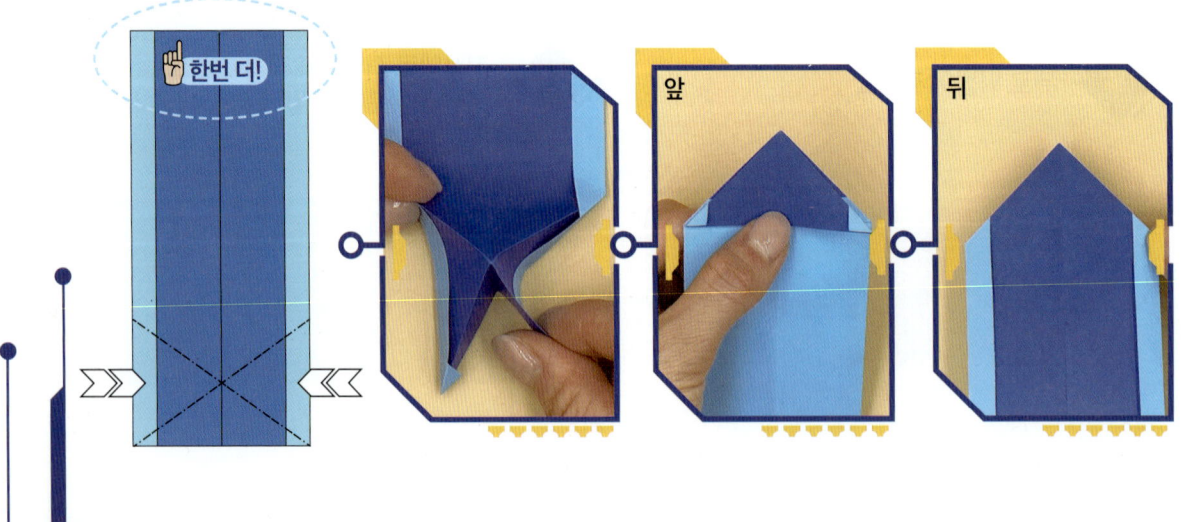

14 뒤로 뒤집어 주세요.

 15 위에 한 장만 중심선에 맞춰 접어 주세요.

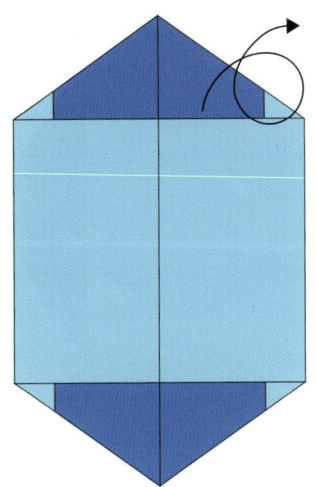

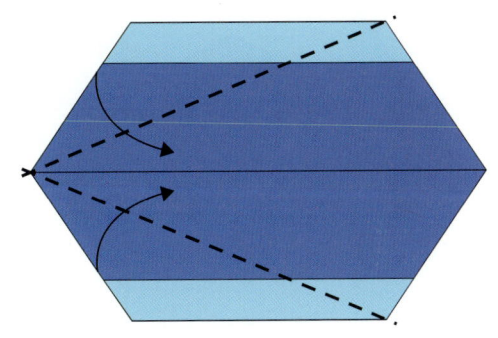

 16 위에 한 장만 중심선에 맞춰 접어 주세요.

17 점선대로 접어 주세요.

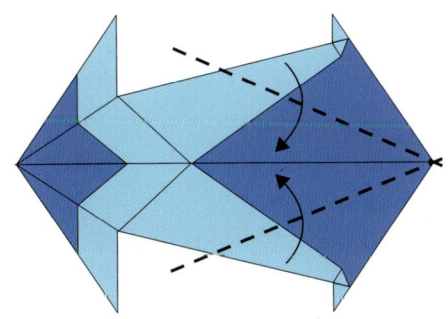

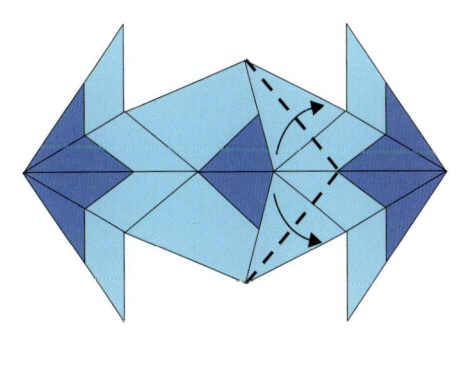

스파이더 맥스

18 뒤로 뒤집어 주세요.

19 점선대로 접어 주세요. 오른쪽 뒷면이 **17**에서 접은 것인지 확인해 주세요.

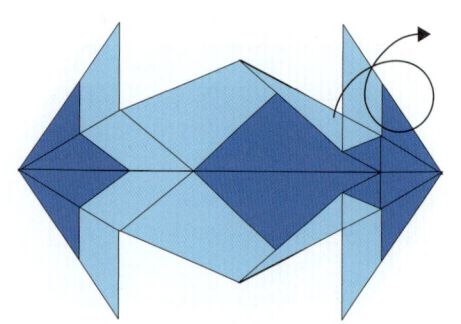

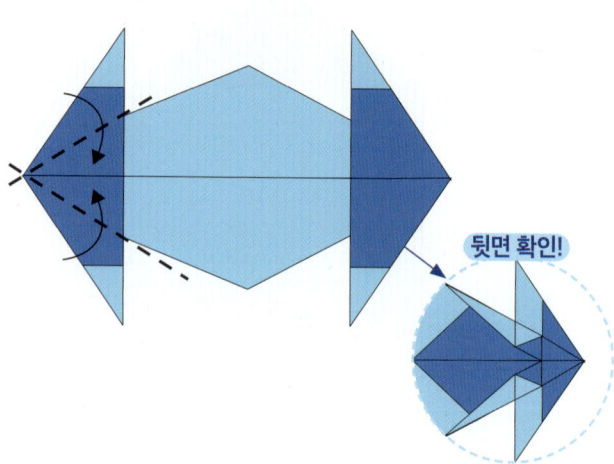

뒷면 확인!

20 0.6cm 정도 위로 올려 접었다 펼쳐 주세요.

21 화살표 방향으로 펼쳐 주세요.

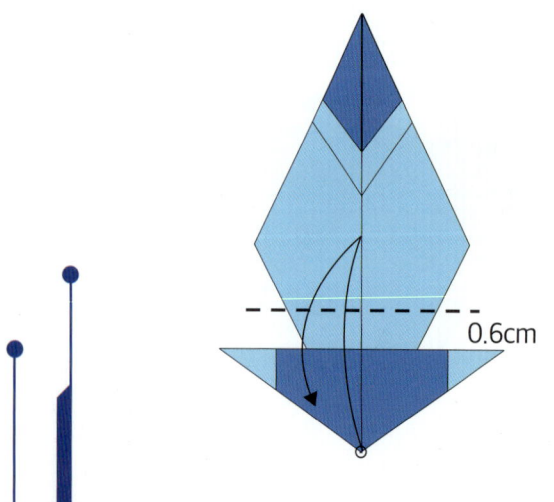

0.6cm

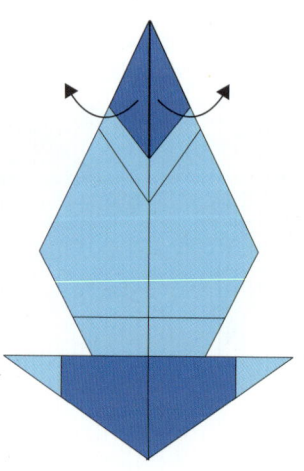

22 점선대로 접어 주세요.

23 ○ 부분을 화살표 안쪽으로 넣어 주세요.

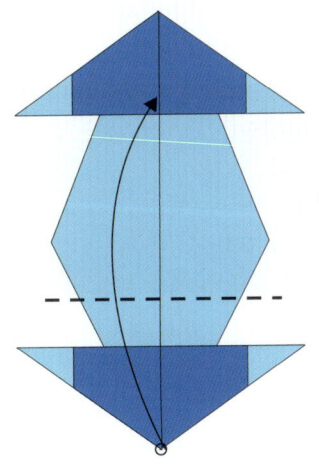
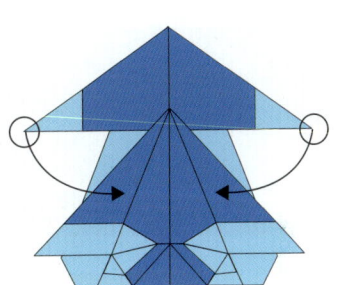

완성

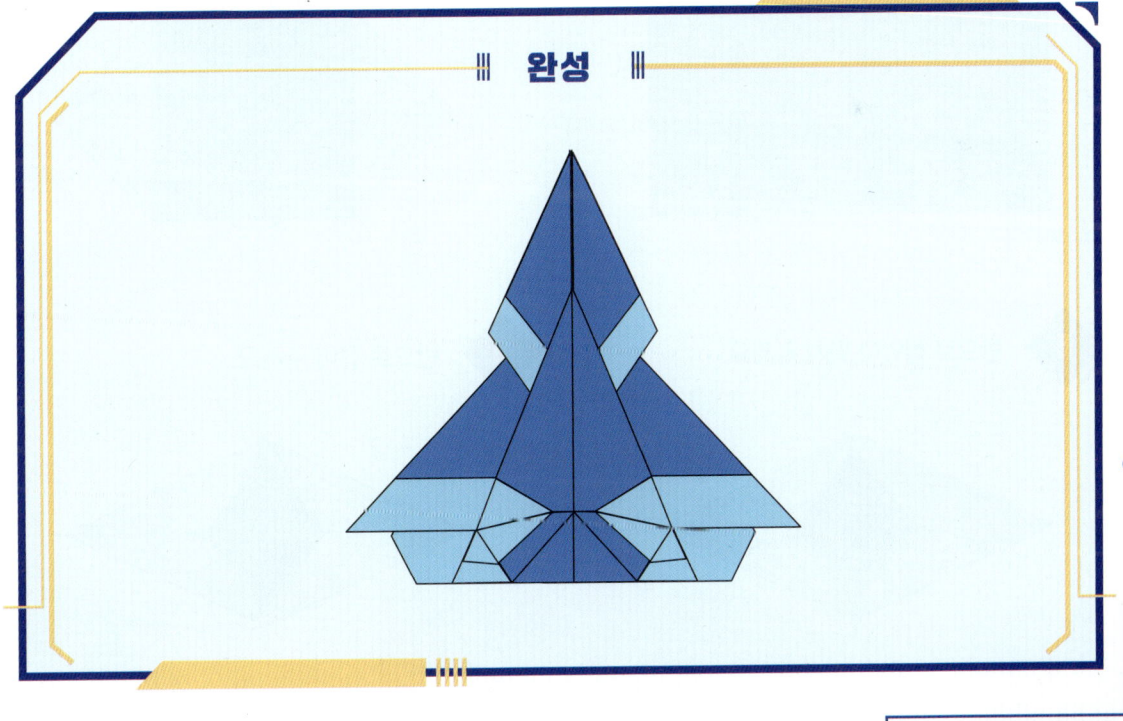

스파이더 맥스 | 133

스파이더 맥스 날개

접는 방법 영상

스페셜지 사용 시작

 1. 나머지 반 장을 준비해 주세요.
원하는색(회색)을 뒷장에 놓아 주세요.

 2. 반으로 접었다 펼쳐 주세요.

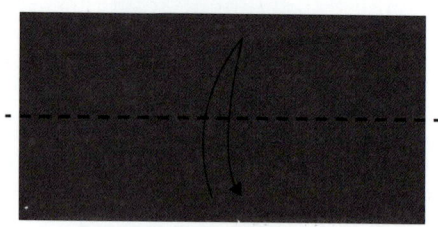

 3. 중심선에 맞춰 점선대로 접어 주세요.

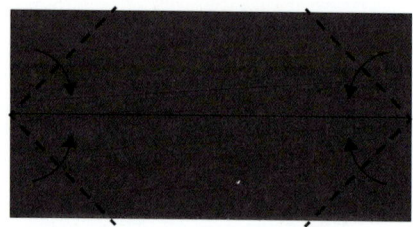

4. 중심선에 맞춰 점선대로 접어 주세요.

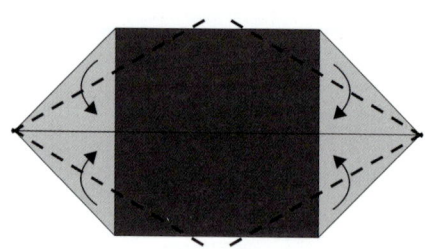

 5. 반으로 접었다 펼쳐 주세요.

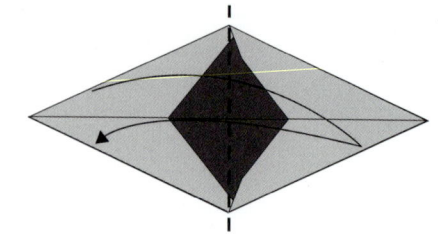

6. 반으로 접어 주세요.

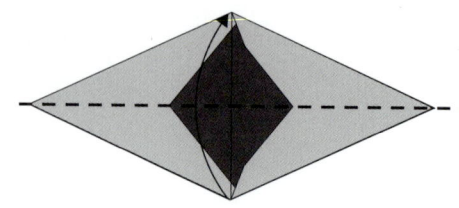

7 가운데 표시선에서 0.3cm 떨어지도록 비스듬하게 접었다 펼쳐 주세요.

8 점선대로 접었다 펼쳐 주세요.

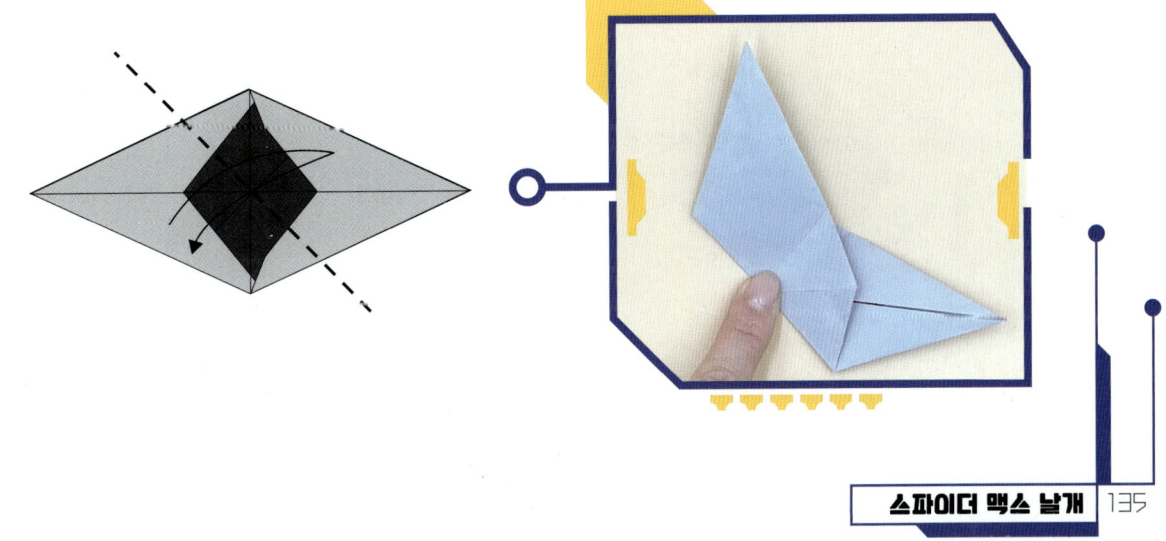

9 점선대로 접었다 펼쳐 주세요.

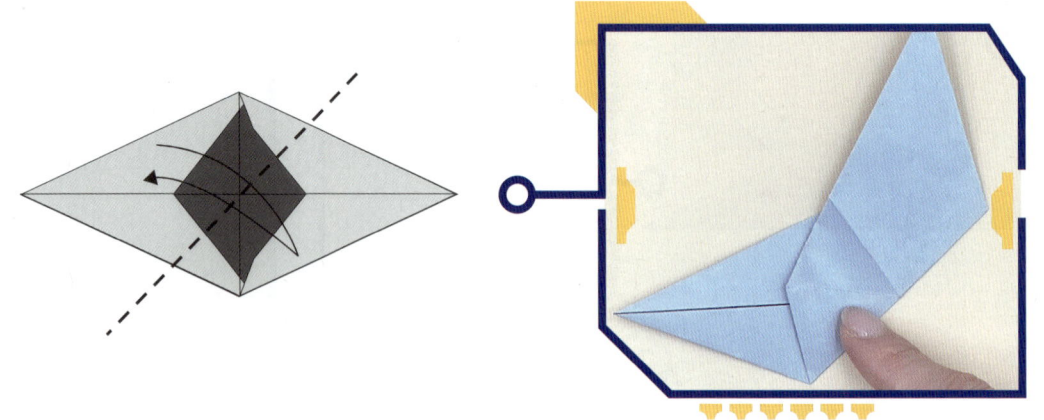

10 뒤로 뒤집어 주세요.

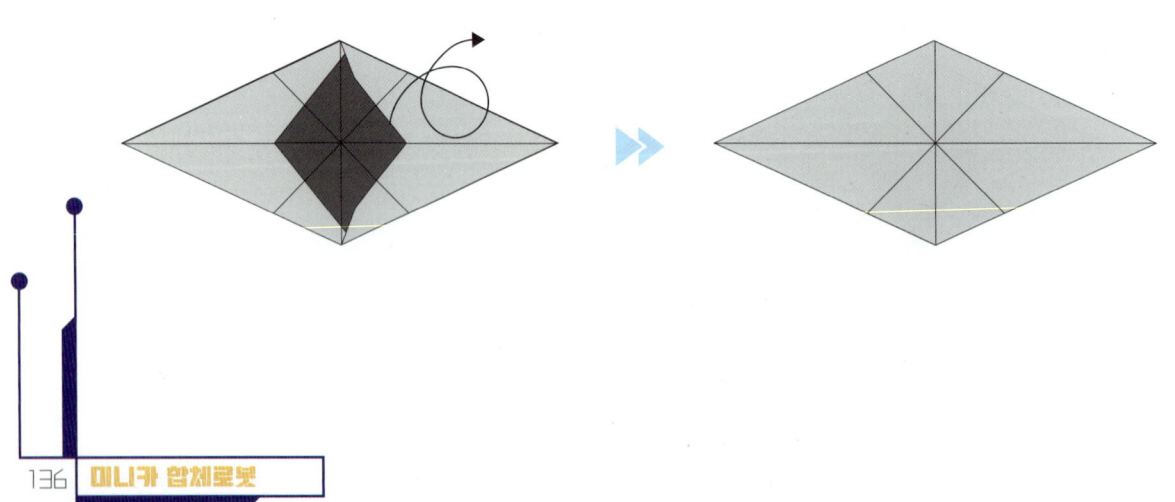

화살표 안쪽을 넣으면서 접어 주세요.

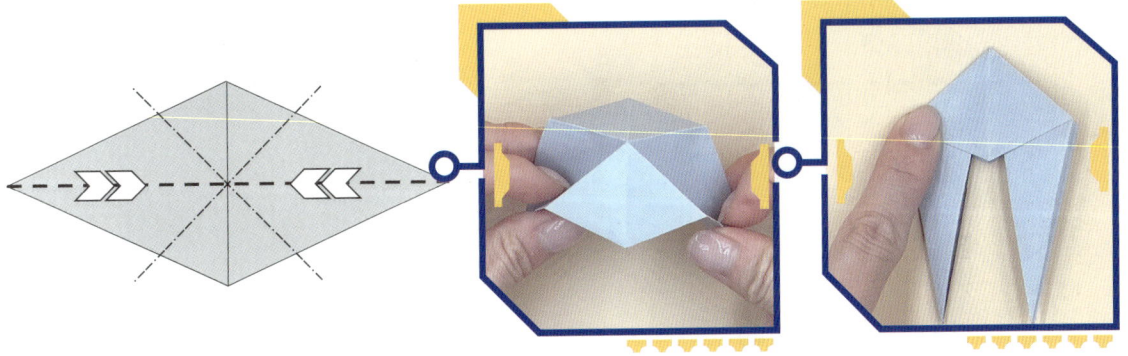

 점선대로 접어 주세요.

13 뒤로 뒤집어 주세요.

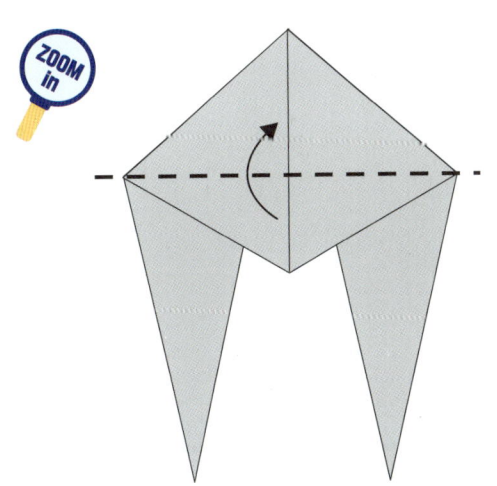

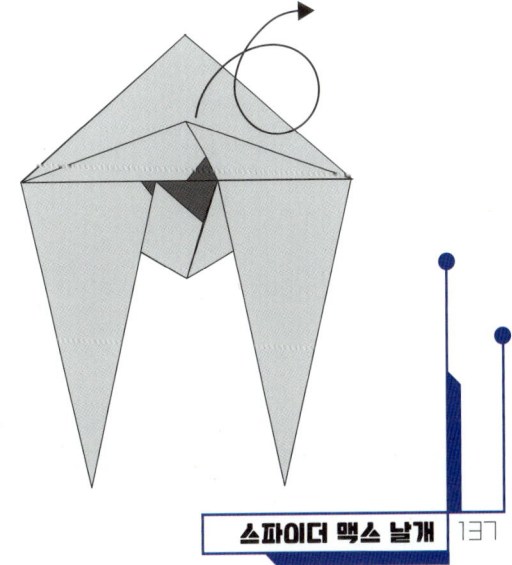

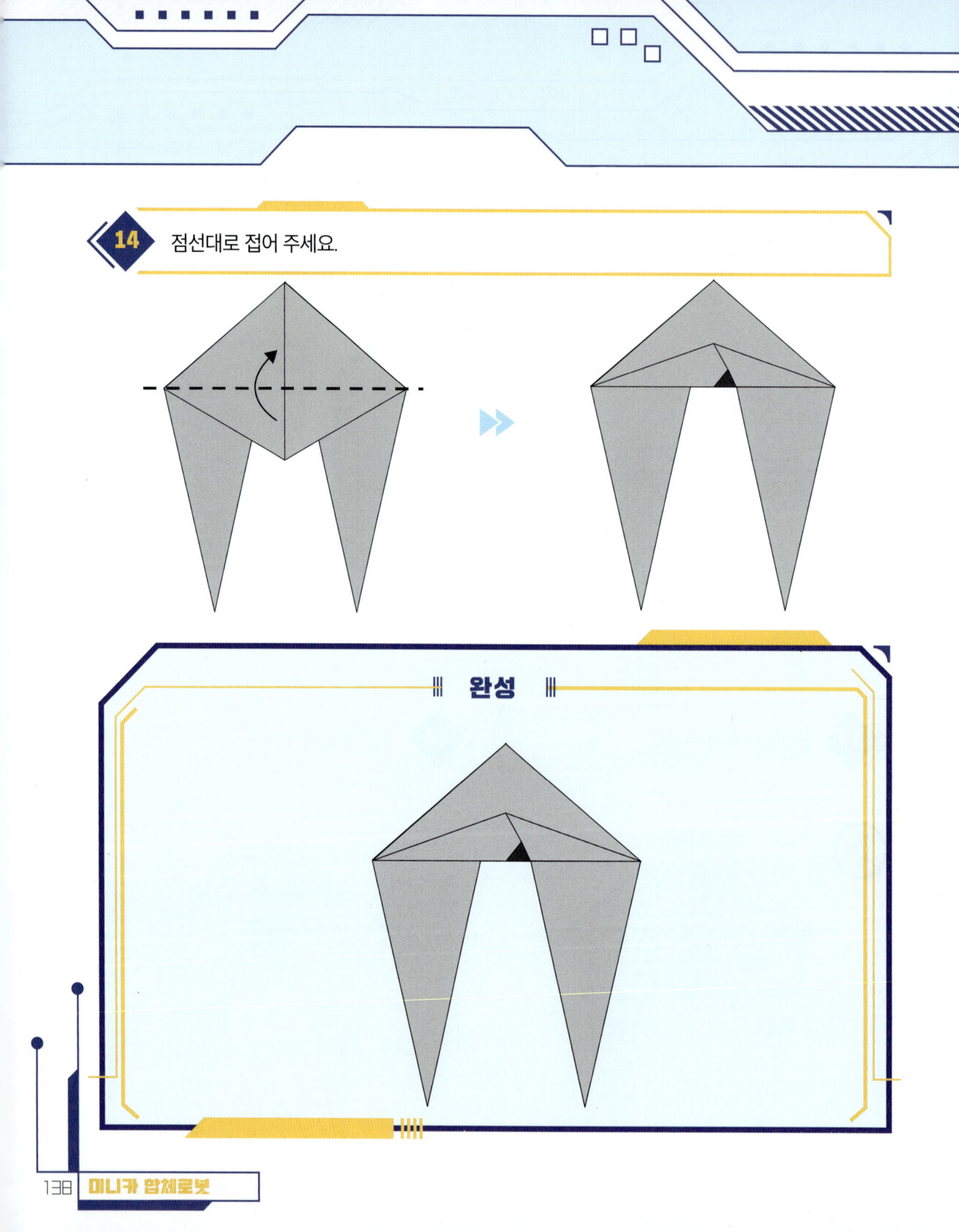

스파이더 맥스 몸 합체

1 완성된 스파이더 맥스 미니카와 날개를 준비해 주세요.

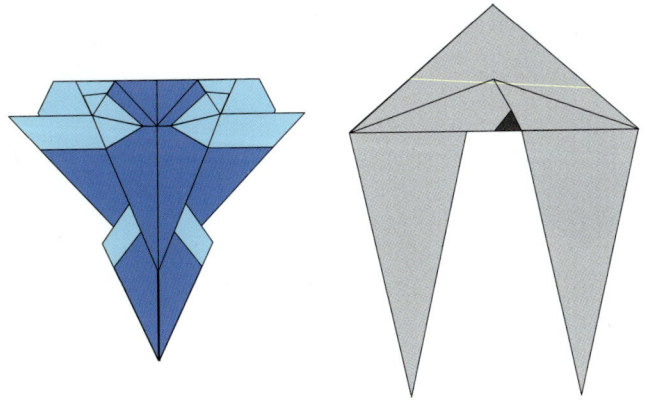

2 뾰족한 부분을 화살표 방향으로 빼 주세요.

3 펼쳐진 미니카 안에 날개를 끼워 넣어 주세요.

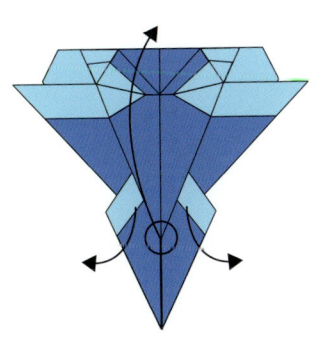
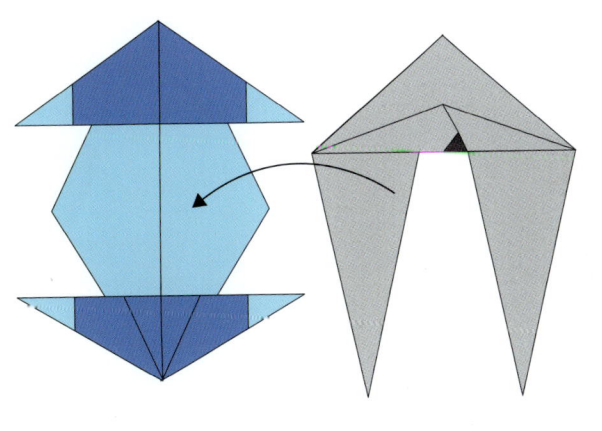

스파이더 맥스 머리

1 종이를 1/8로 잘라 줄 거예요.
먼저 반으로 접었다 펼쳐 주세요.

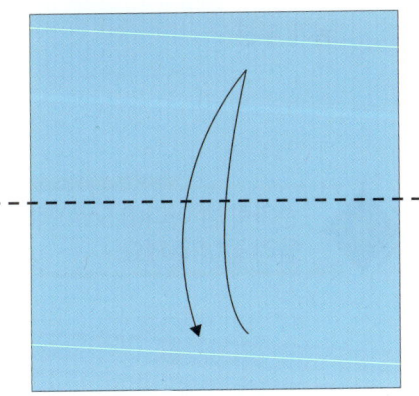

2 표시선을 따라 가위로 잘라 주세요.

3 반으로 접었다 펼쳐 주세요.

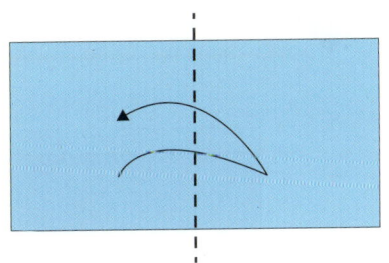

4 표시선을 따라 가위로 잘라 주세요.

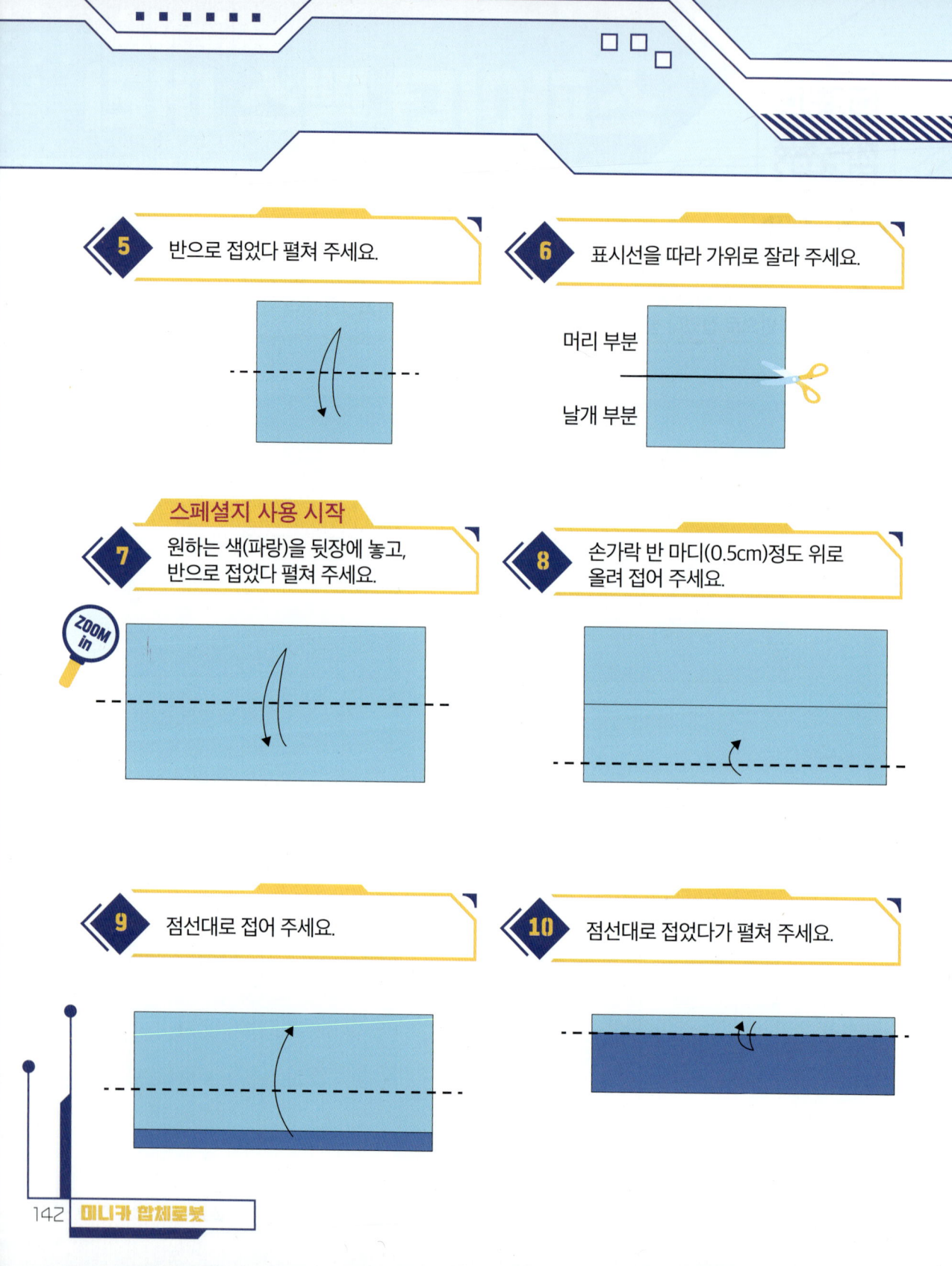

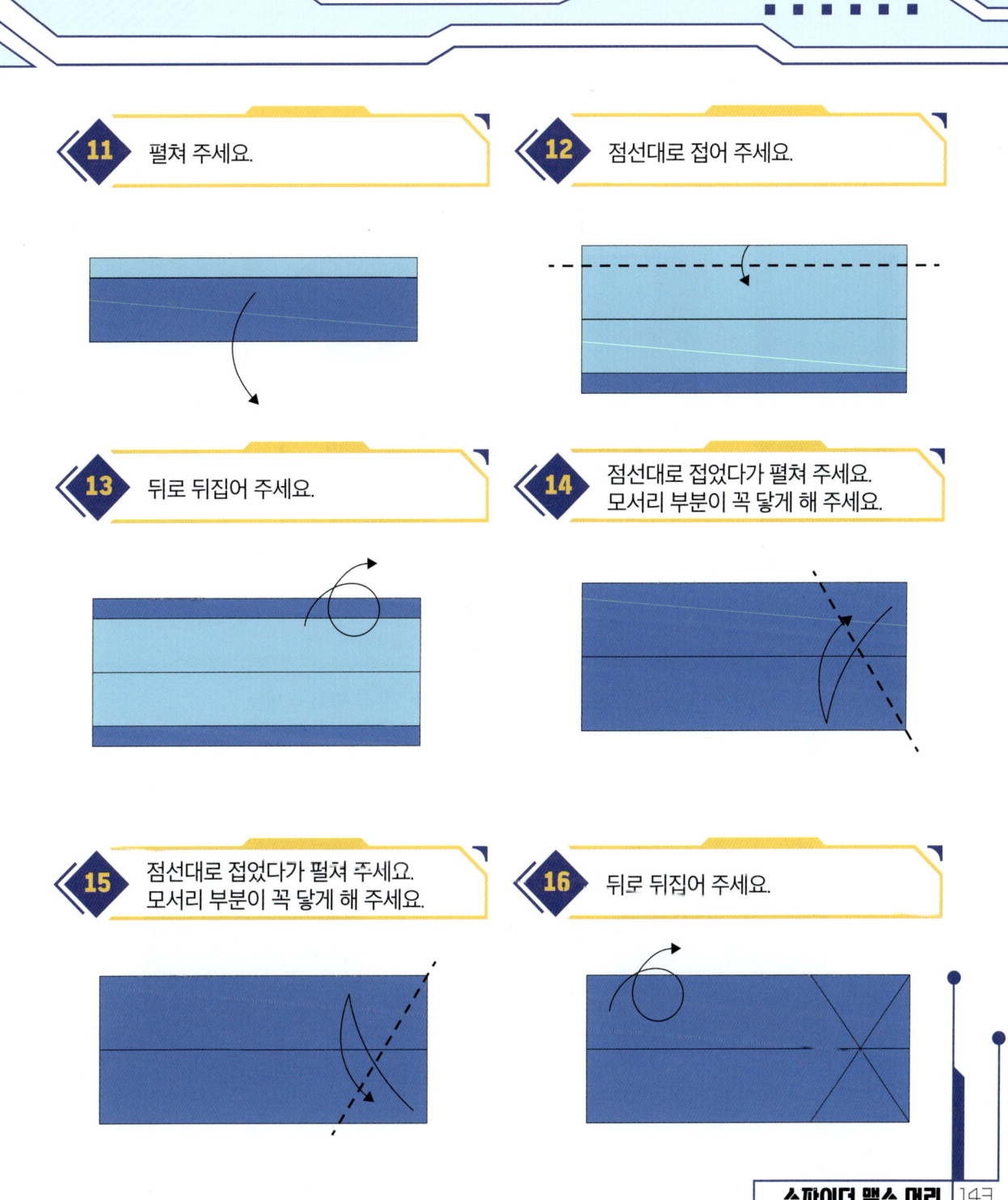

17 화살표 방향으로 종이를 넣어 주세요. 반대편도 14 ~ 17 까지 같은 방법으로 접어 주세요.

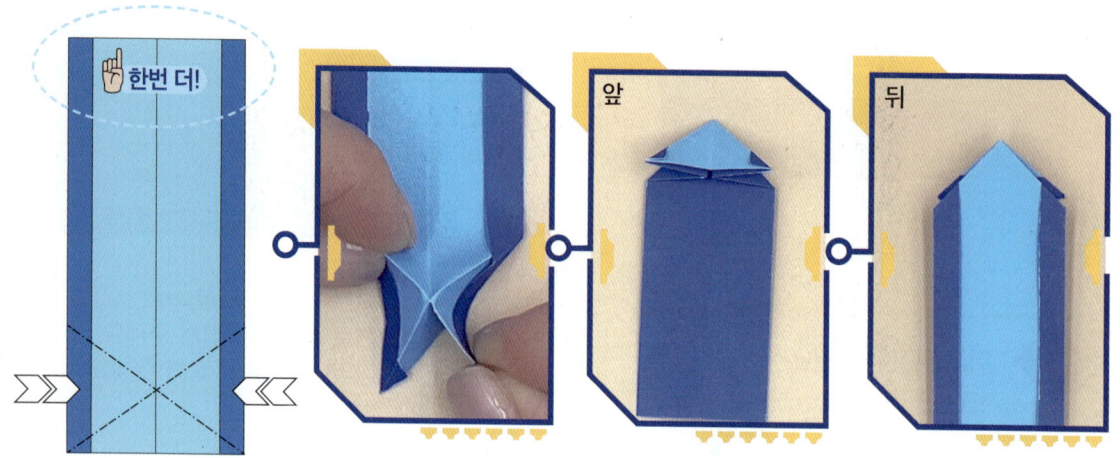

18 점선을 따라 접었다 펼쳐 주세요.

19 모두 펼쳐 주세요.

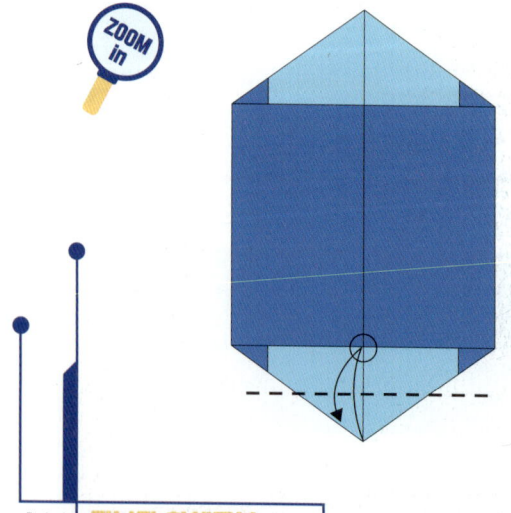

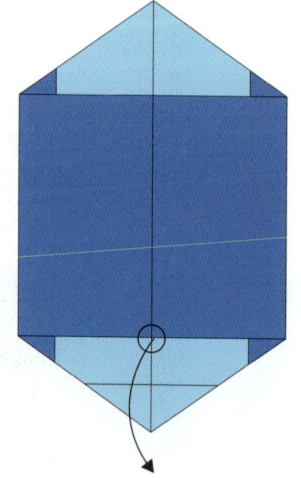

20 가운데 □ 표시선을 진하게 만들기 위해 점선대로 접었다 펼쳐 주세요.

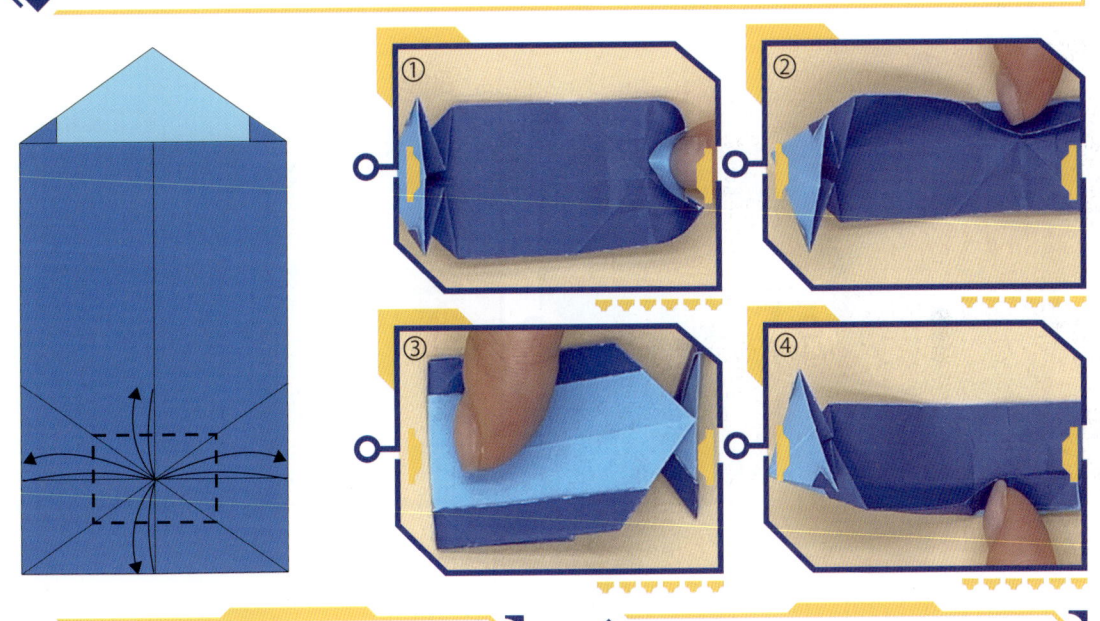

21 뒤로 뒤집어 주세요.

22 네모 모양이 밖으로 나올 수 있도록 화살표 부분을 손으로 잡아 주세요.

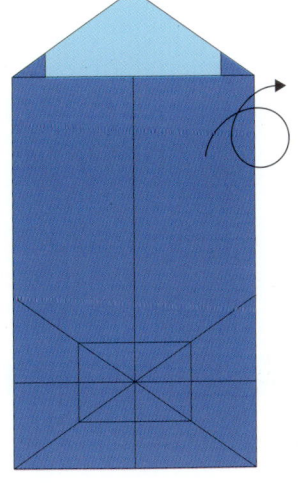
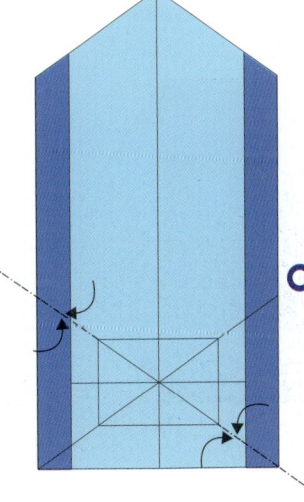

스파이더 맥스 머리

23 화살표 부분을 안쪽으로 눌러 접어 주세요.

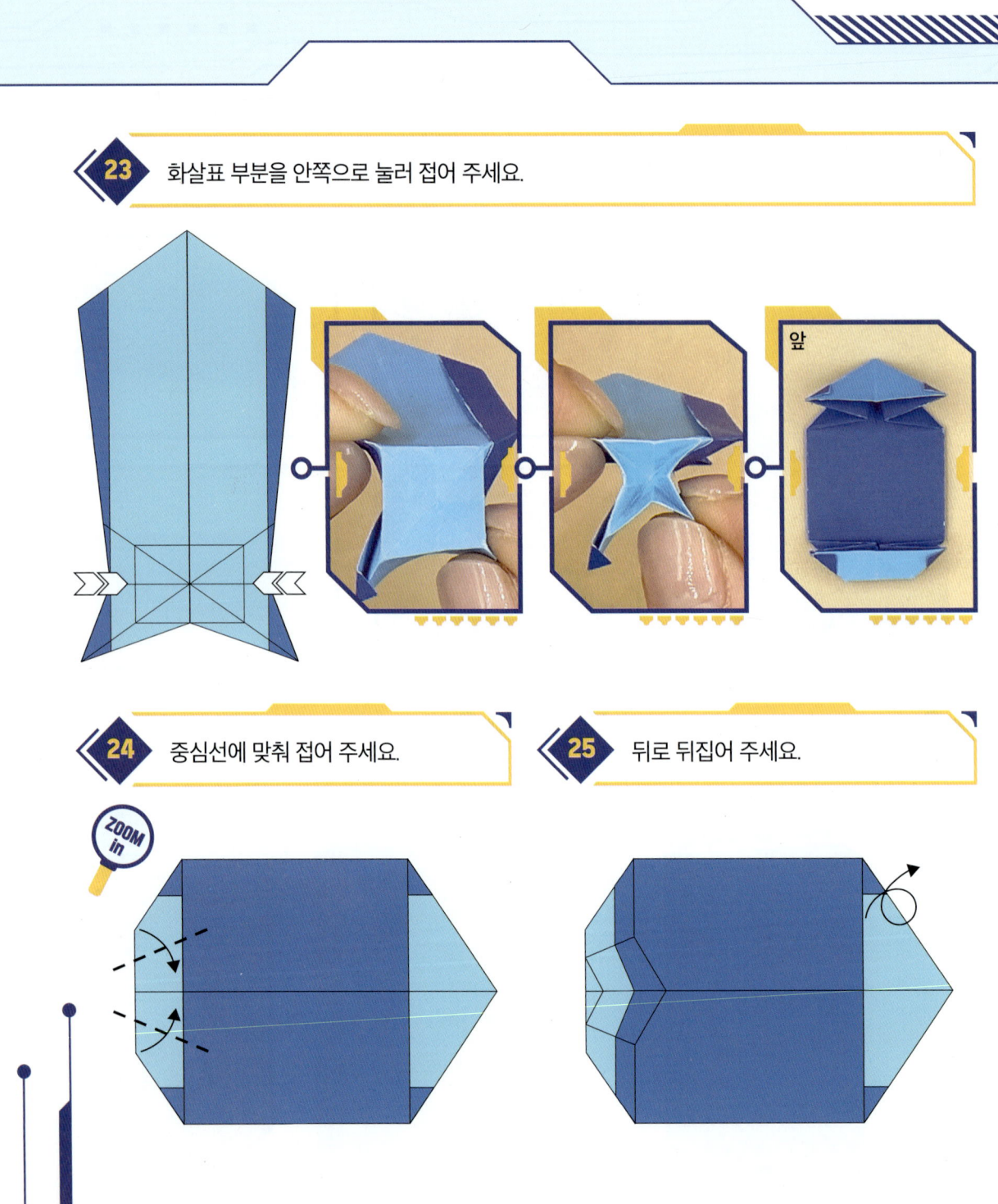

24 중심선에 맞춰 접어 주세요.

25 뒤로 뒤집어 주세요.

26 반으로 접어 주세요.

27 점선대로 접어 주세요.

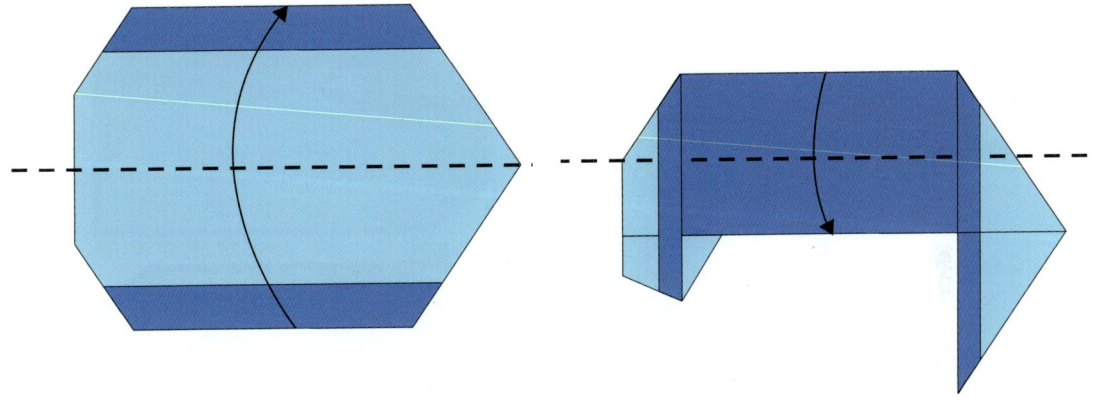

28 ○ 부분을 펼쳐 주세요.

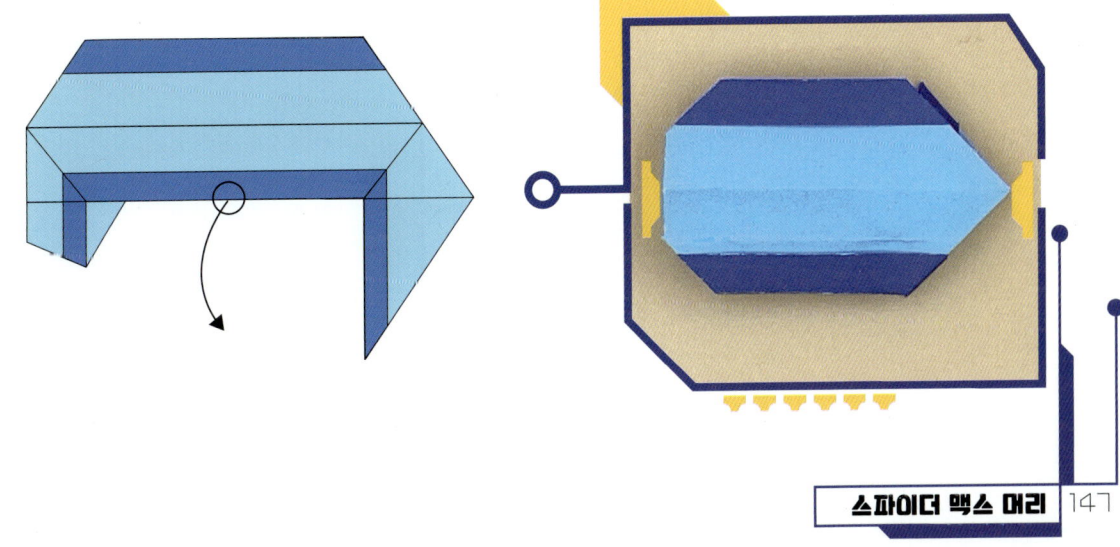

스파이더 맥스 머리 | 147

29 ○ 부분이 서로 닿을 수 있도록 산접기 해주세요.

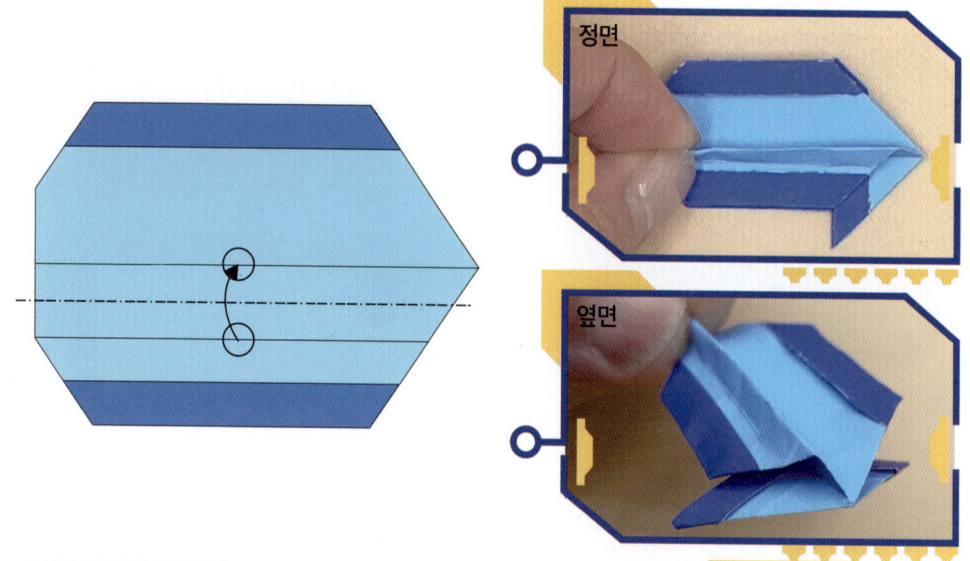

30 위로 향하게 접힌 빗금친 부분을 아래로 내려 접어 주세요.

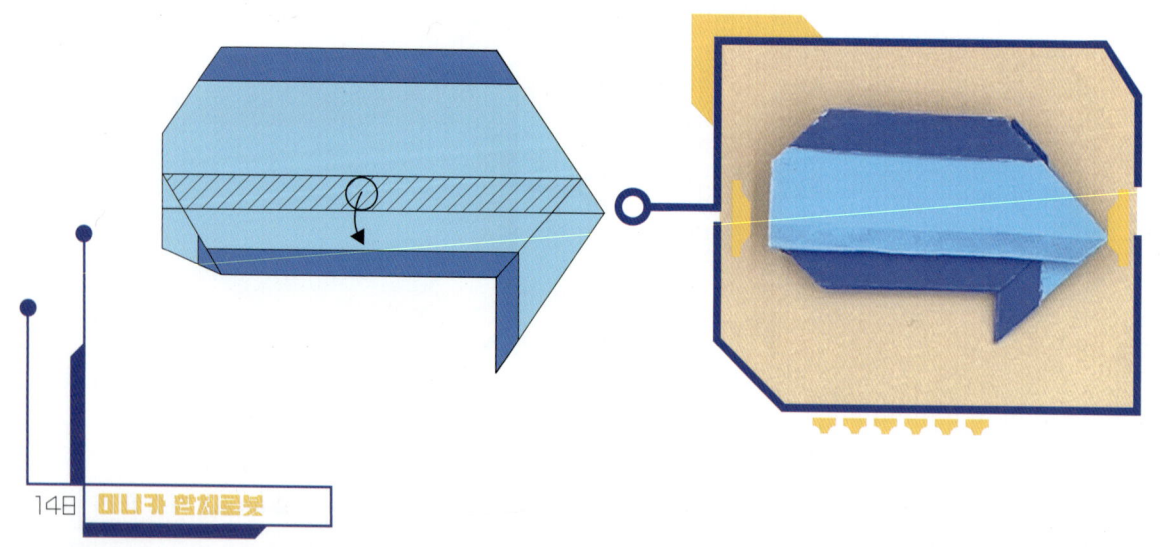

그림과 같이 방향을 바꿔준 뒤 반으로 접어 주세요.

 점선대로 접어 주세요.

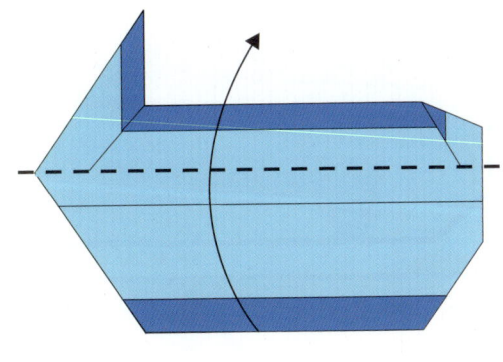

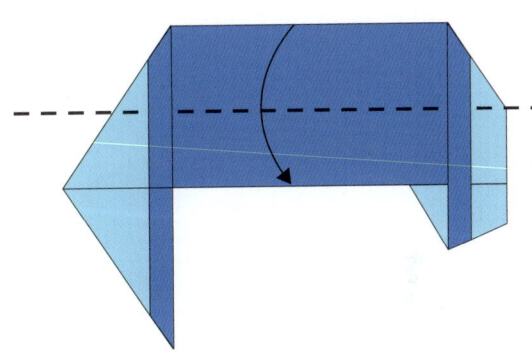

33 ○ 부분을 펼쳐주세요.

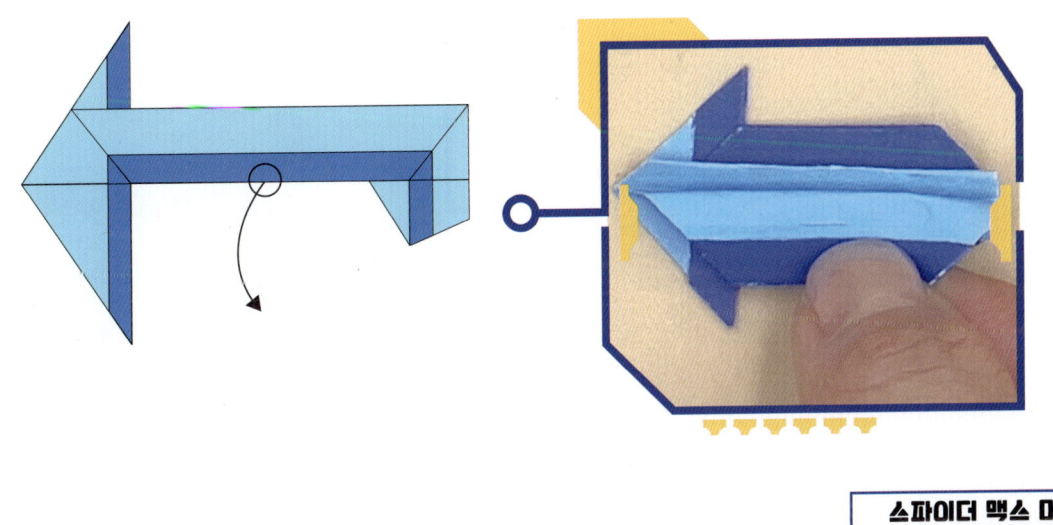

스파이더 맥스 머리

34
○ 부분이 서로 닿을 수 있도록 산접기 해주세요.

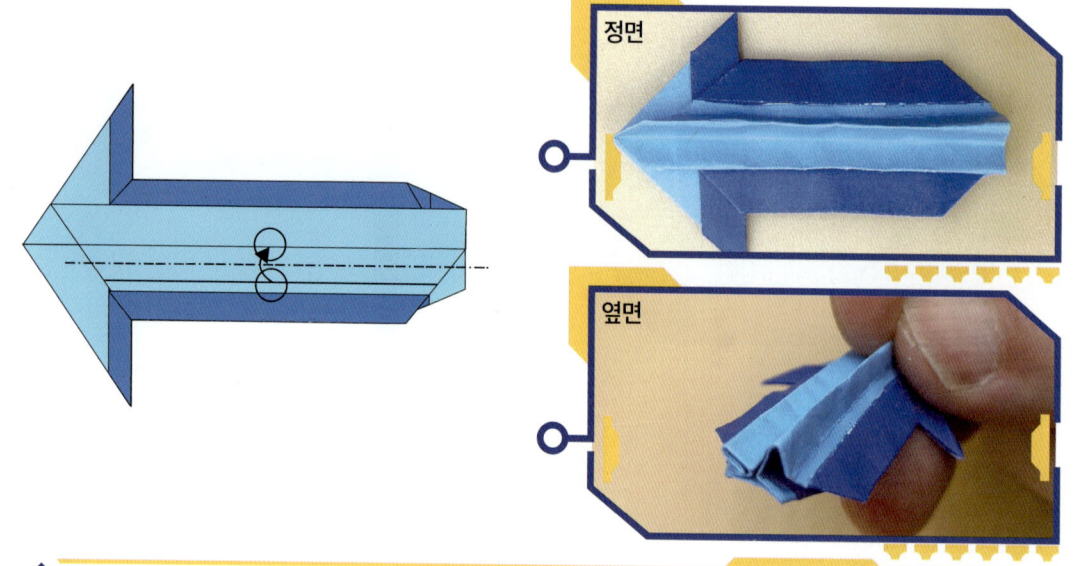

정면

옆면

35
○ 부분을 화살표 방향대로 접어 주세요.

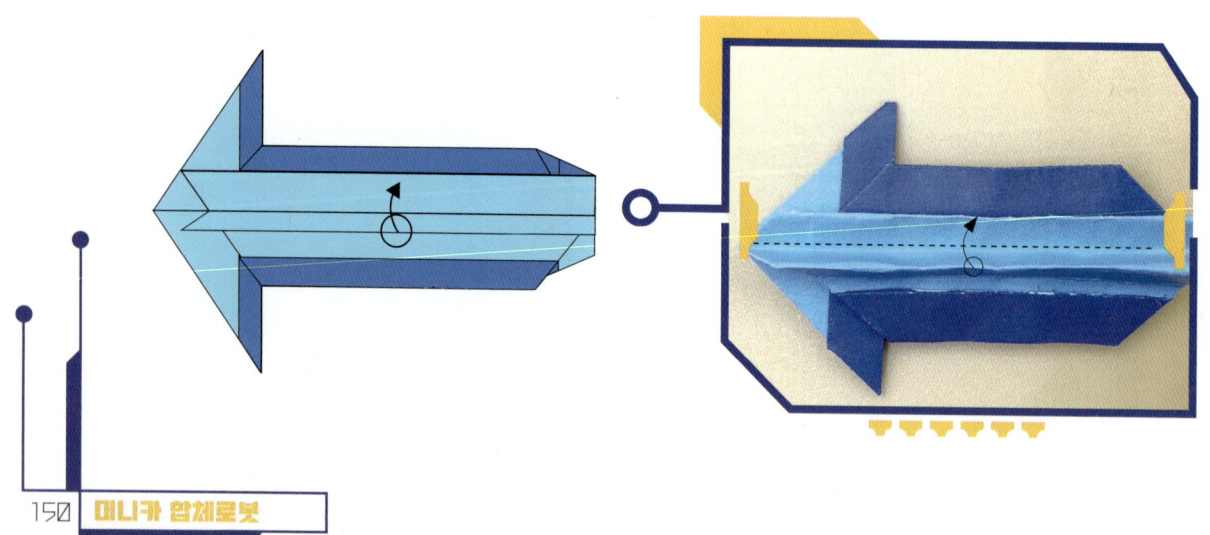

위로 향하게 접힌 빗금친 부분을 아래로 내려 접어 주세요.

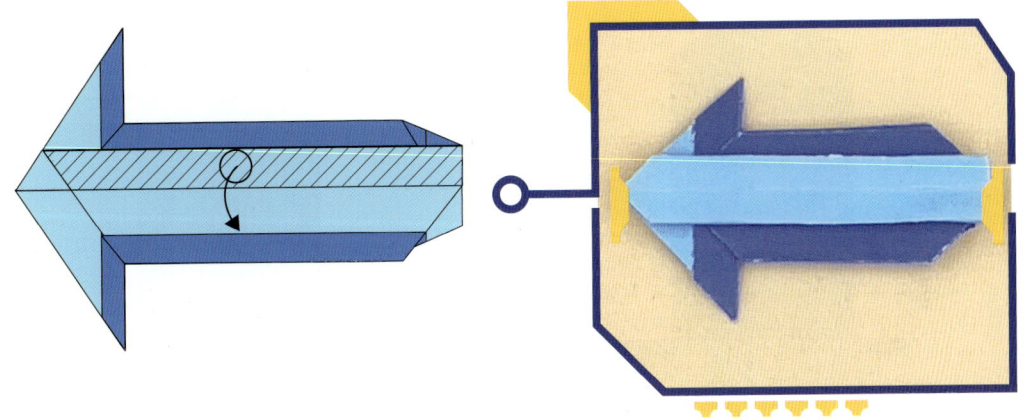

37 그림과 같은 모양이 되면 뒤로 뒤집어 주세요.

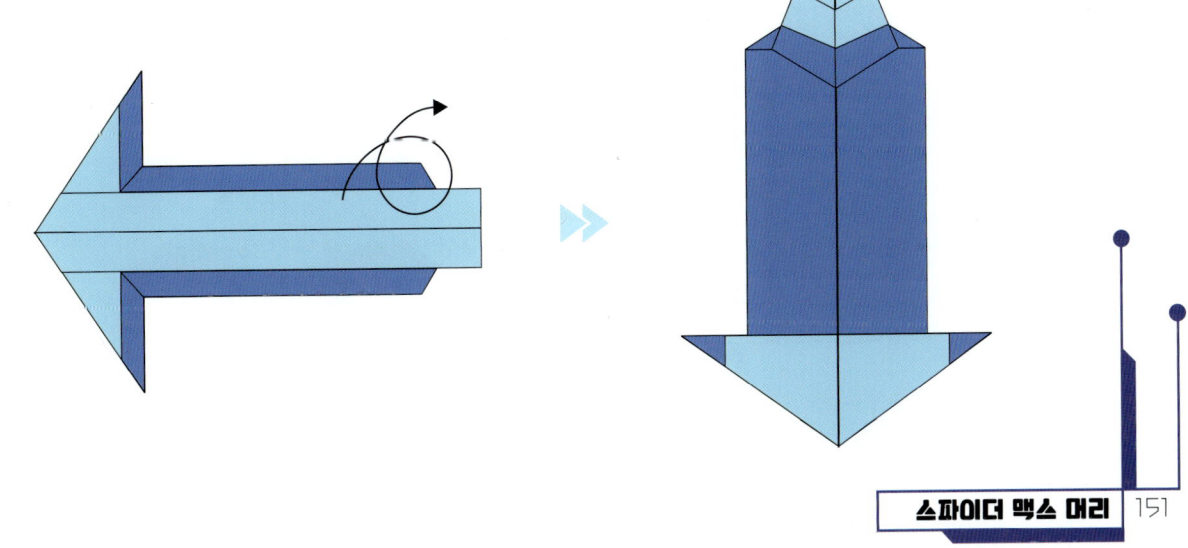

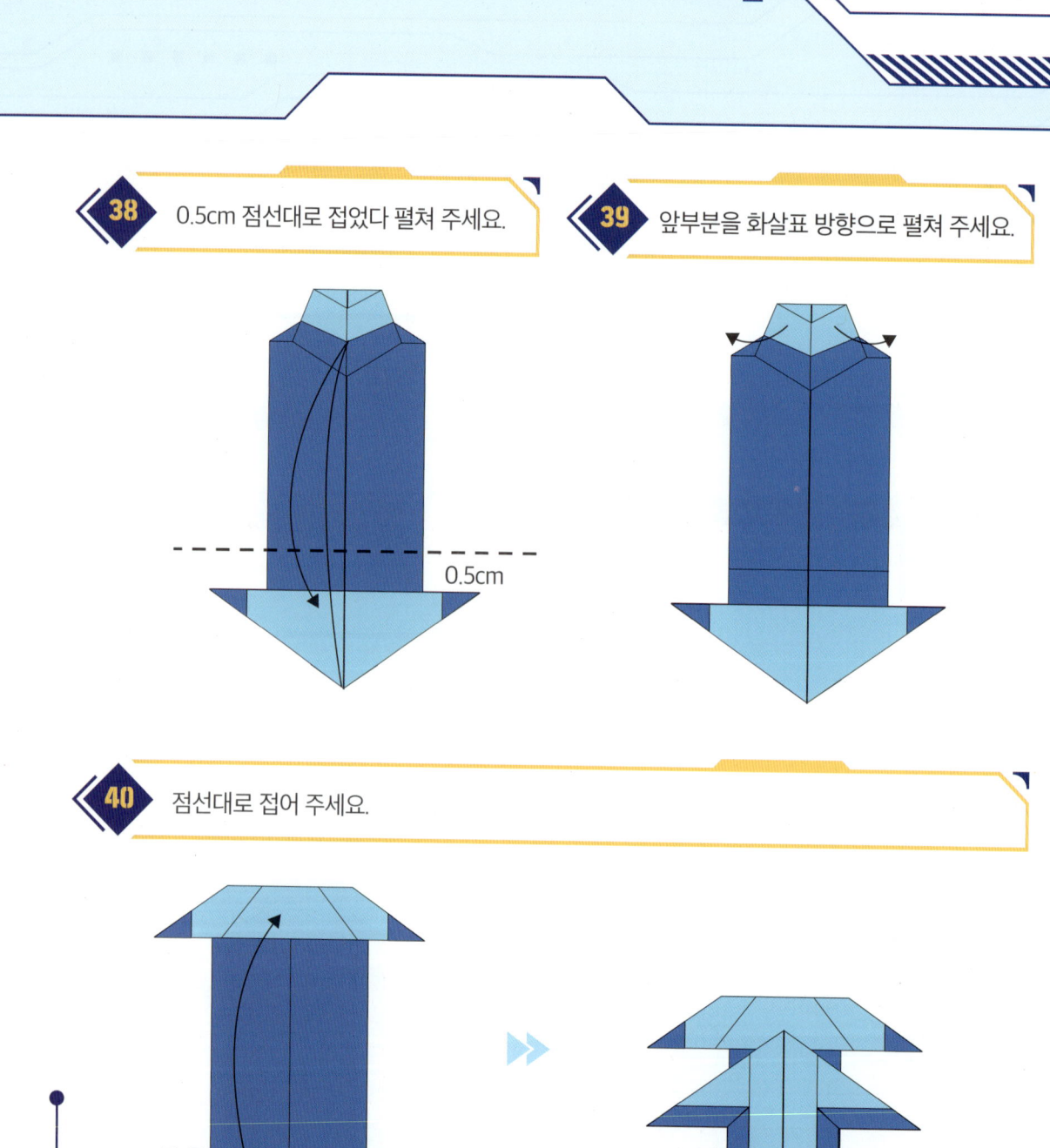

○ 부분을 화살표 안 쪽에 넣어 주세요.

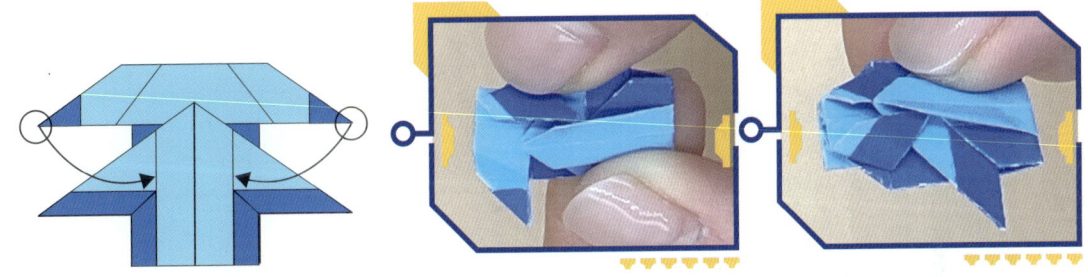

완성

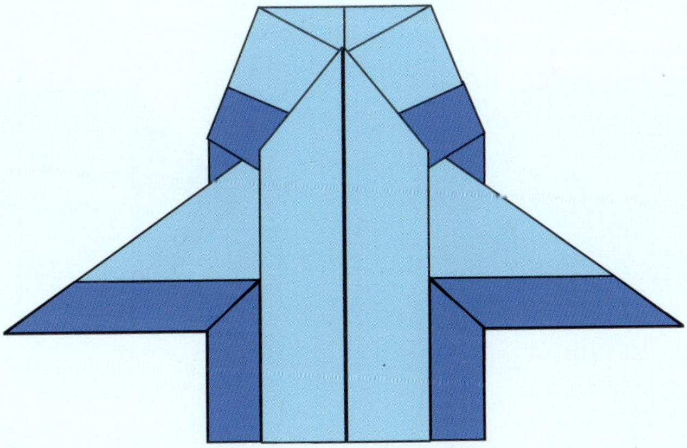

스파이더 맥스 머리 날개

1 스파이더 맥스 머리접기 에서 자른 나머지 반장을 준비해 주세요.

2 원하는 색(파랑)을 뒷장에 놓고, 반으로 접었다 펴 주세요.

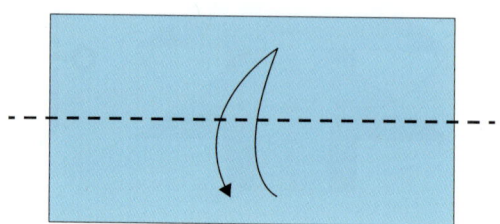

3 점선대로 접어 주세요.

4 반으로 접었다 펴 주세요.

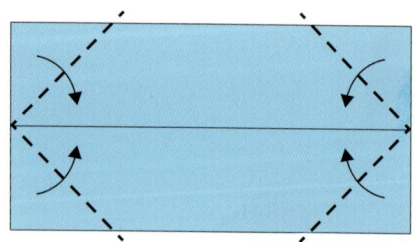

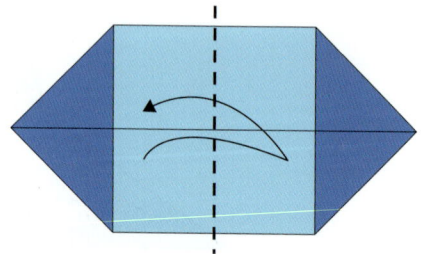

○ 부분이 맞닿을 수 있도록 접었다 펼쳐 주세요.

 ○ 부분이 맞닿을 수 있도록 접었다 펼쳐 주세요.

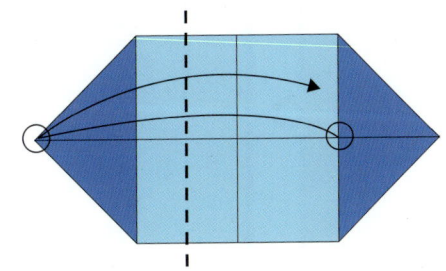

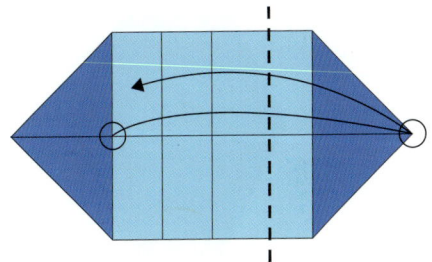

7 점선을 따라 순서대로 접어 주세요.

8 뒤로 뒤집어 주세요.

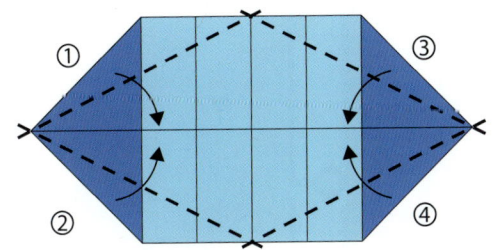

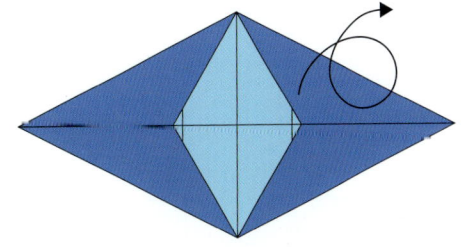

9
○ 부분이 맞닿을 수 있도록 접어 주세요.

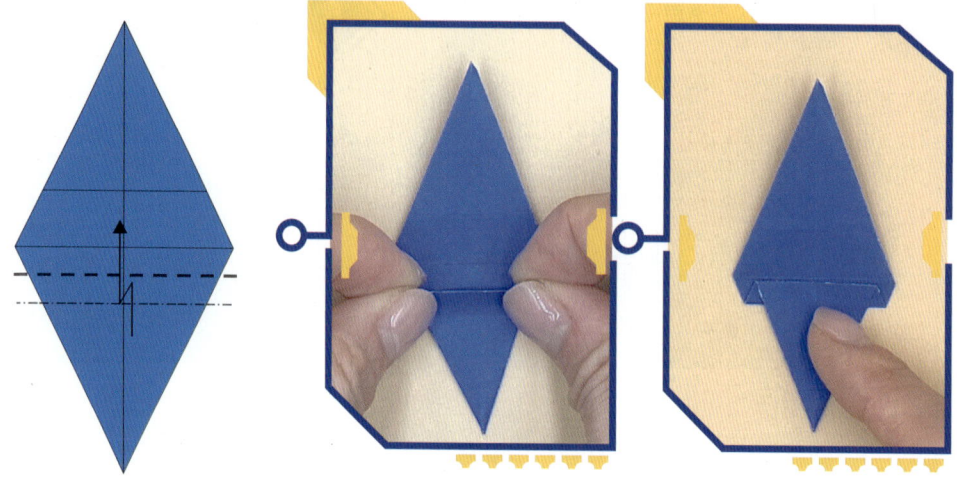

10
○ 부분이 맞닿을 수 있도록 접어 주세요.

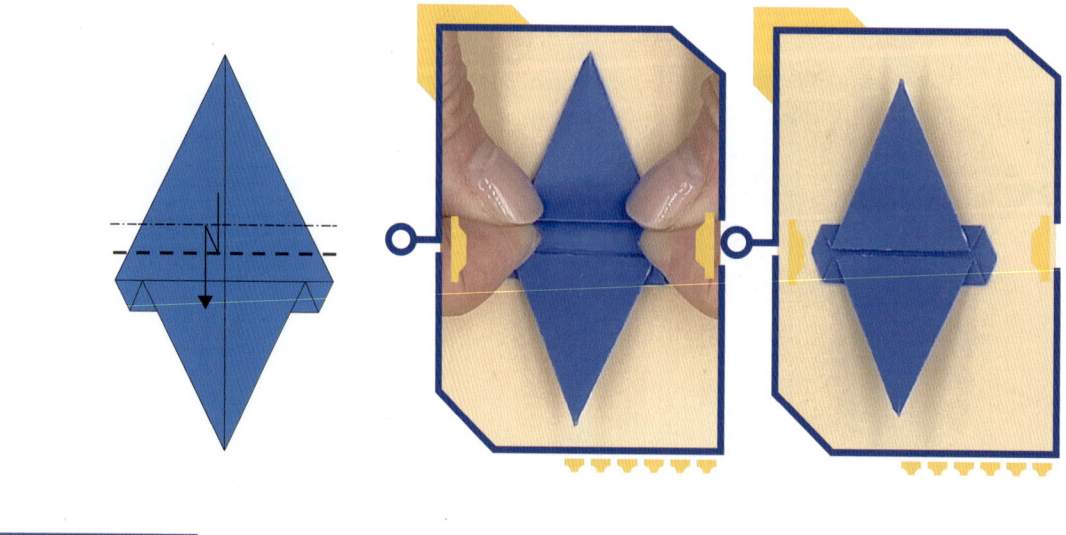

11 뒤로 뒤집어 주세요.

12 반으로 접어 주세요.

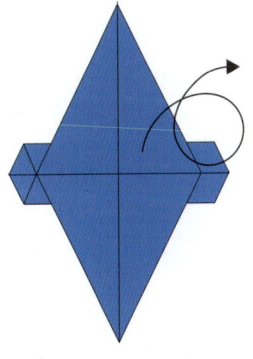
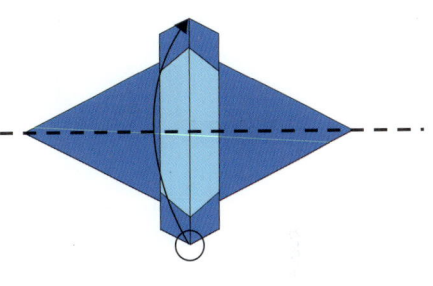

완성

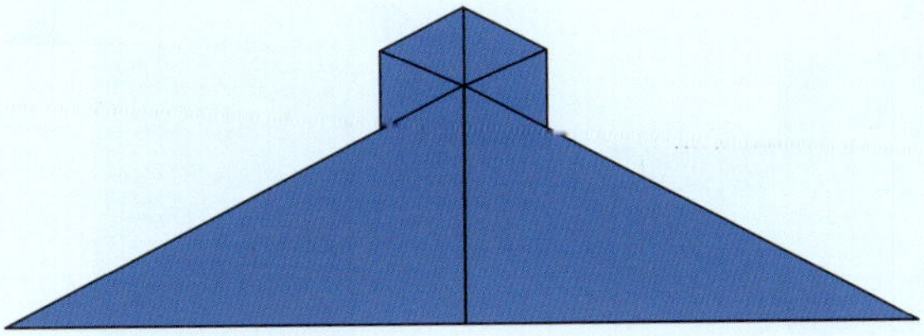

스파이더 맥스 머리날개

스파이더 맥스 머리 합체

1 스파이더 맥스 머리 미니카와 머리 날개를 준비해 주세요.

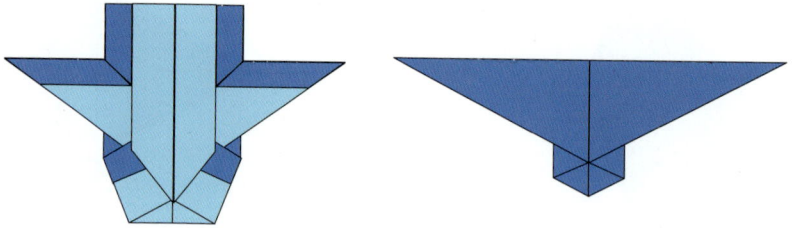

2 화살표 방향으로 빼 주세요.

3 머리 날개를 미니카 안에 넣어 주세요.

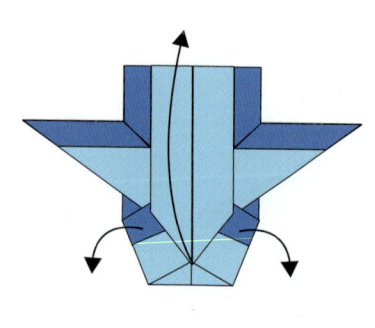

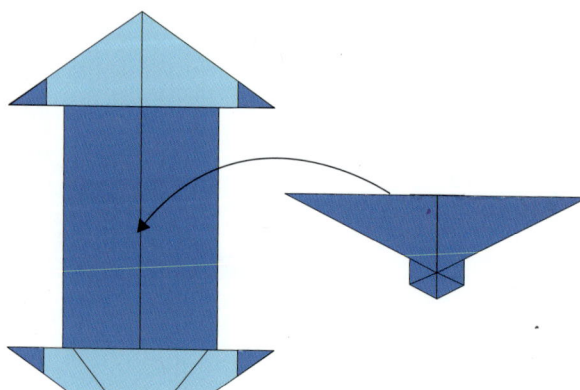

4 ○ 부분을 아래로 내려 주세요.

5 ○ 부분을 화살표 안쪽으로 넣어 주세요.

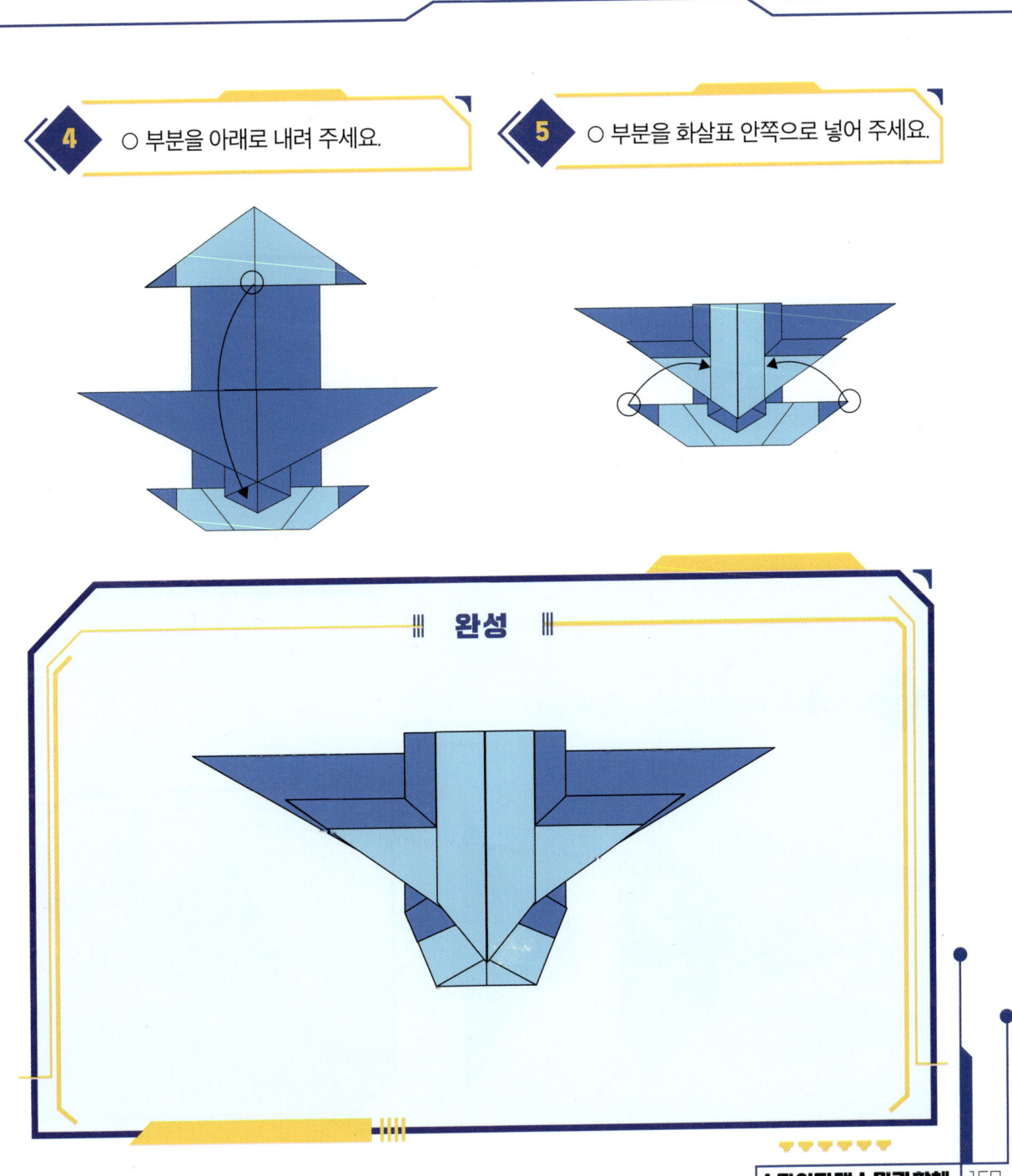

완성

스파이더 맥스 합체

1 합체된 스파이더 맥스 몸과 머리를 준비해 주세요.

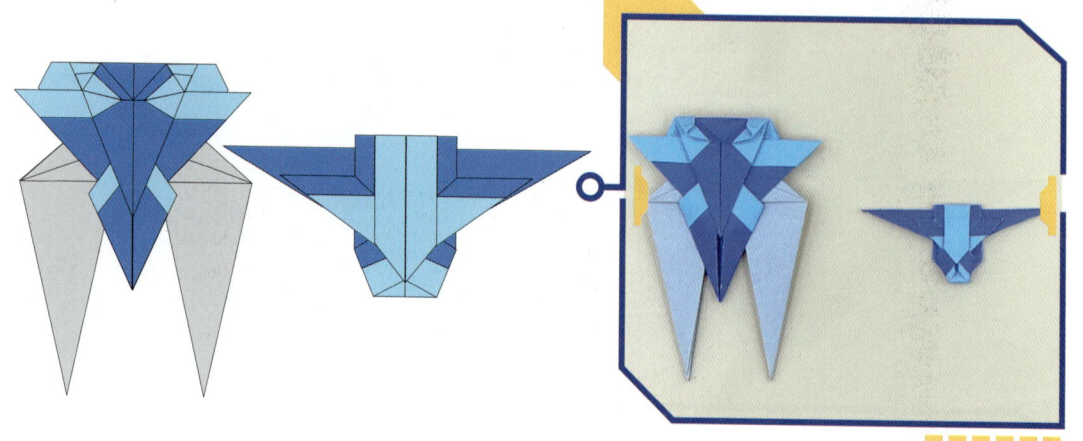

2 사진처럼 머리를 안쪽에 넣어 주세요.

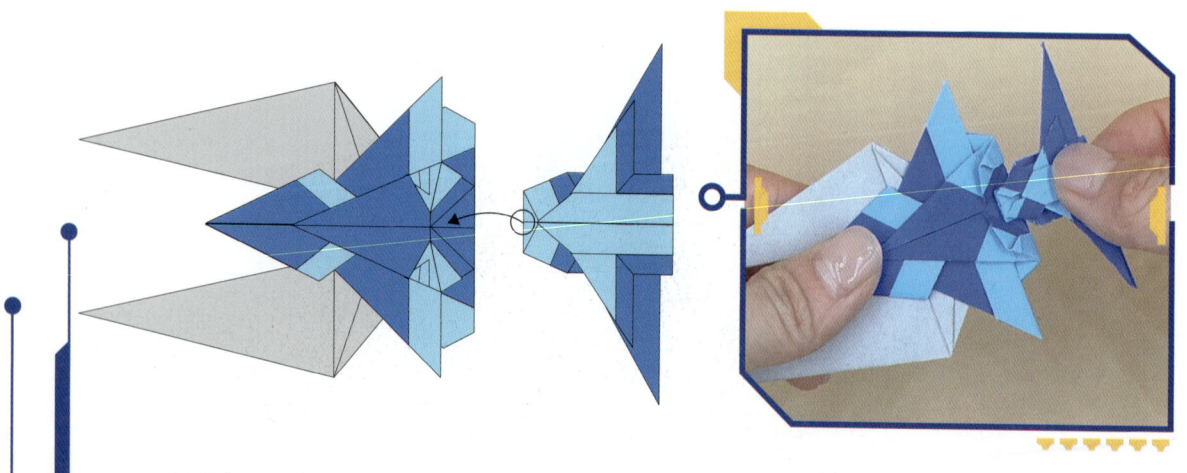

■■■ 완성 ■■■

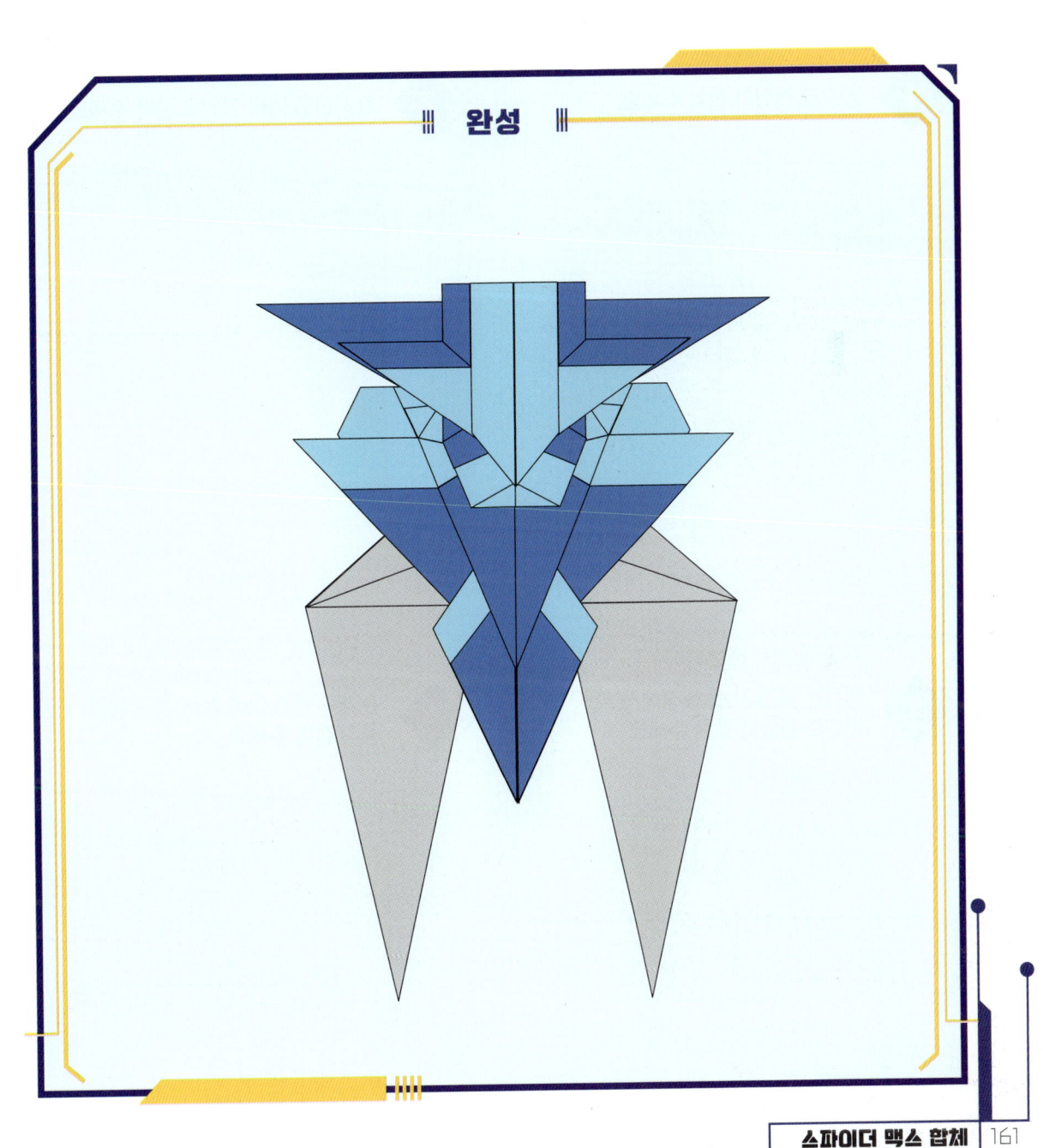

드라켄

1 반으로 접었다 펼쳐 주세요.

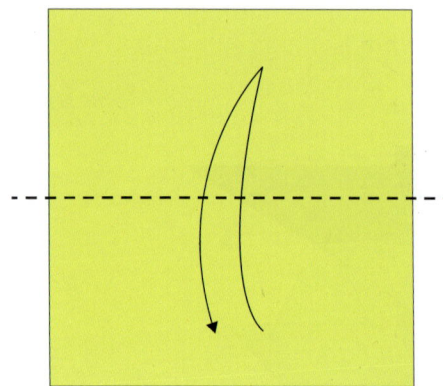

2 표시선을 따라 가위로 잘라 주세요.

스페셜지 사용 시작

3 원하는 색(빨강)을 뒷장에 놓고, 반으로 접었다 펼쳐 주세요.

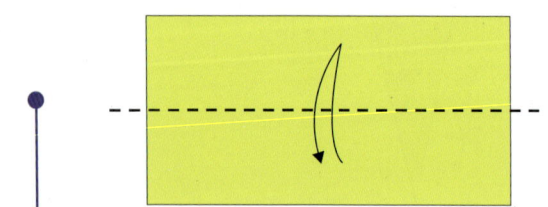

4 손가락 반 마디(0.7cm)정도 위로 올려 접어 주세요.

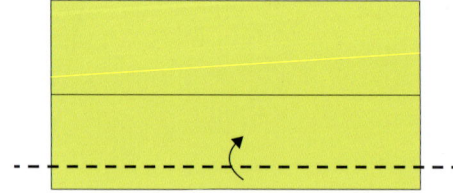

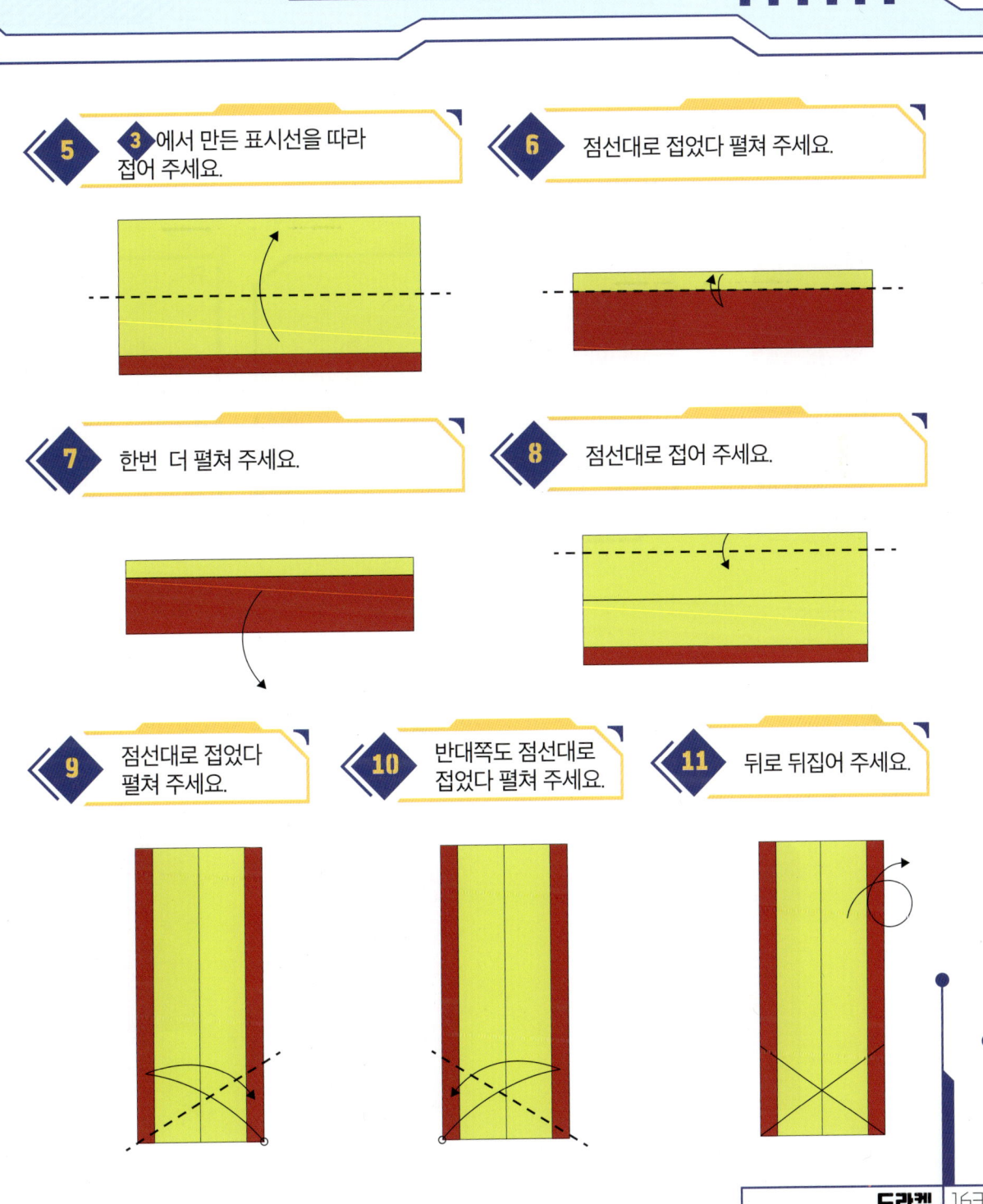

 12 화살표 방향으로 종이를 넣어 주세요.

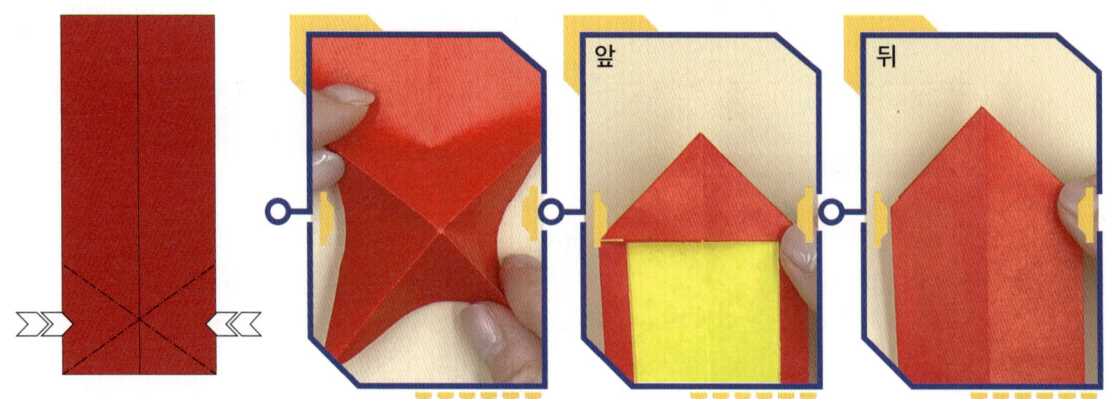

 13 뒤집어 주세요.

 **14** 점선대로 접었다 펼쳐 주세요.
모서리 부분도 꼭 맞게 접어 주세요.

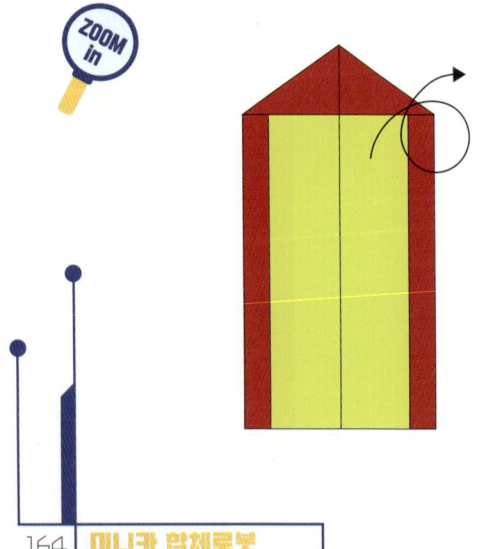

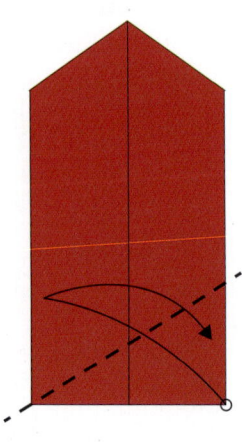

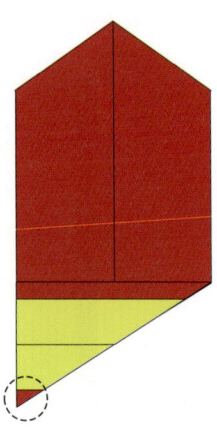

15 반대쪽도 점선대로 접었다 펼쳐 주세요.

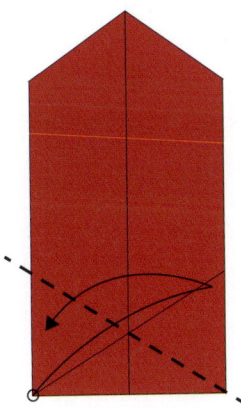

16 뒤로 뒤집어 주세요.

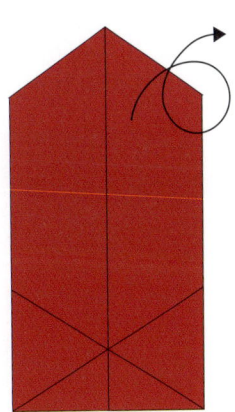

17 화살표 방향으로 종이를 넣어 주세요.

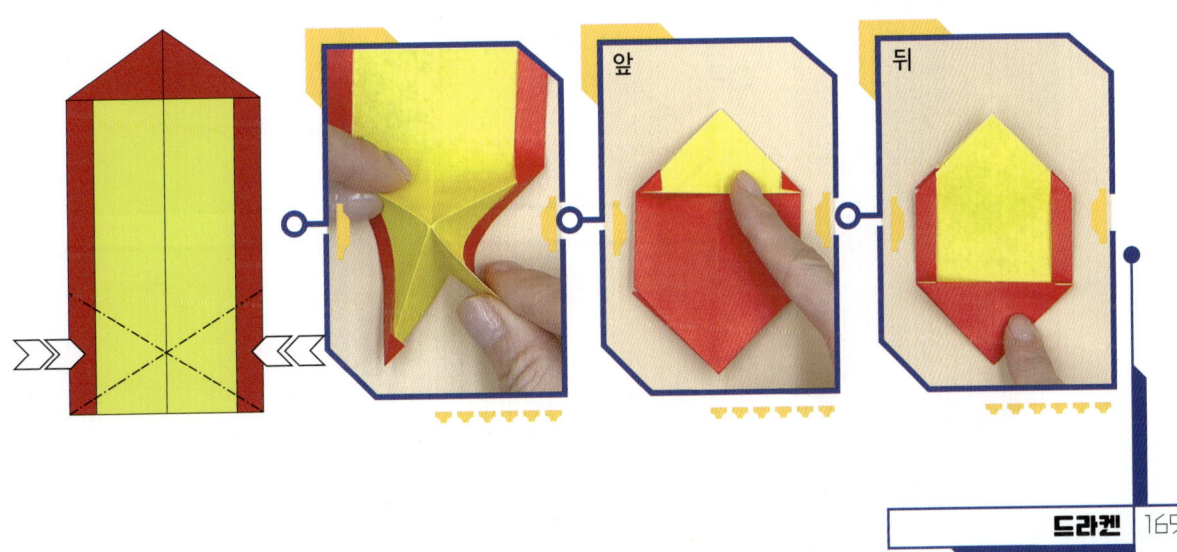

18. 점선대로 접었다 펼쳐 주세요.

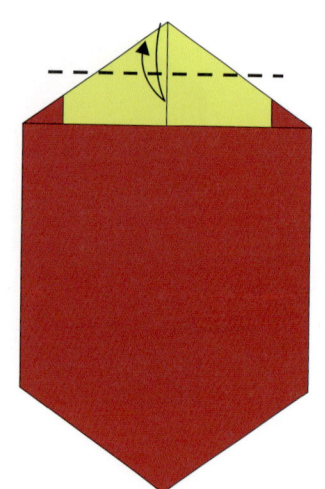

19. ○ 부분을 모두 펼쳐 주세요.

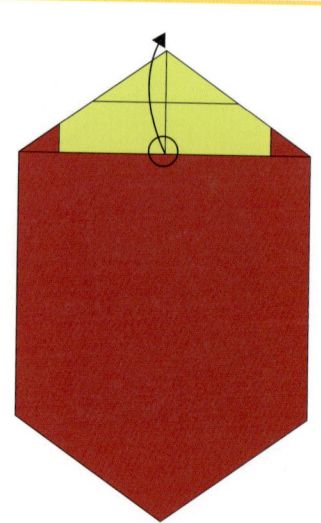

20. 가운데 □ 표시선을 진하게 만들기 위해 점선대로 접었다 펼쳐 주세요.

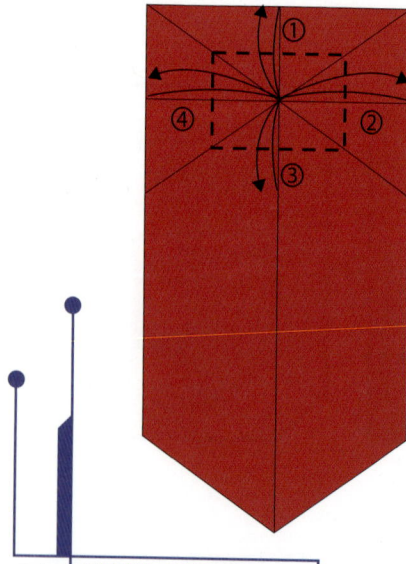

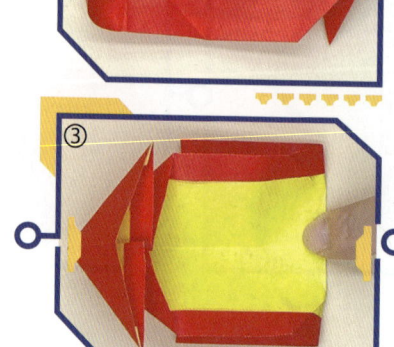

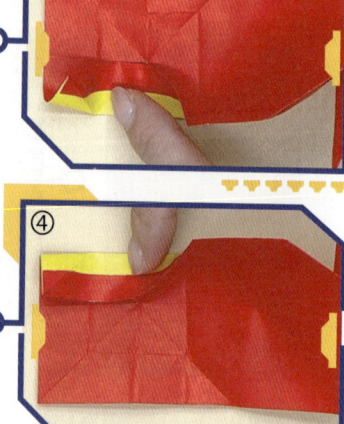

21 뒤로 뒤집어 주세요.

22 네모 모양이 밖으로 나올 수 있도록 화살표 부분을 손으로 잡아 주세요.

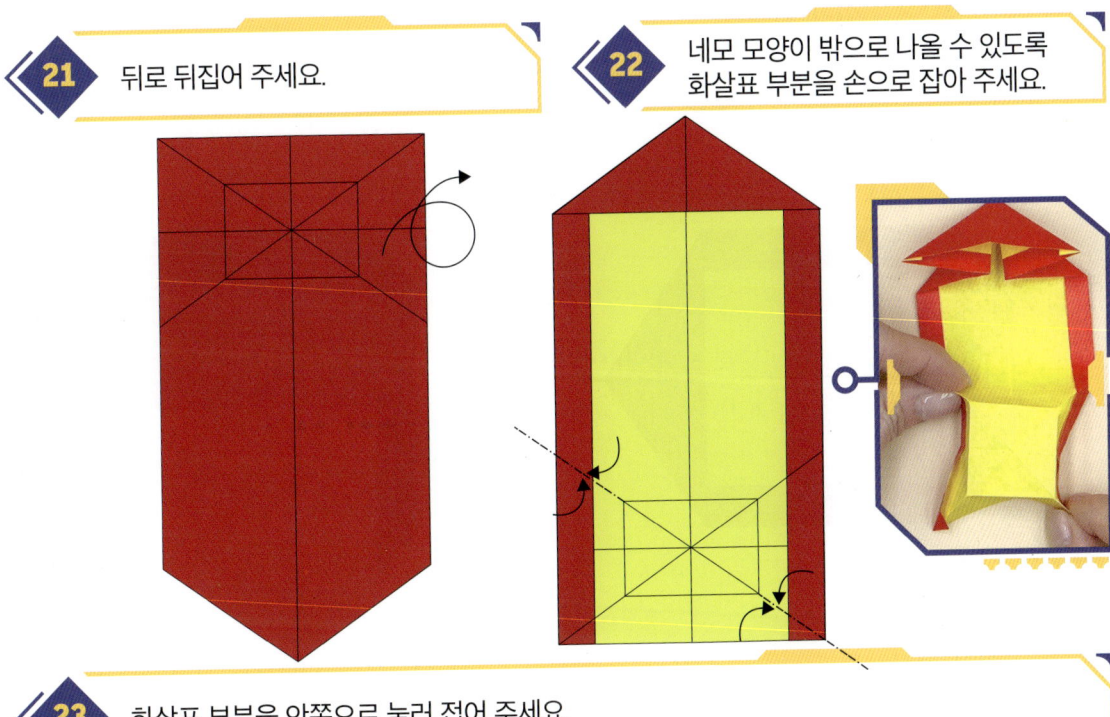

23 화살표 부분을 안쪽으로 눌러 접어 주세요.

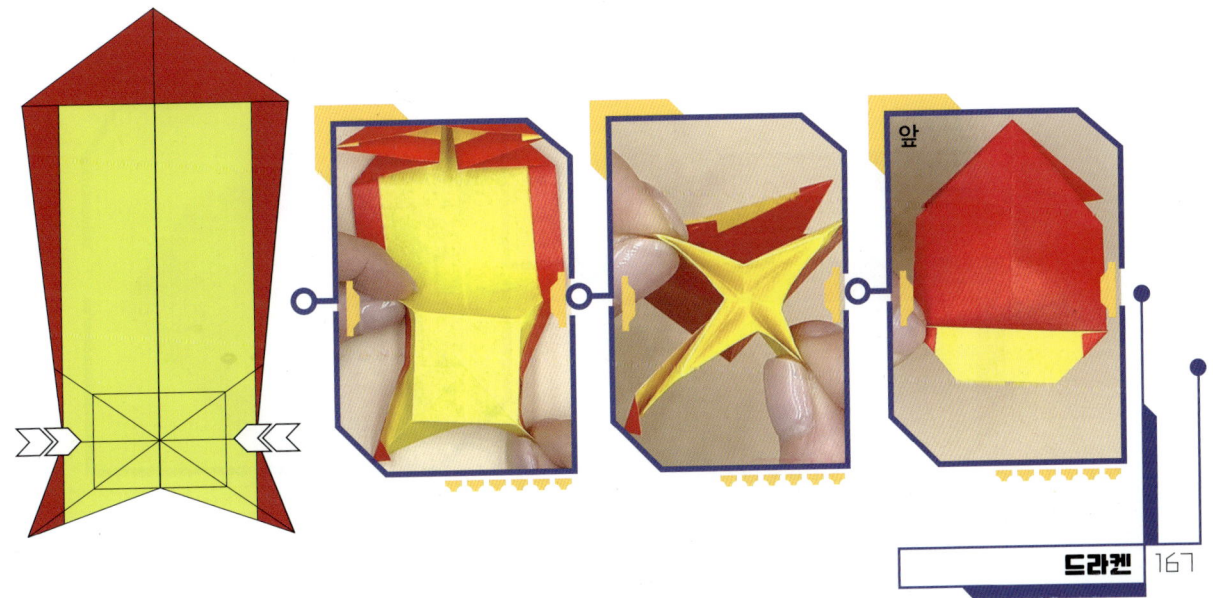

24 윗장 한 장만 위로 넘겨 주세요.

25 반으로 접어 주세요.

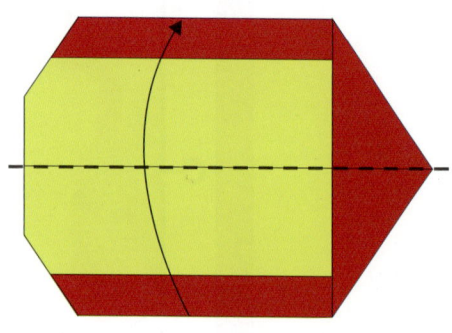
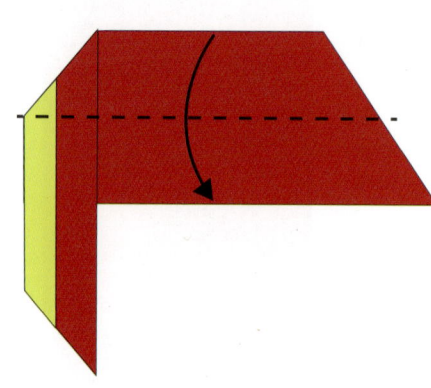

26 ○ 부분을 펼쳐 주세요.

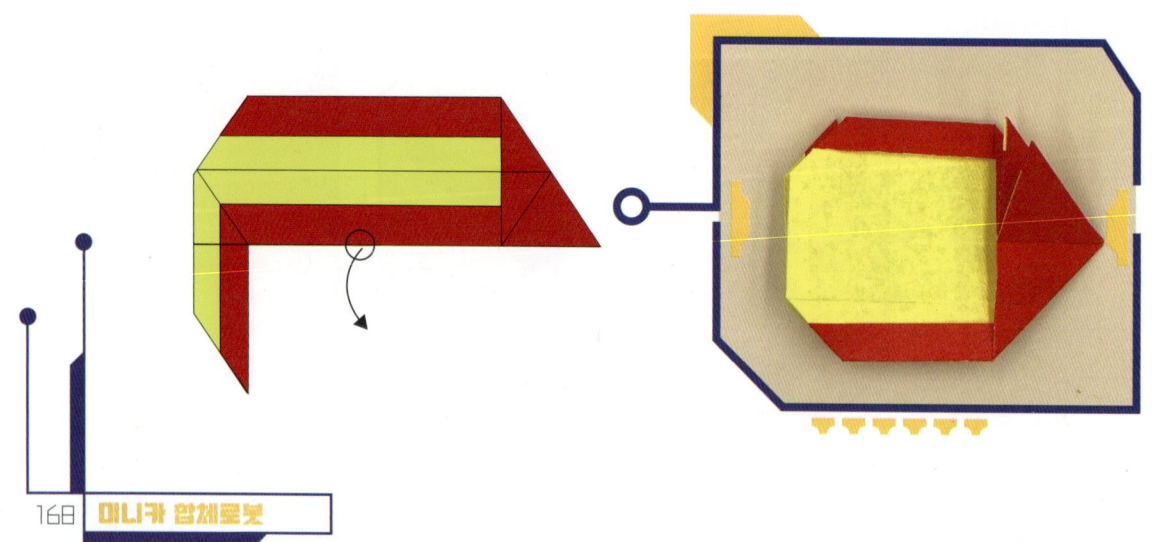

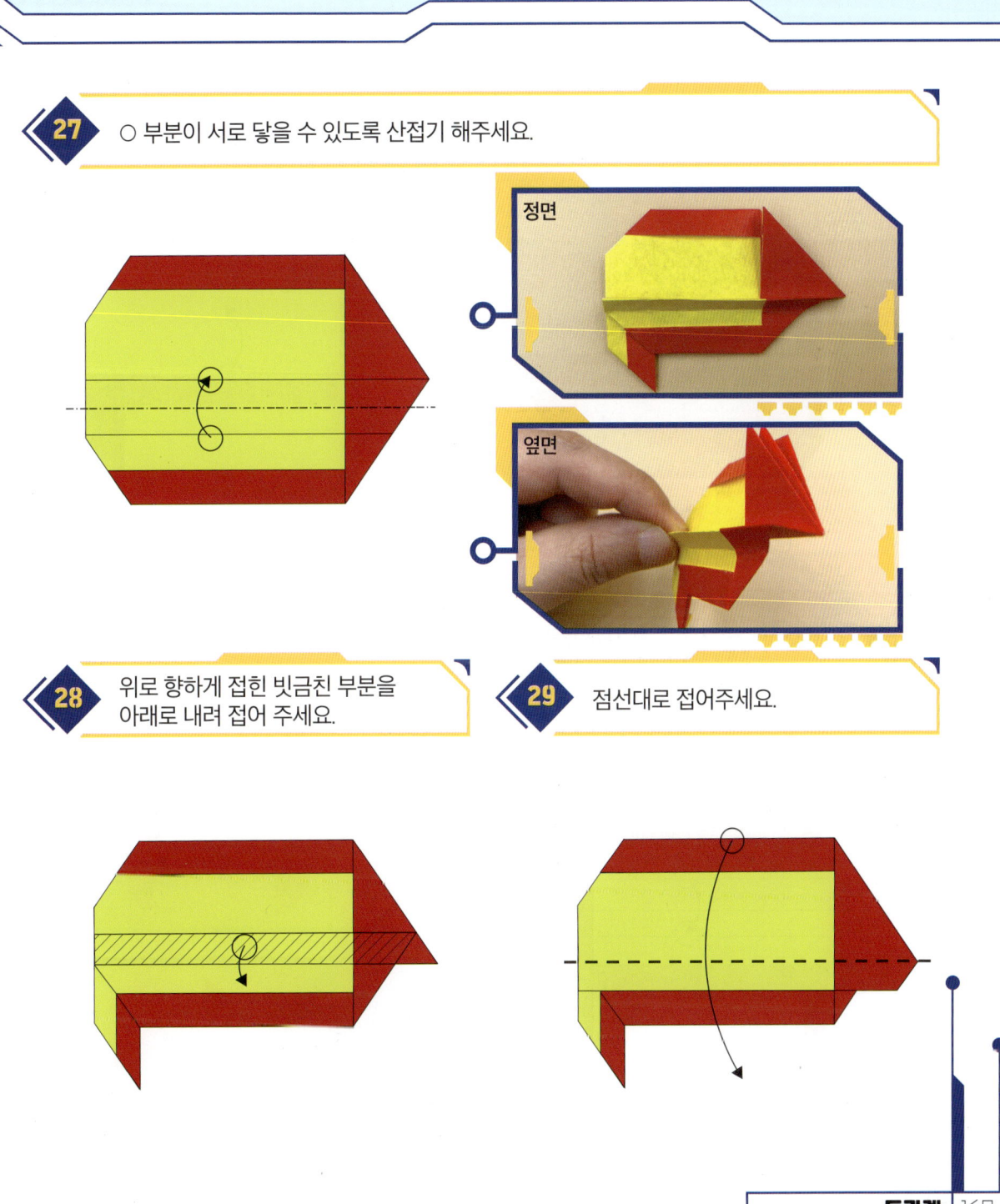

30 반으로 접어주세요.

31 ○ 부분을 펼쳐 주세요.

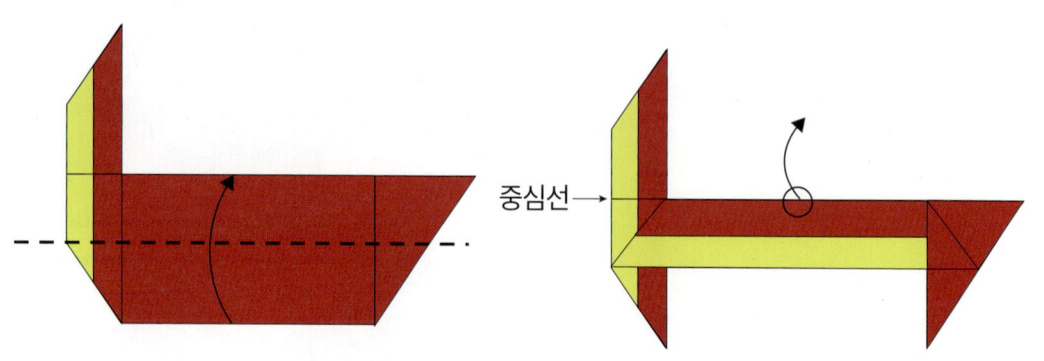

중심선

32 ○ 부분이 닿을 수 있도록 산접기 해주세요.

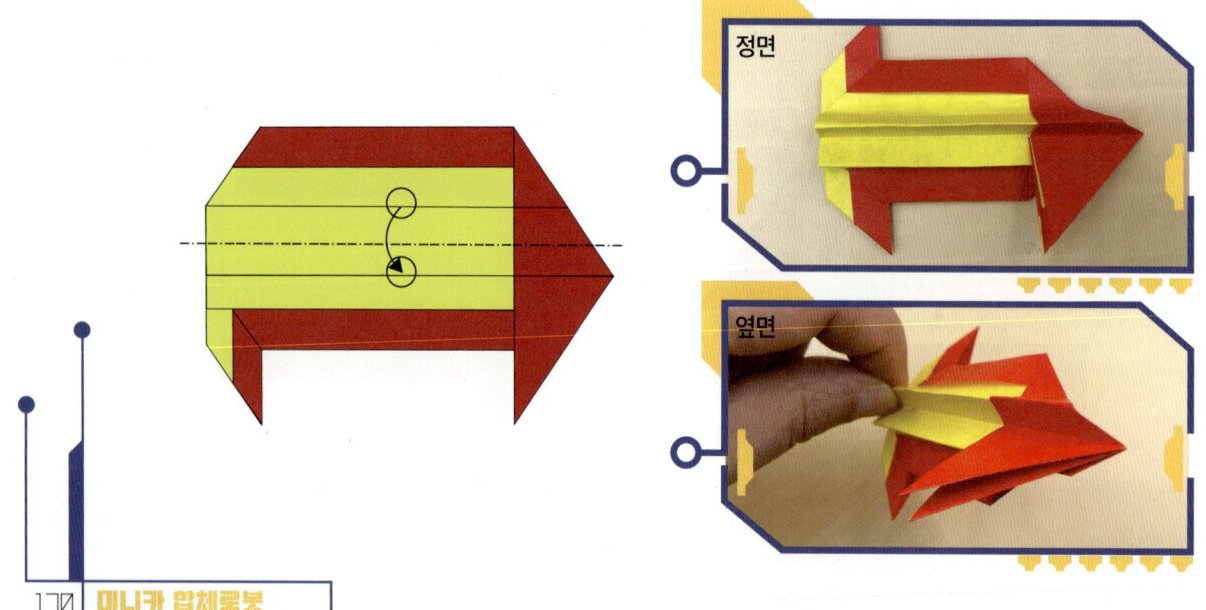

정면

옆면

아래로 향하게 접힌 빗금친 부분을 위로 올려 접어 주세요.

 가운데 선에 맞춰서 점선대로 접어 주세요.

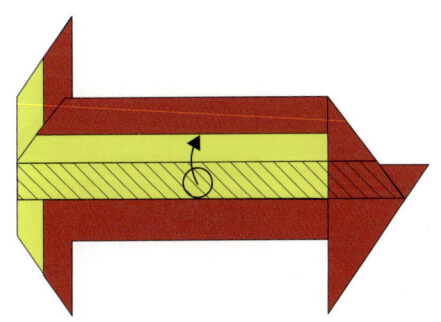

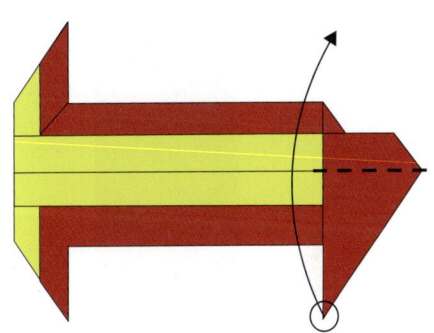

 뒤로 뒤집어 주세요.

36 가운데 선에 맞춰서 점선대로 접었다 펼쳐 주세요.

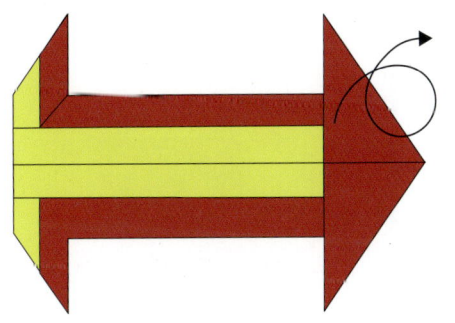

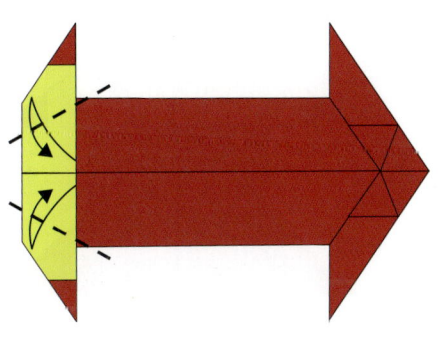

37 점선대로 접어 주세요.

38 가운데 선에 맞춰서 점선대로 접었다 펼쳐 주세요.

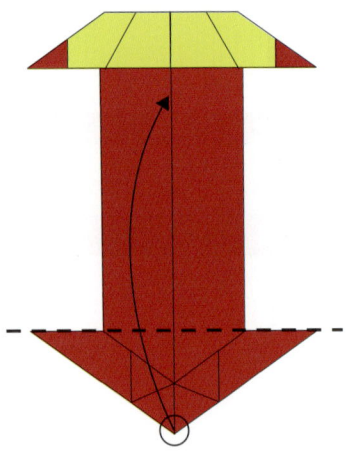

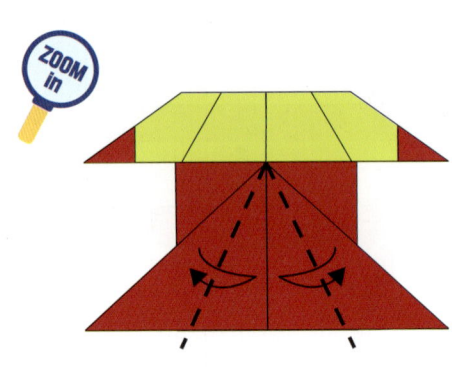

39 화살표 방향으로 손가락을 넣어 공간을 만들어 주세요.

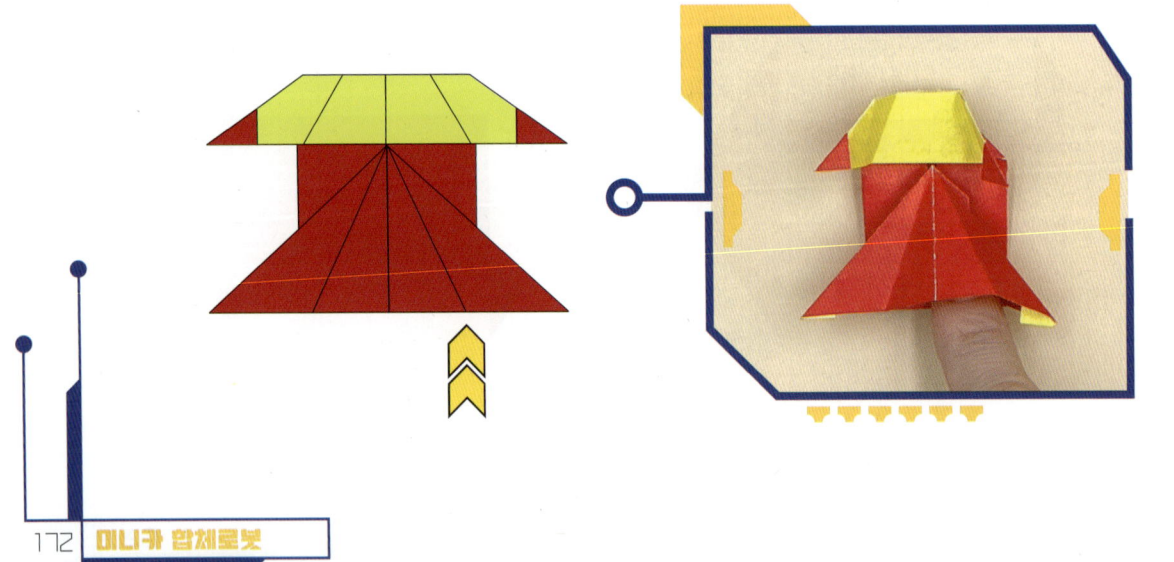

화살표 방향으로 눌러 주세요.

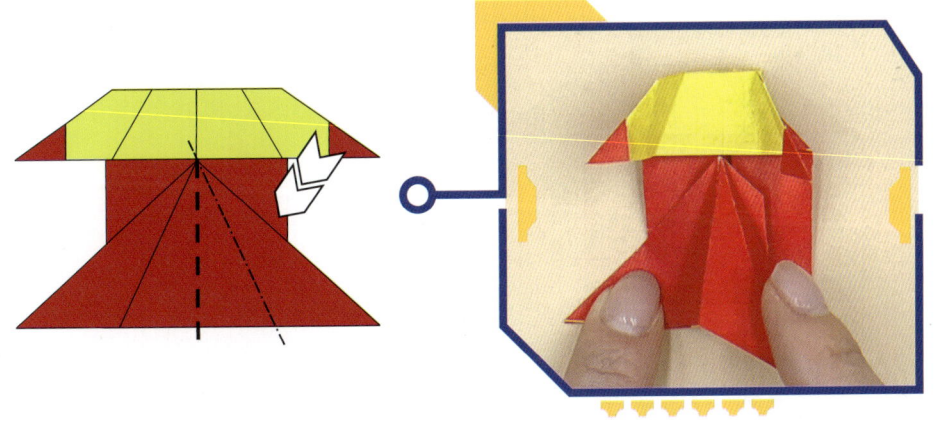

 점선대로 접어 주세요.

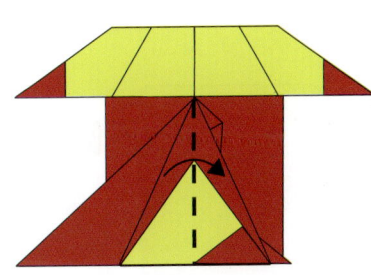 오른쪽으로 넘겨 접어 주세요.

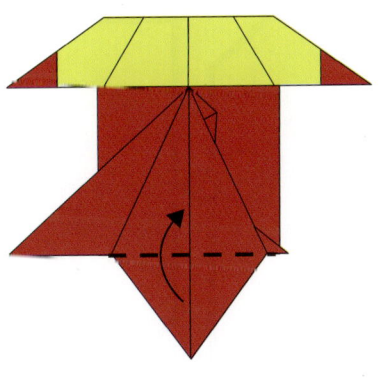

43 화살표 방향으로 손가락을 넣어 공간을 만들어 주세요.

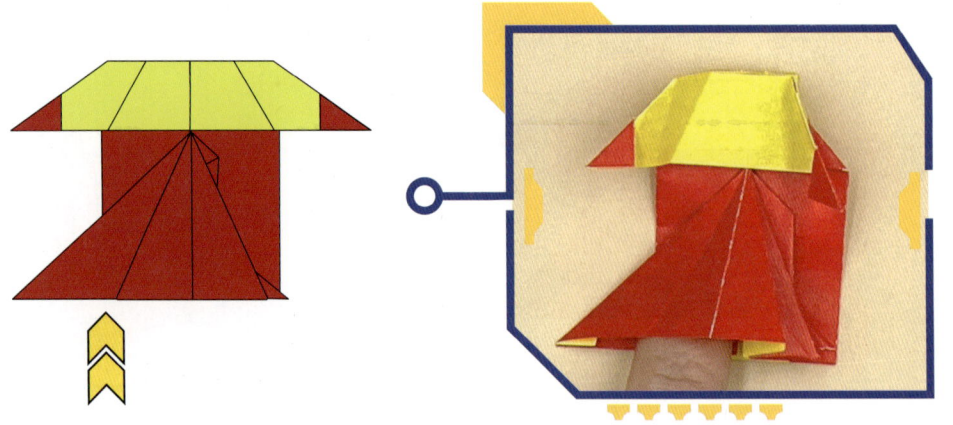

44 화살표 방향으로 눌러 주세요.

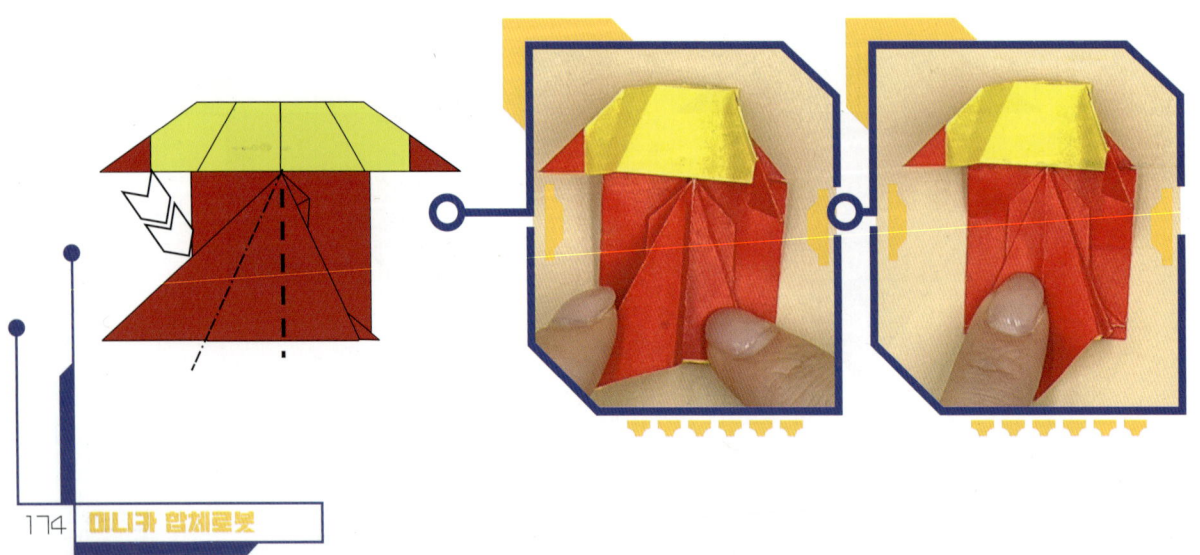

45 점선대로 접어 주세요.

46 왼쪽으로 넘겨 접어 주세요.

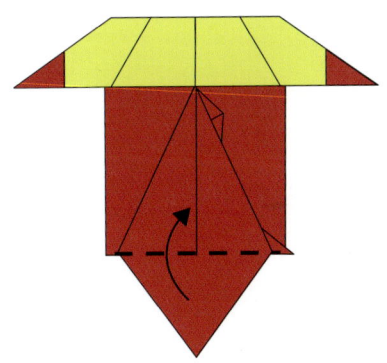
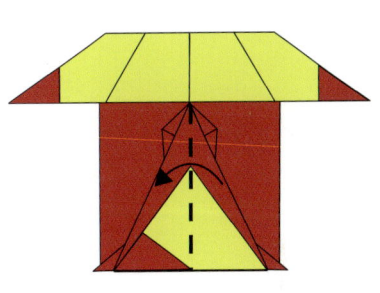

47 ○ 부분을 안쪽으로 끼어 넣어 주세요.

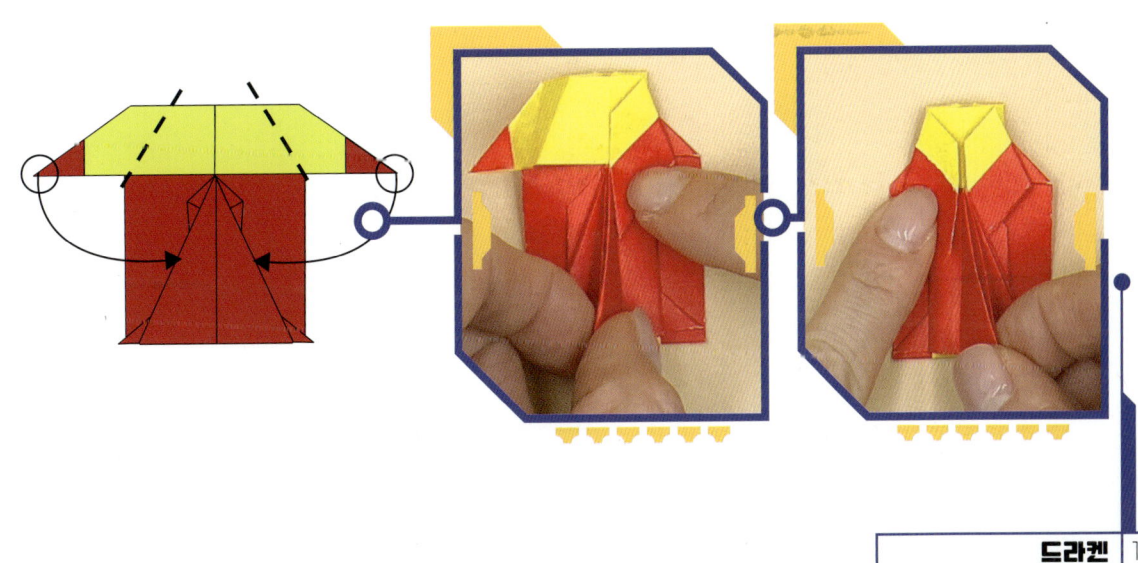

완성

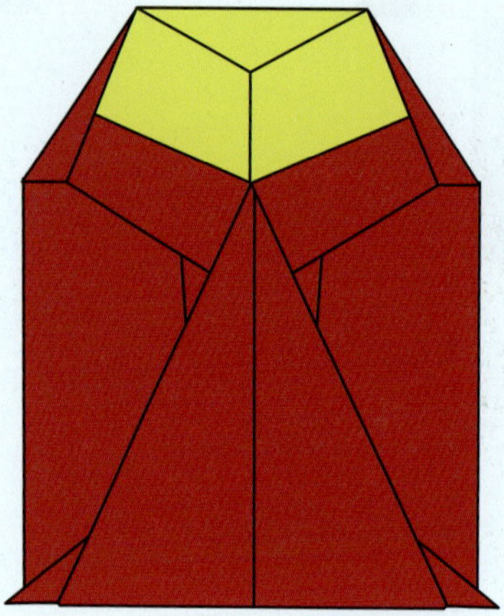

한개 더 만들기!

나토스

1 반으로 접었다 펼쳐 주세요.

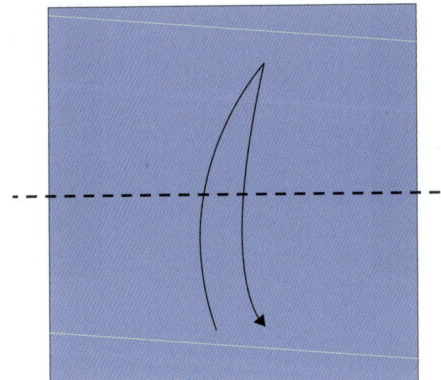

2 표시선을 따라 가위로 잘라 주세요.

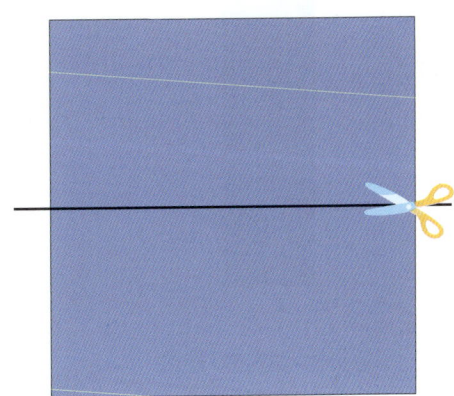

3 반으로 접었다 펼쳐 주세요.

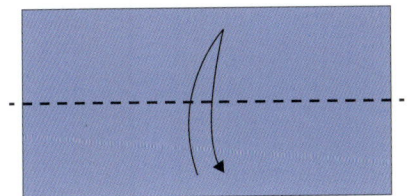

4 표시선을 따라 가위로 잘라 주세요.

스페셜지 사용 시작

5 점선대로 접었다 펼쳐 주세요.

6 반대쪽도 점선대로 접었다 펼쳐 주세요.

7 뒤로 뒤집어 주세요.

원하는 색(하늘) 뒷장

8 화살표 방향으로 종이를 넣어 주세요. 반대편도 **5** ~ **8** 까지 같은 방법으로 접어 주세요.

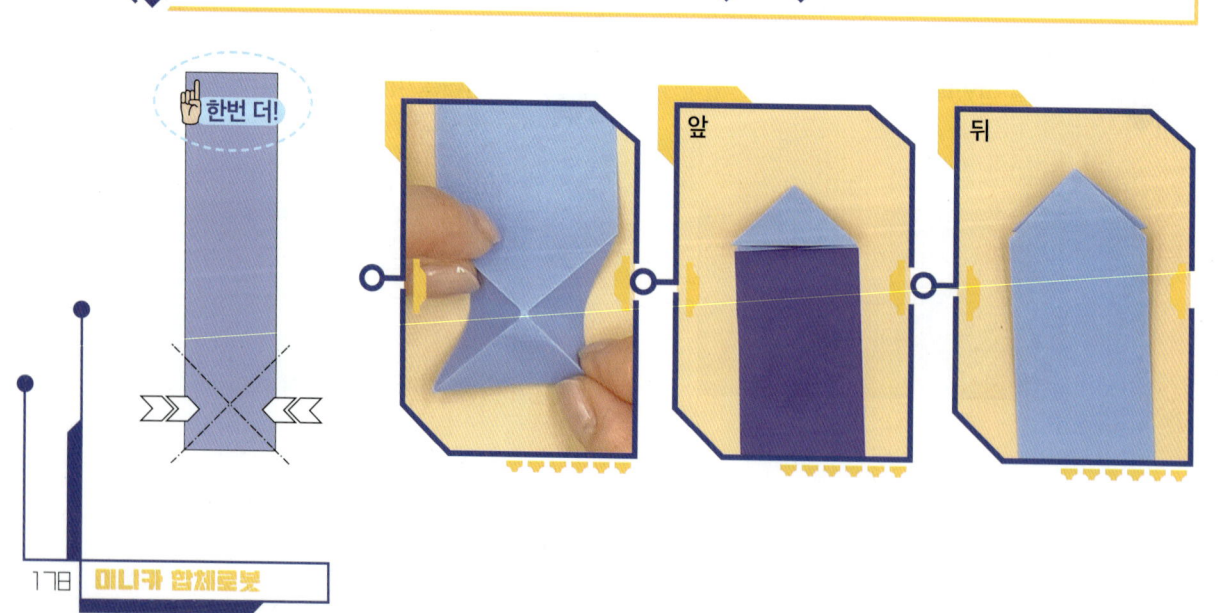

한번 더!
앞
뒤

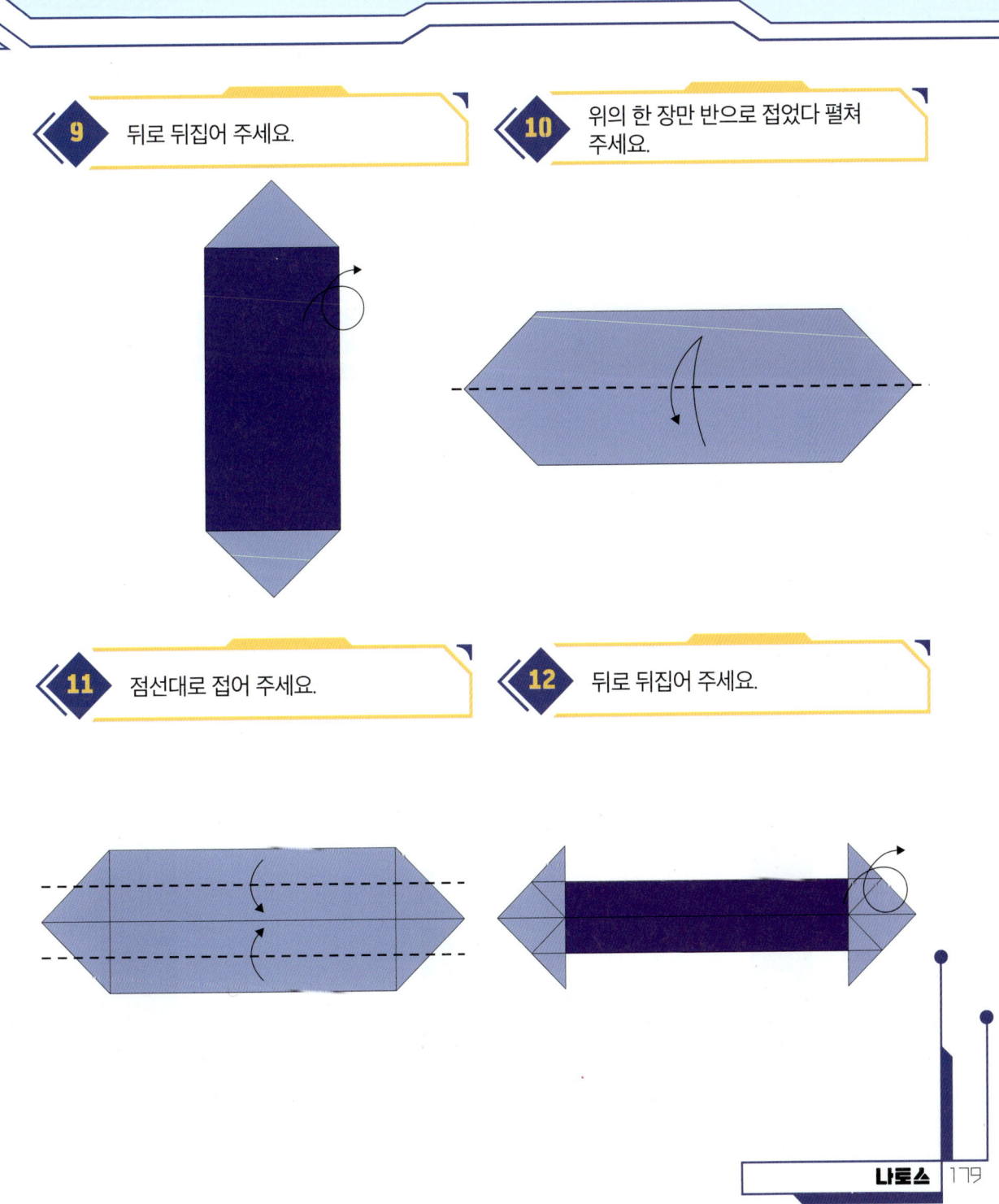

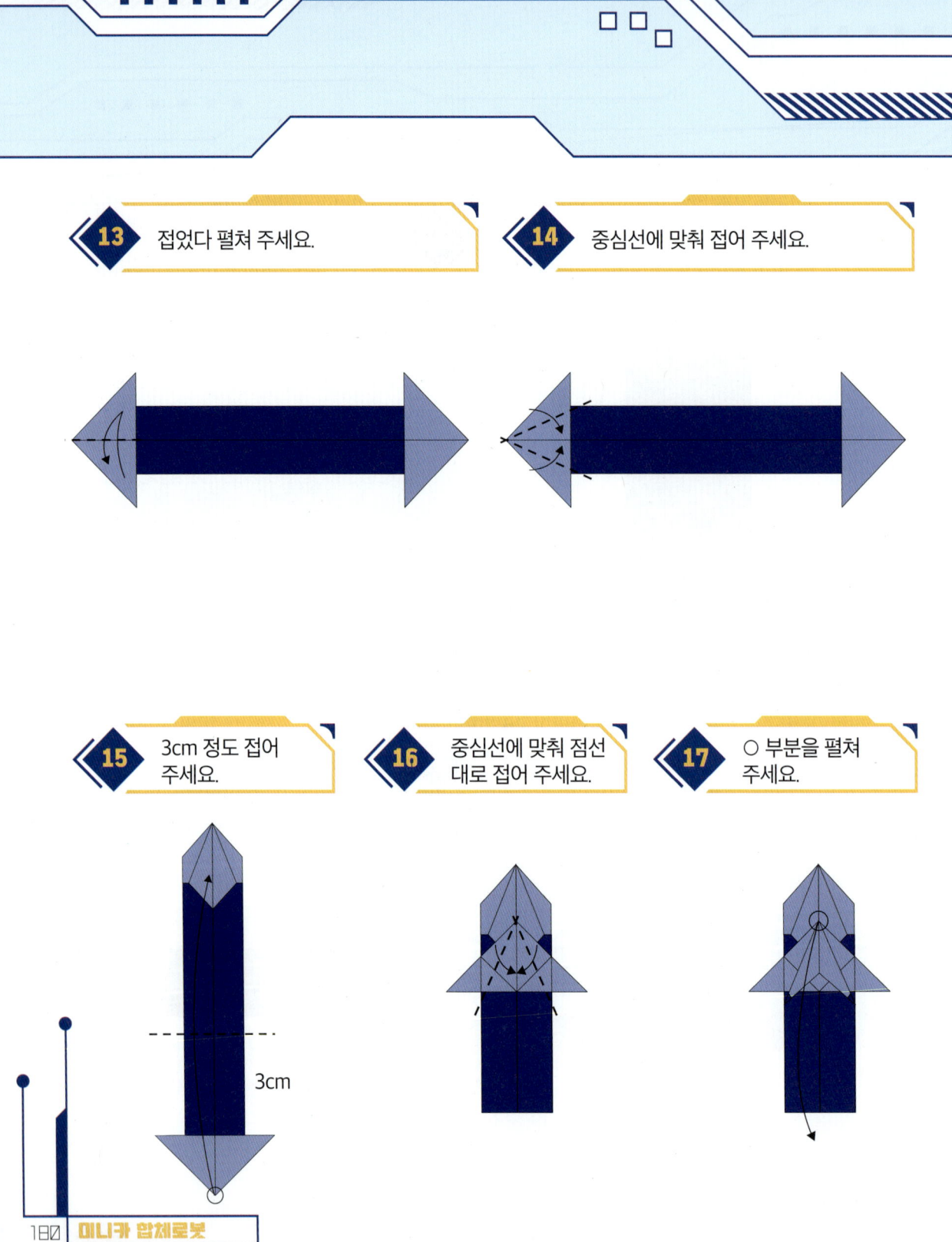

18 화살표 방향으로 펼쳐 주세요.

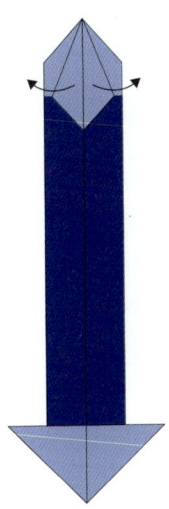

19 점선대로 접어 주세요.

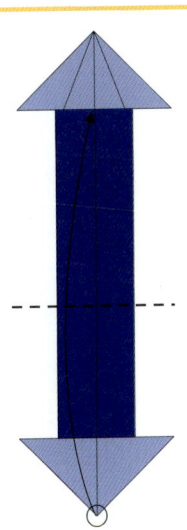

20 ○ 부분을 화살표 안쪽에 넣어 주세요.

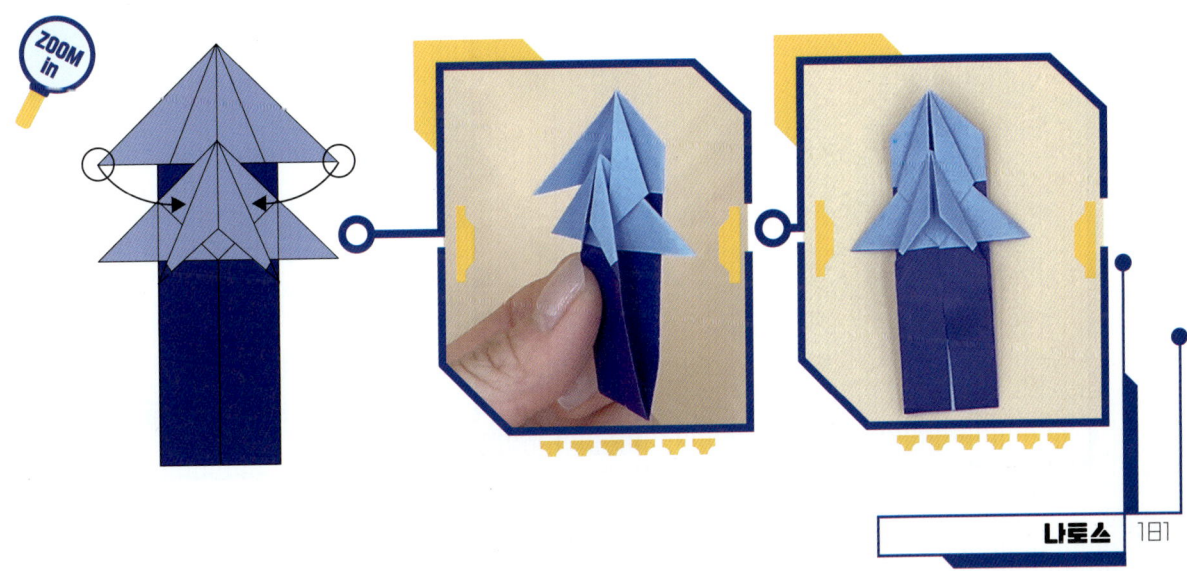

21 0.5cm 정도 점선대로 접어 주세요.

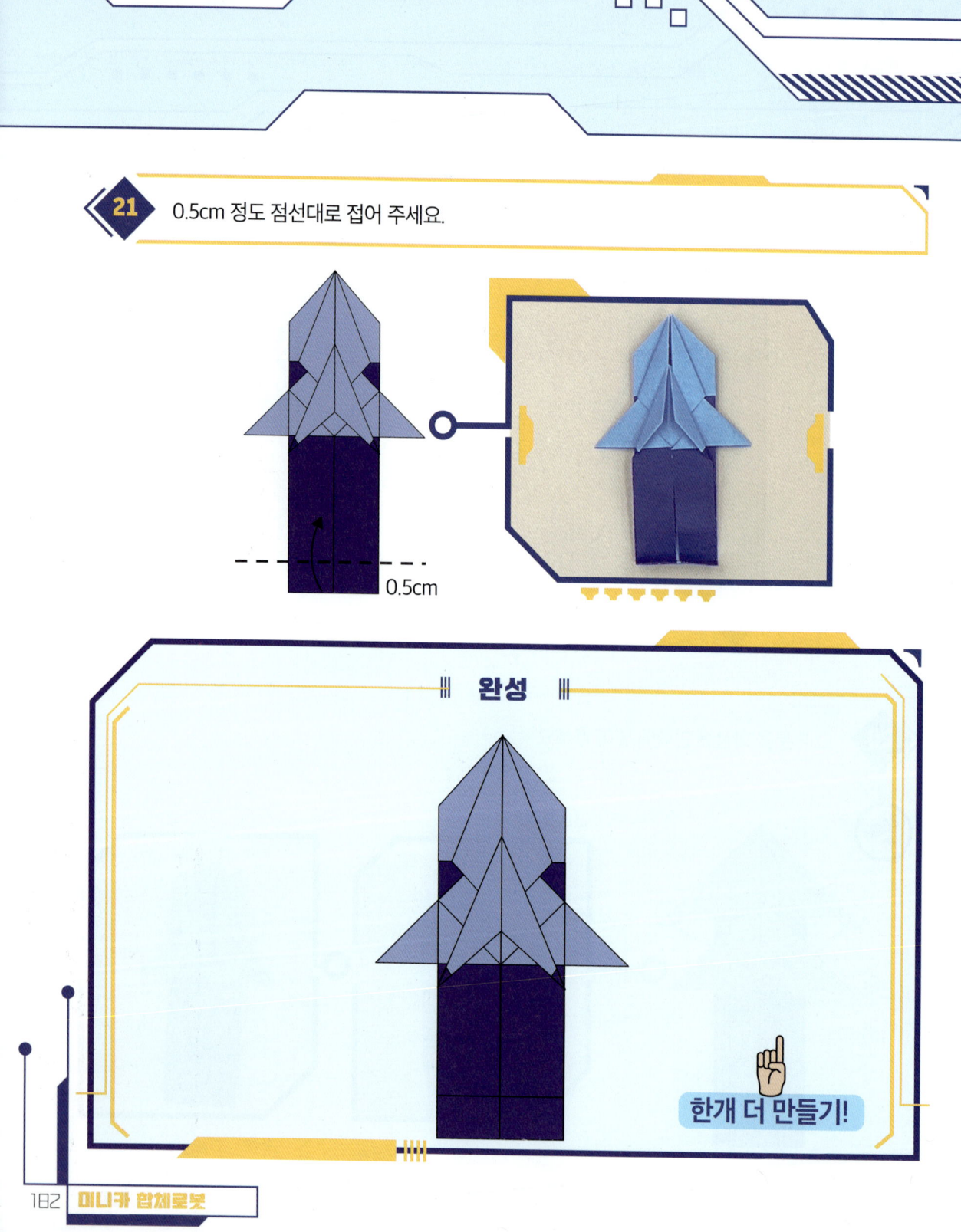

0.5cm

완성

한개 더 만들기!

합체 로봇 II

접는 방법 영상

1 페르세우스, 스파이더 맥스, 드라켄, 나토스를 모두 준비해 주세요.

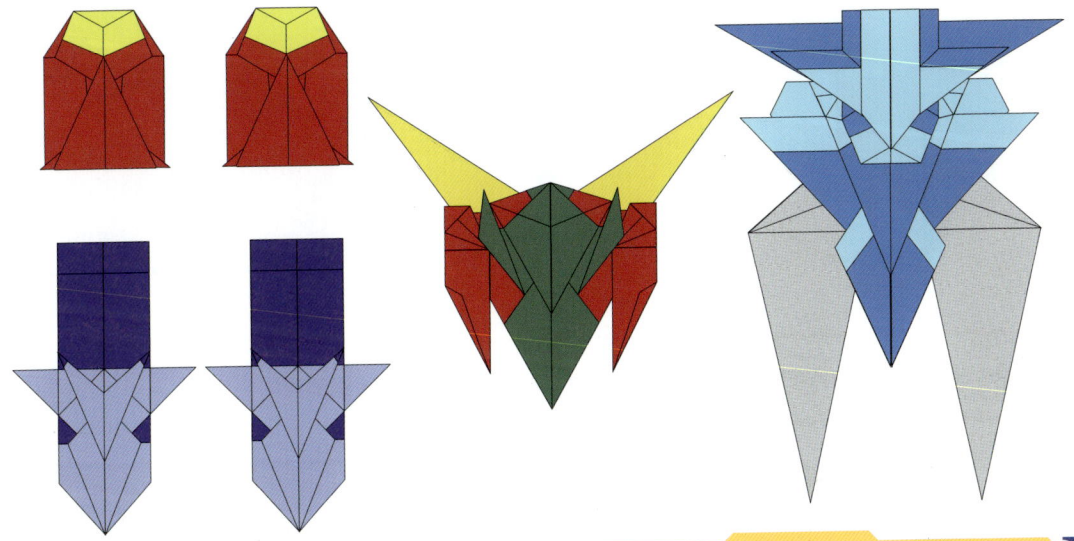

2 합체되어 있던 스파이더 맥스의 몸과 머리를 분리시켜 주세요.

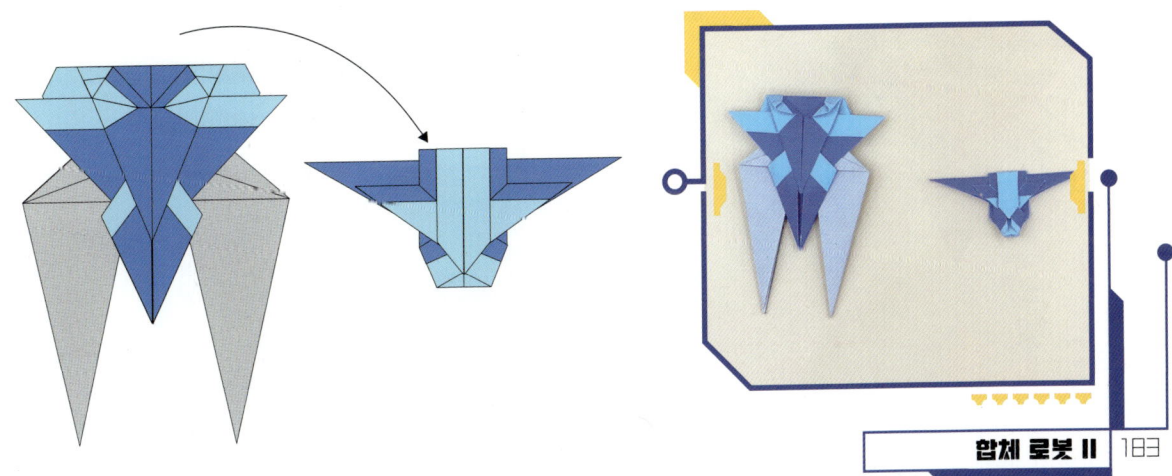

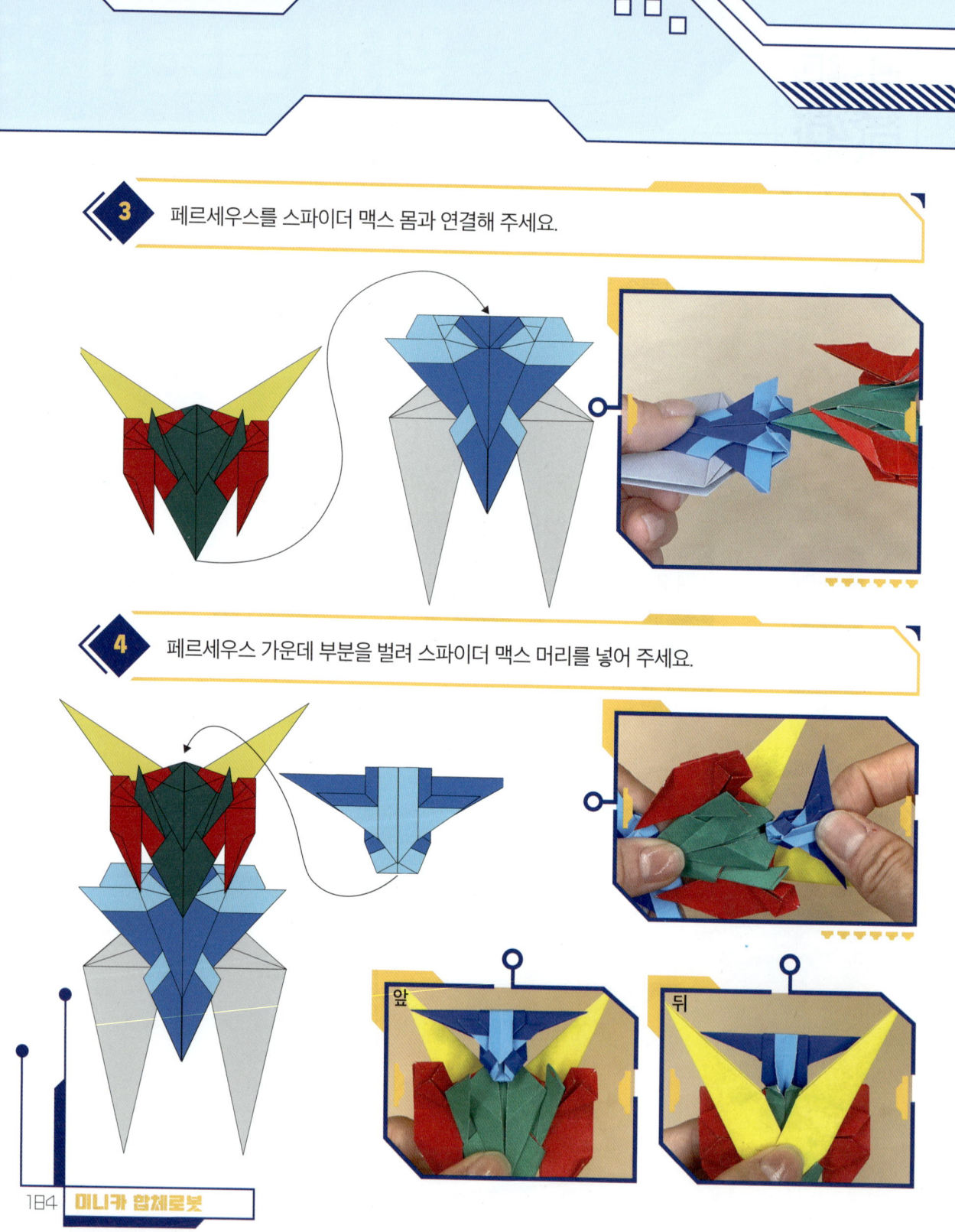

5 나토스의 튀어나온 곳을 ○ 부분에 끼어 주세요.

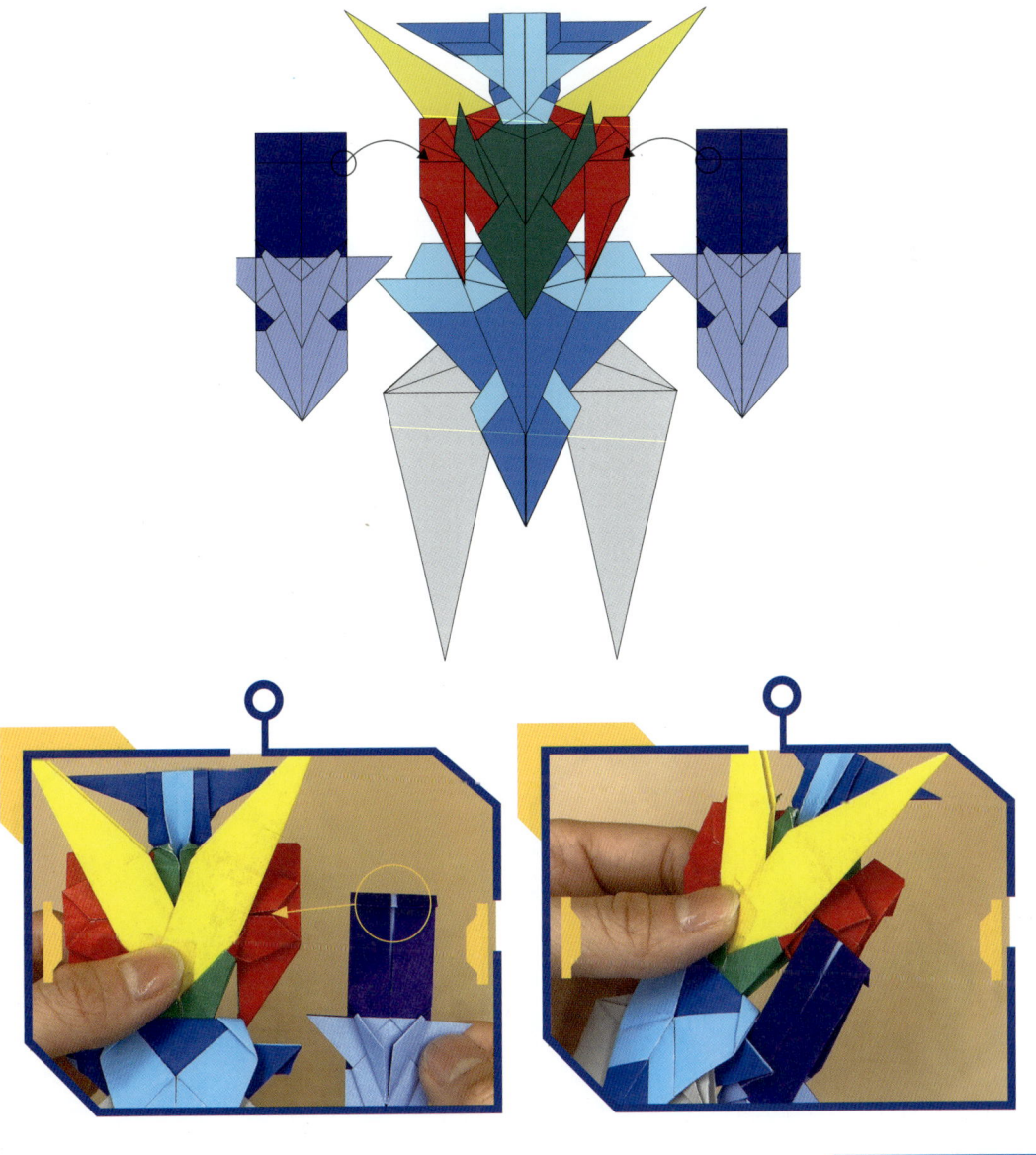

6 드라켄의 뒷쪽 공간에 스파이더 맥스를 넣어 주세요.

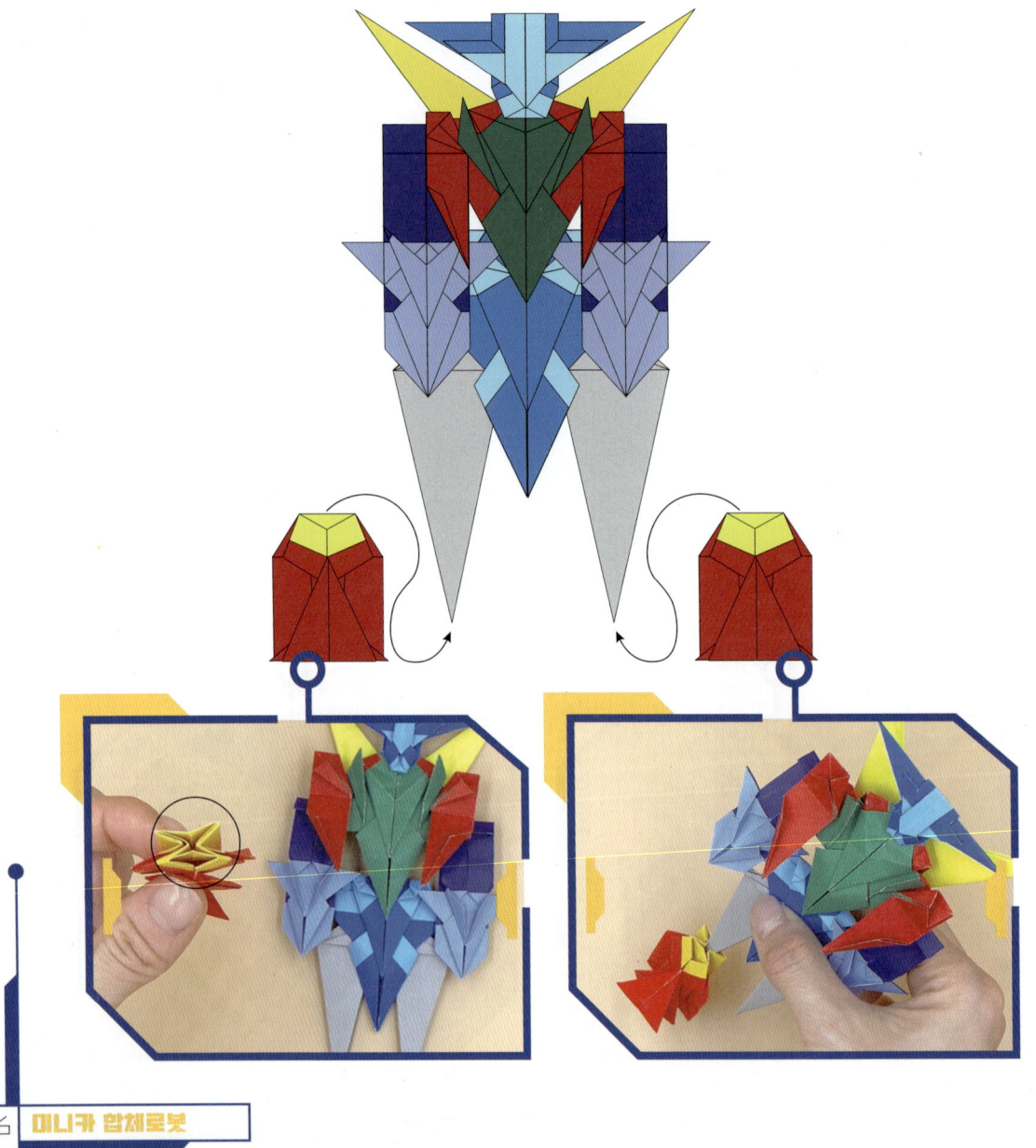

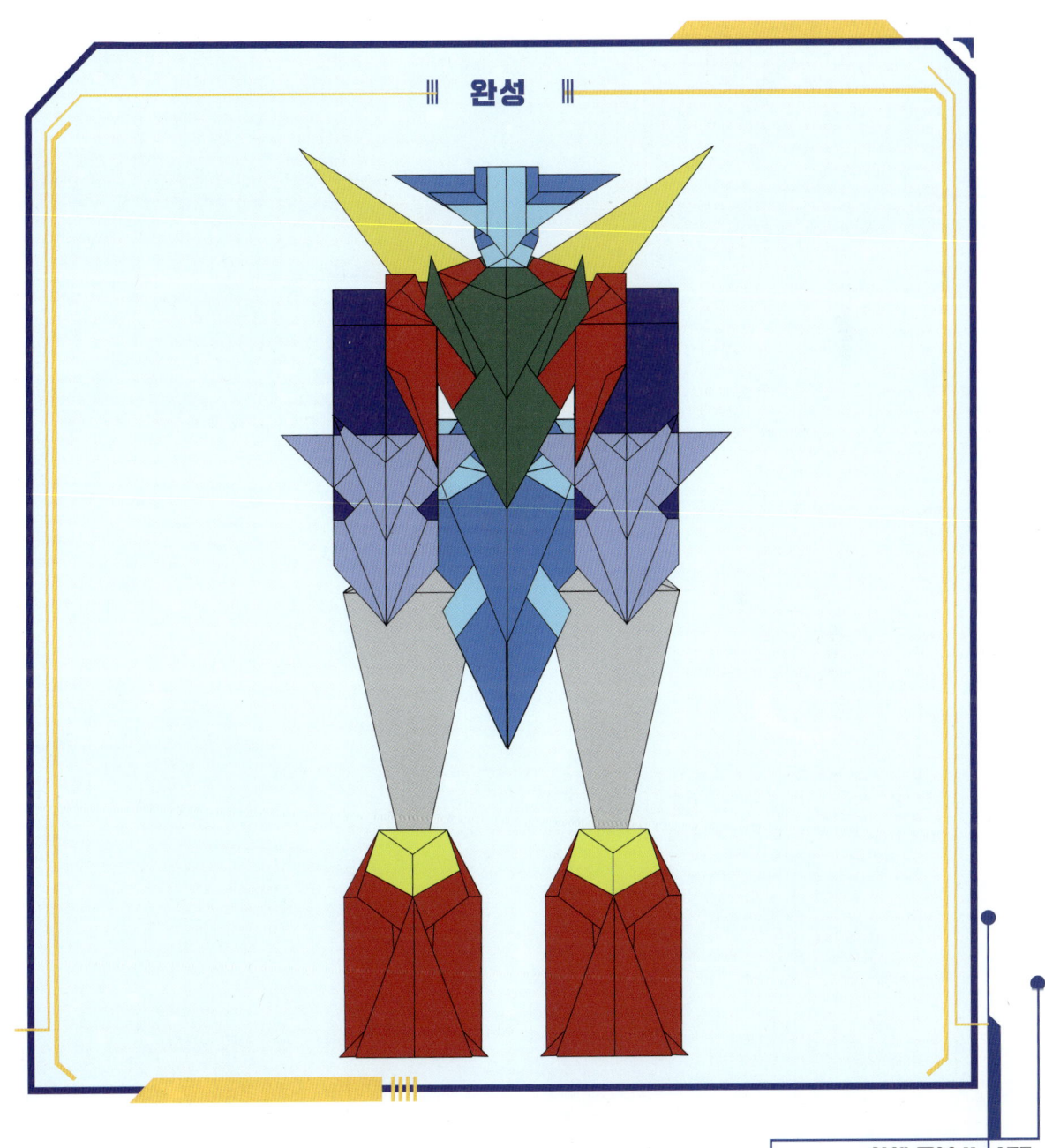

무기_삼지창

접는 방법 영상

 원하는 색(빨강)을 뒷장에 놓고, 반으로 접었다 펼쳐 주세요.

 점선대로 접어 주세요.

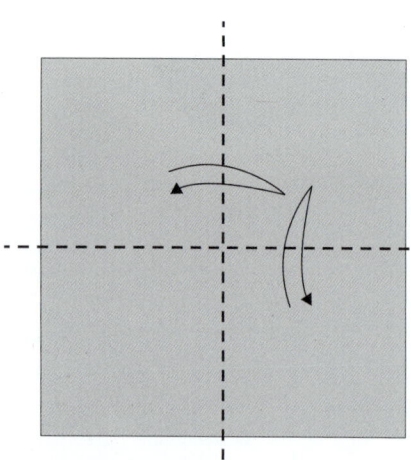

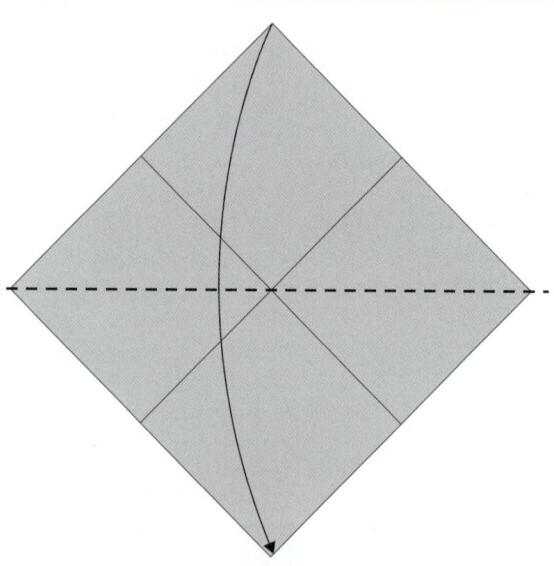

 점선대로 접어 주세요.

노란색 화살표 방향으로 종이를 벌리며, 옆으로 눌러 접어 주세요.

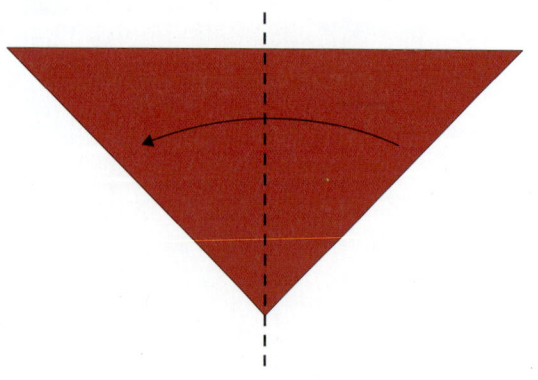

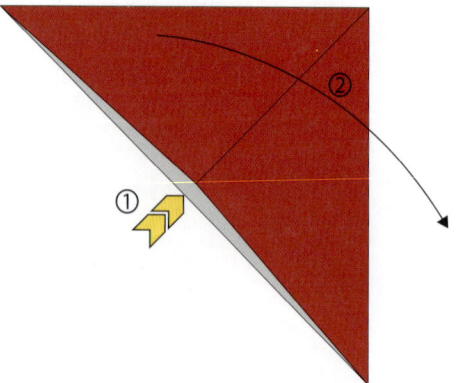

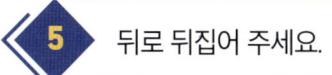
뒤로 뒤집어 주세요.

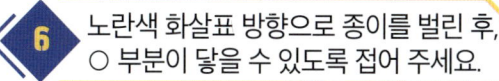
노란색 화살표 방향으로 종이를 벌린 후, ○ 부분이 닿을 수 있도록 접어 주세요.

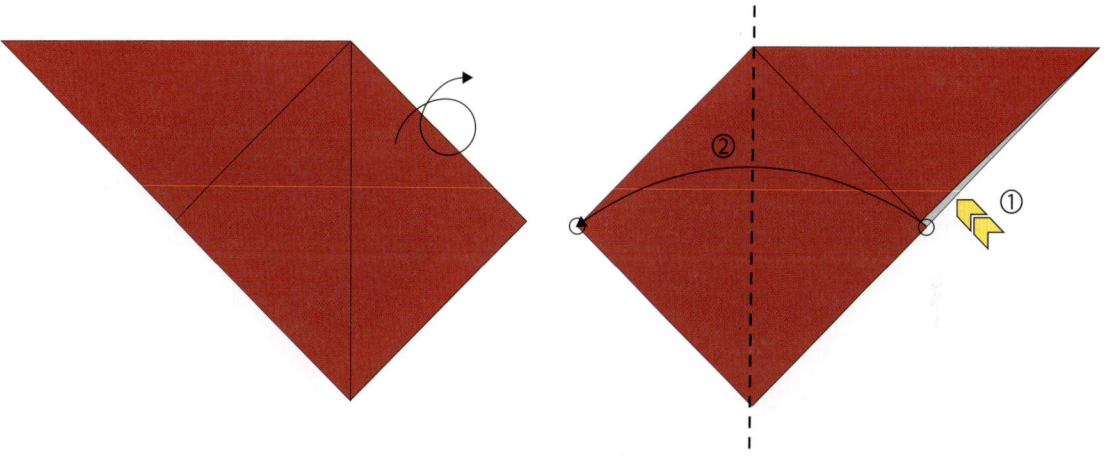

종이가 여러장으로 되어 있는 부분을 아래로 향하게 놓아 주세요.

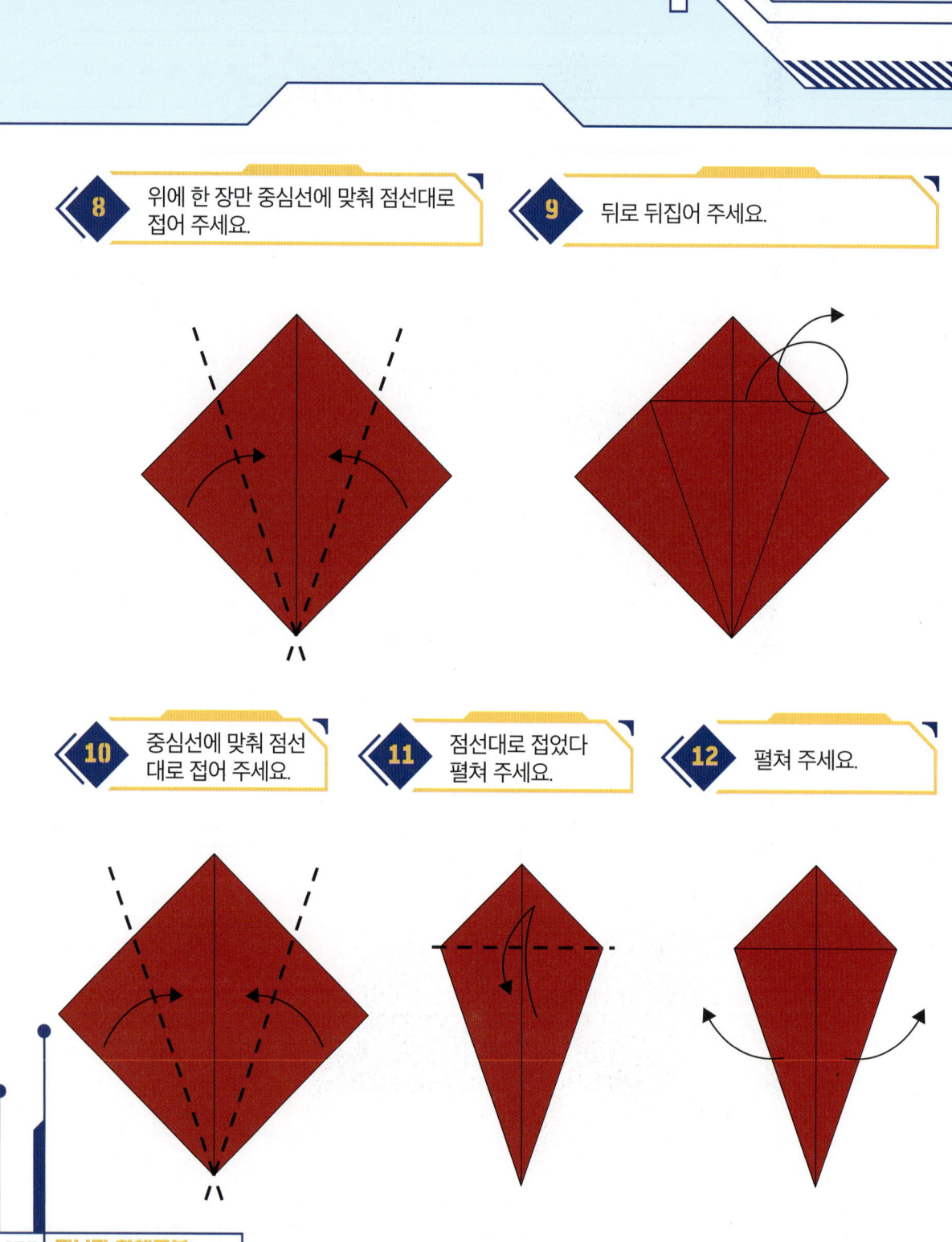

13 위에 한 장만 살짝펴서 점선대로 접어주세요. 왼쪽도 같은 방법으로 접어 주세요.

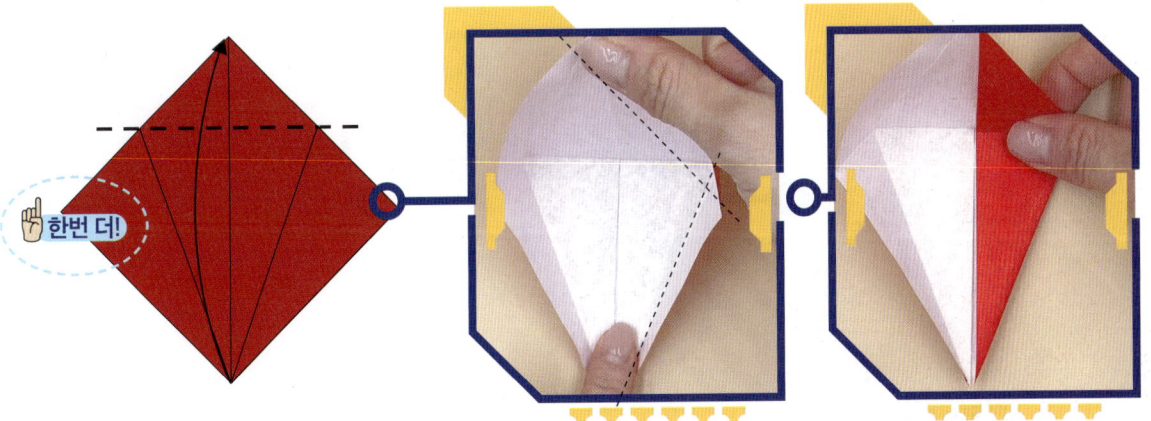

14 뒤로 뒤집어 주세요.

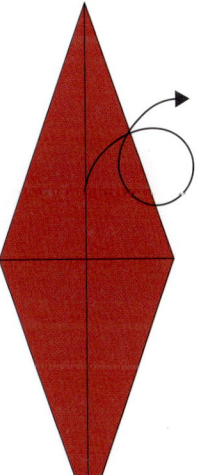

15 화살표 방향으로 펼쳐 주세요.

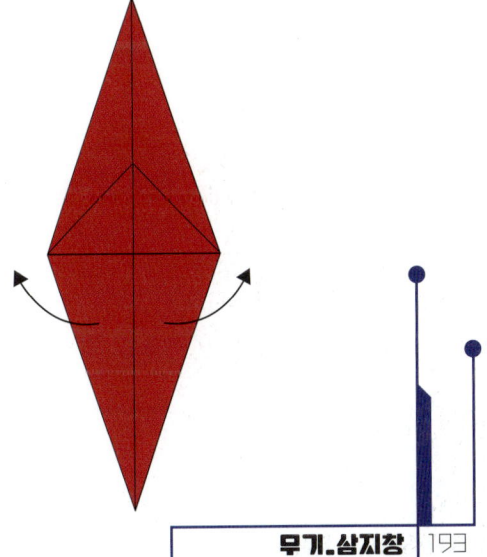

위에 한 장을 펴서 점선대로 접어주세요. 왼쪽도 같은 방법으로 접어 주세요.

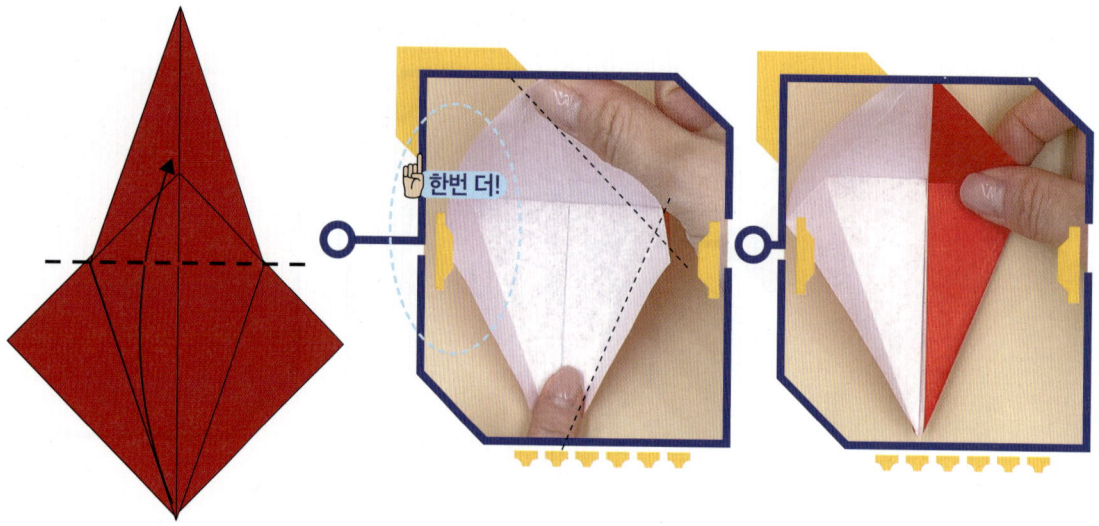

사진처럼 벌어지는 부분을 왼쪽에 놓고 점선대로 접었다 펴 주세요.

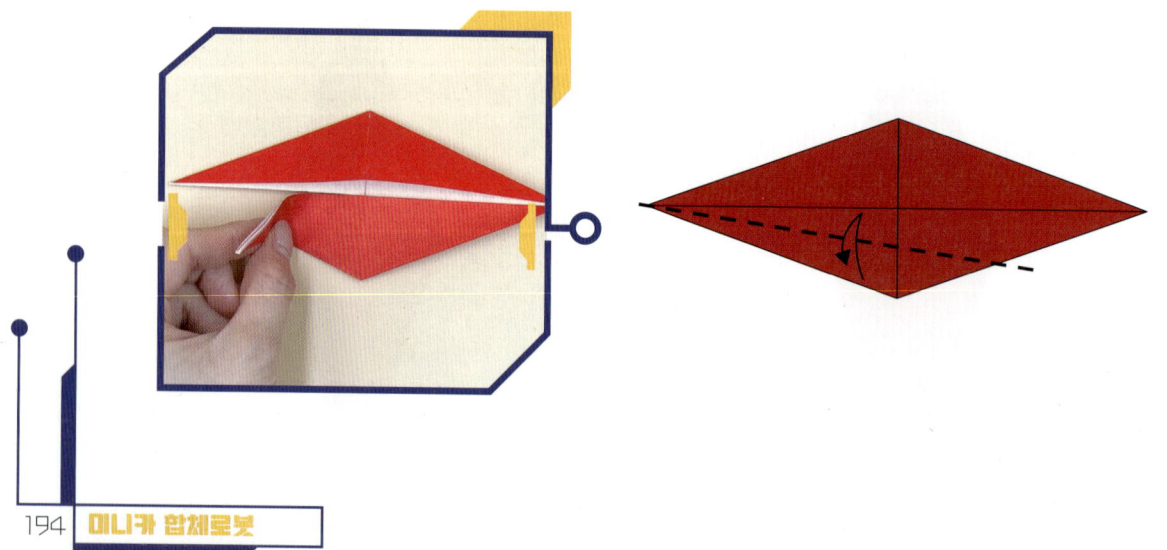

18 윗부분도 **17** ~ **18** 까지 같은 방법으로 접어 주세요.

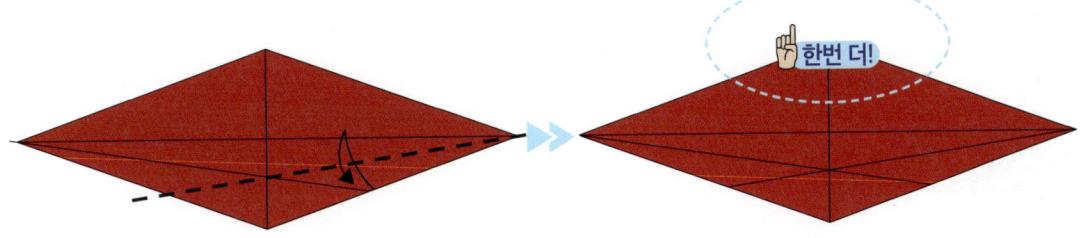

한번 더!

19 화살표 방향으로 접어 주세요.

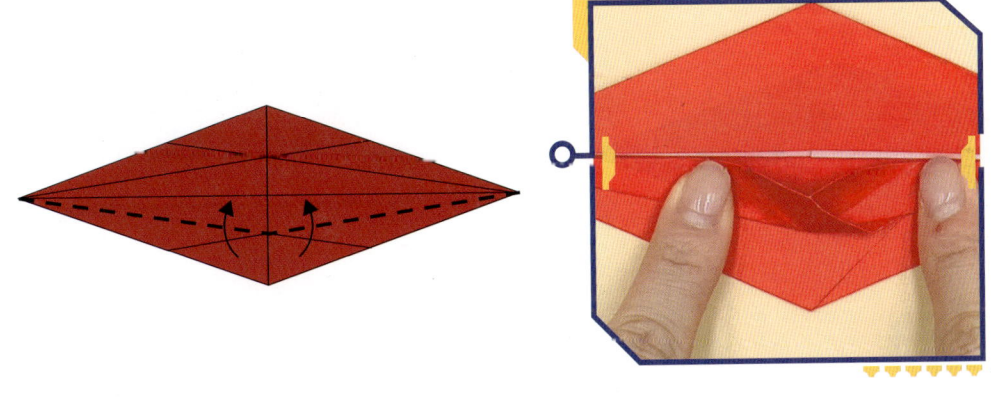

20 가운데 부분을 모아 주세요.

 21 튀어나온 부분을 왼쪽으로 넘겨 주세요.

 22 그림과 같이 놓고 화살표 방향으로 종이를 모아준 뒤, 가운데 튀어나온 부분을 오른쪽으로 넘겨주세요.

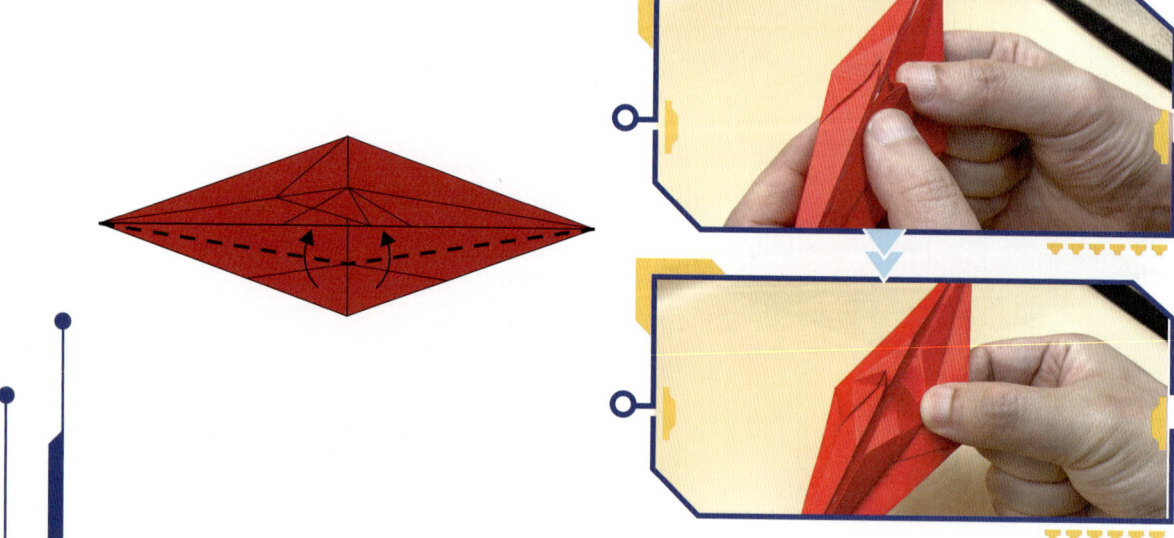

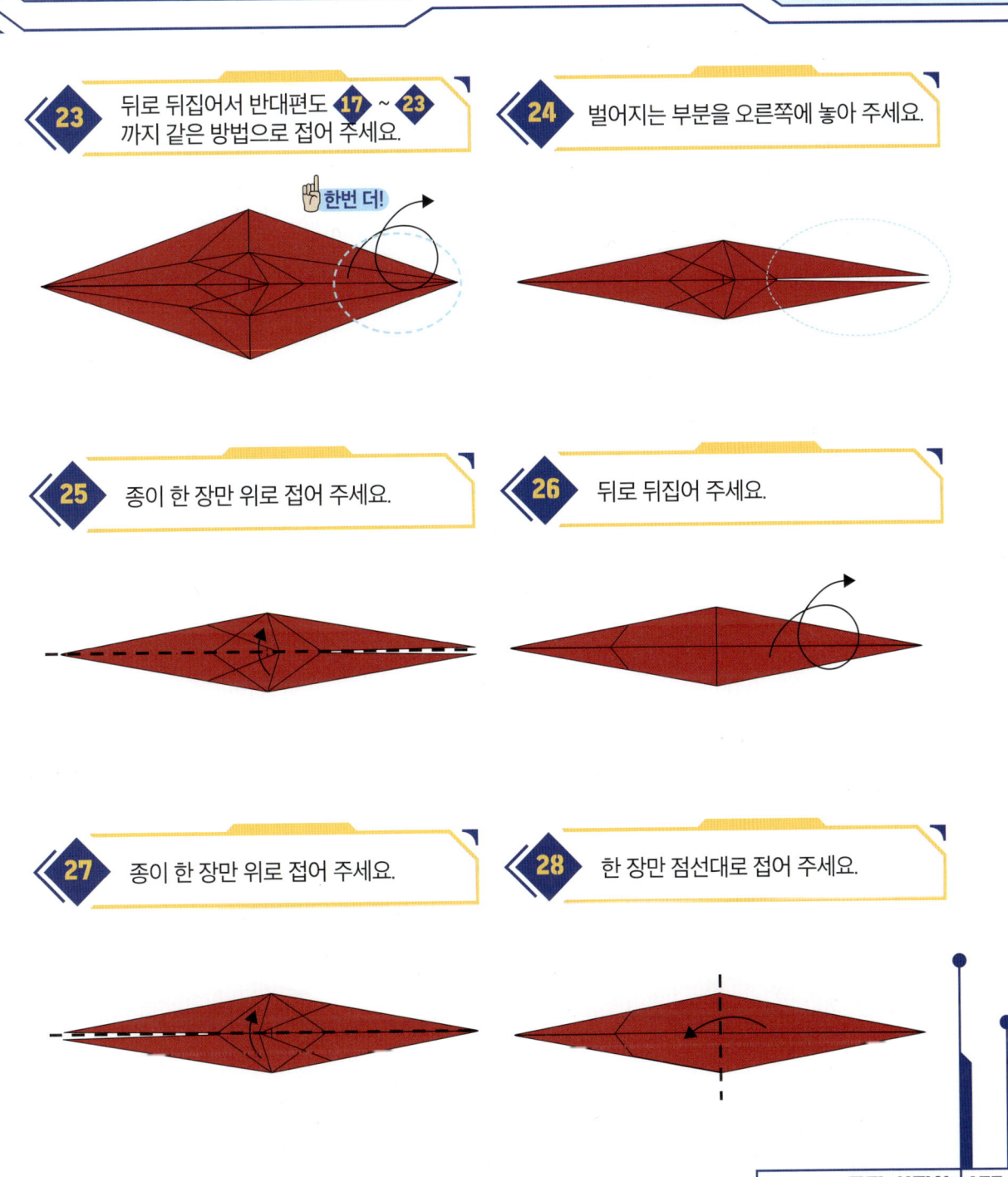

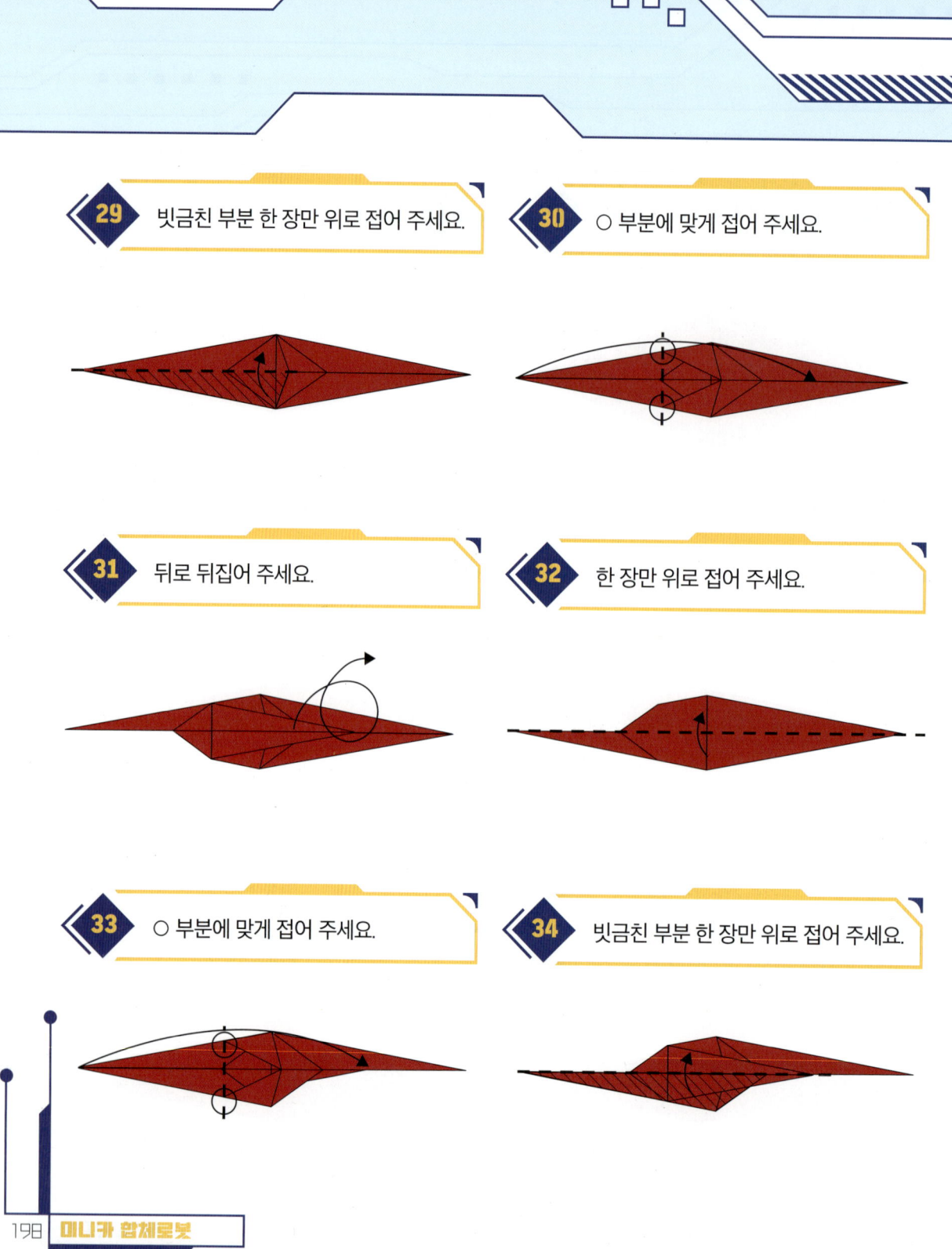

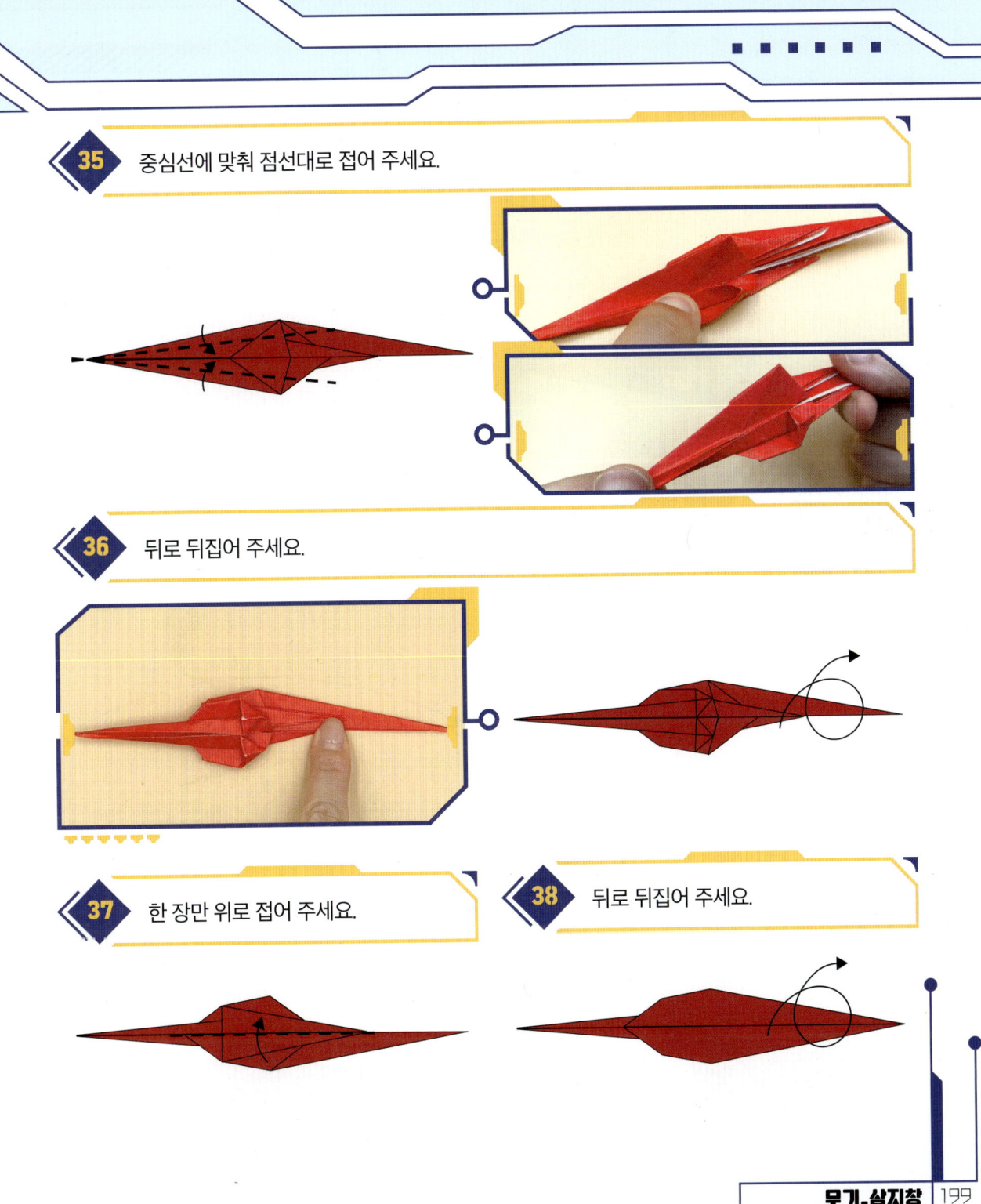

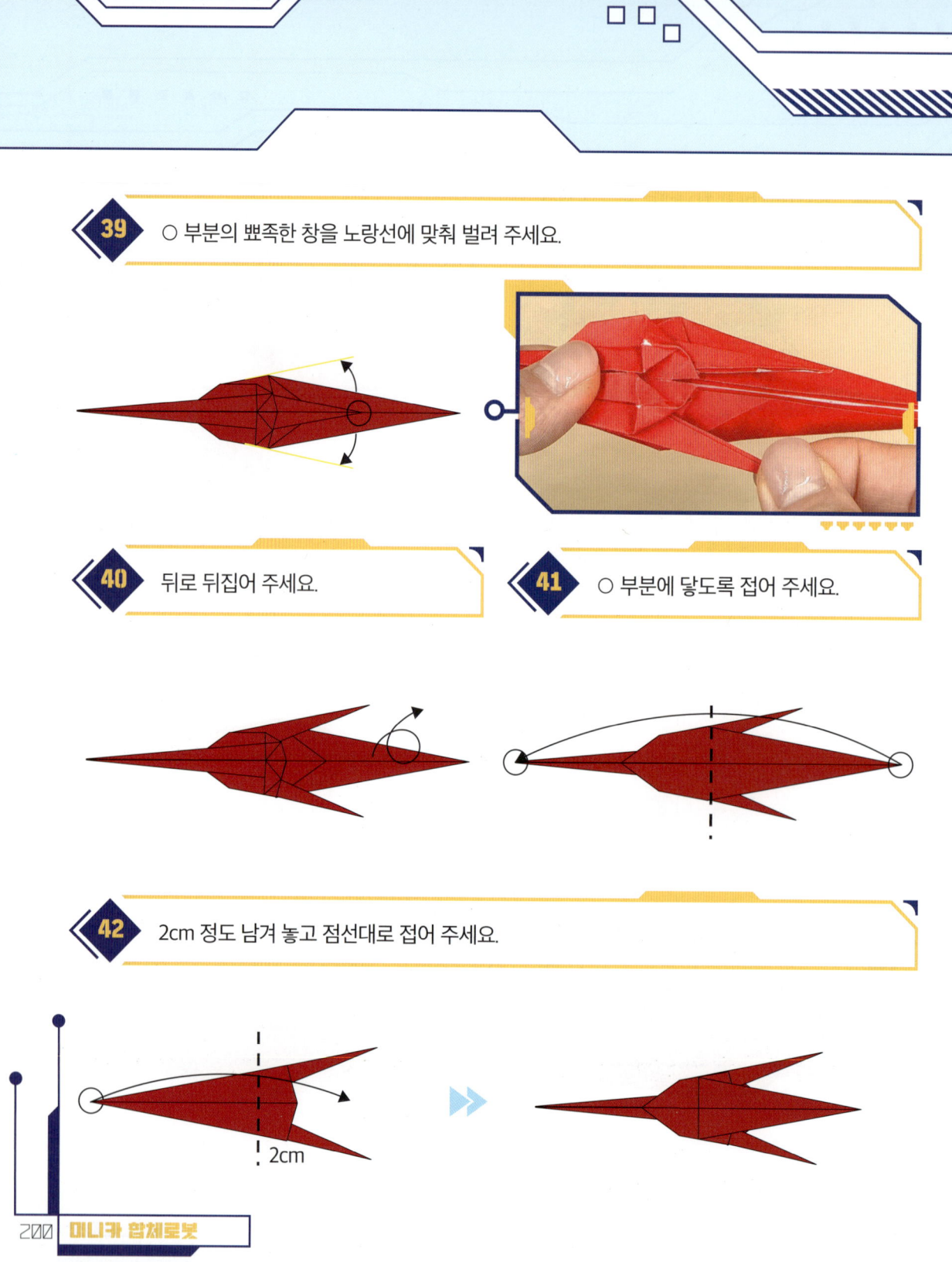

43 중심선에 맞춰 위아래 모두 접어 주세요.

44 점선대로 접어 주세요.

||| 완성 |||

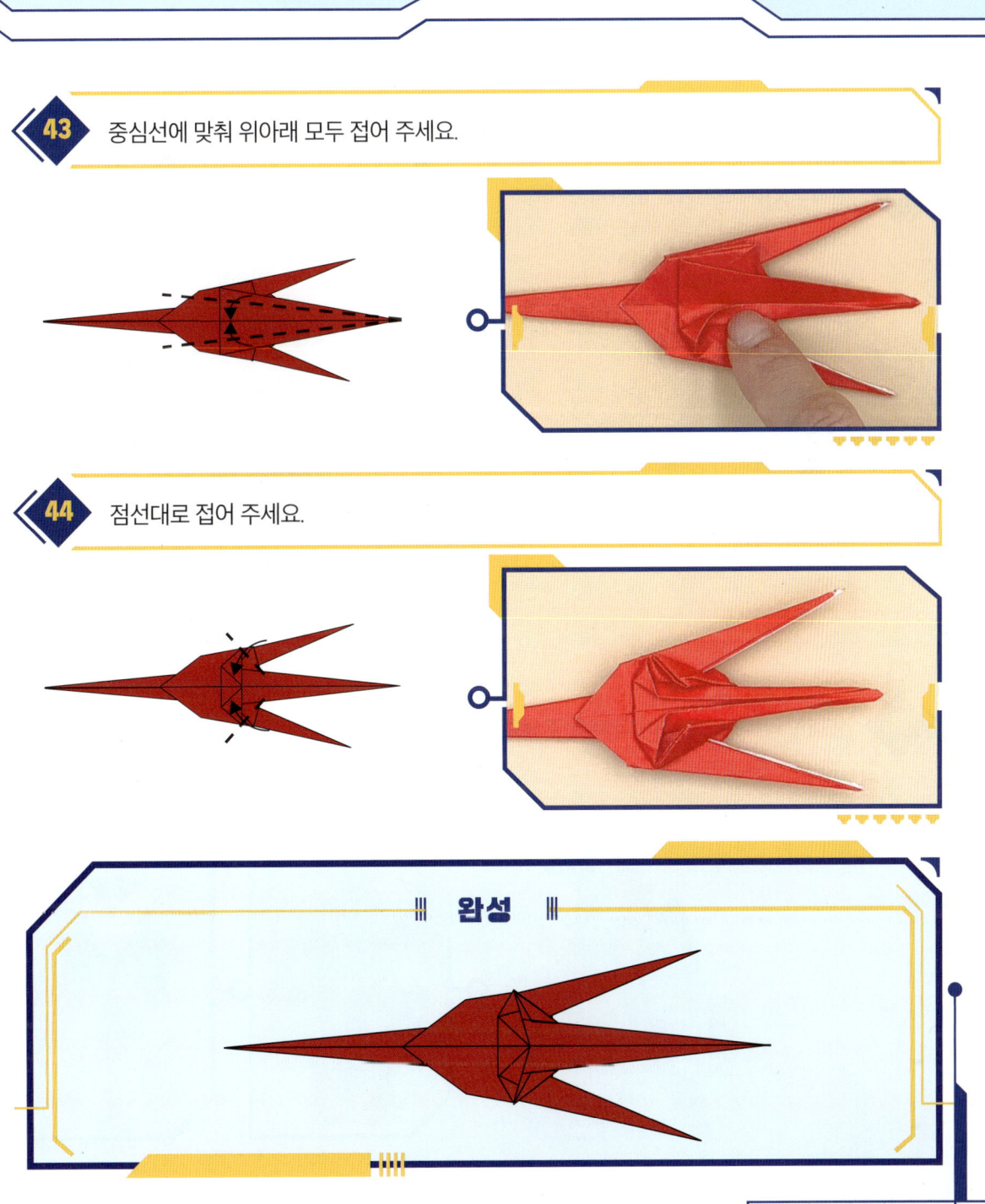

무기 장착

1 합체로봇II와 삼지창을 준비해 주세요.

2 나토스 가운데에 삼지창을 끼워 주세요.

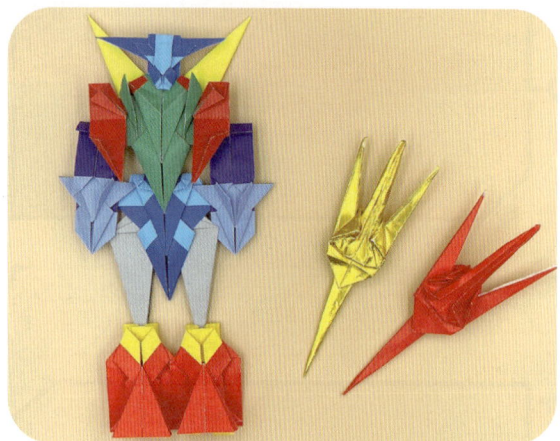

3 반대쪽 나토스에도 하나 더 끼워 주세요.

앞  뒤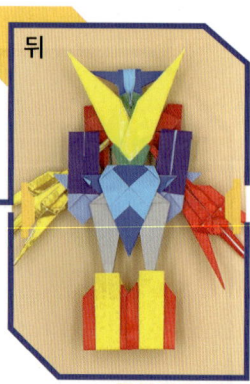

완성

무기 장착

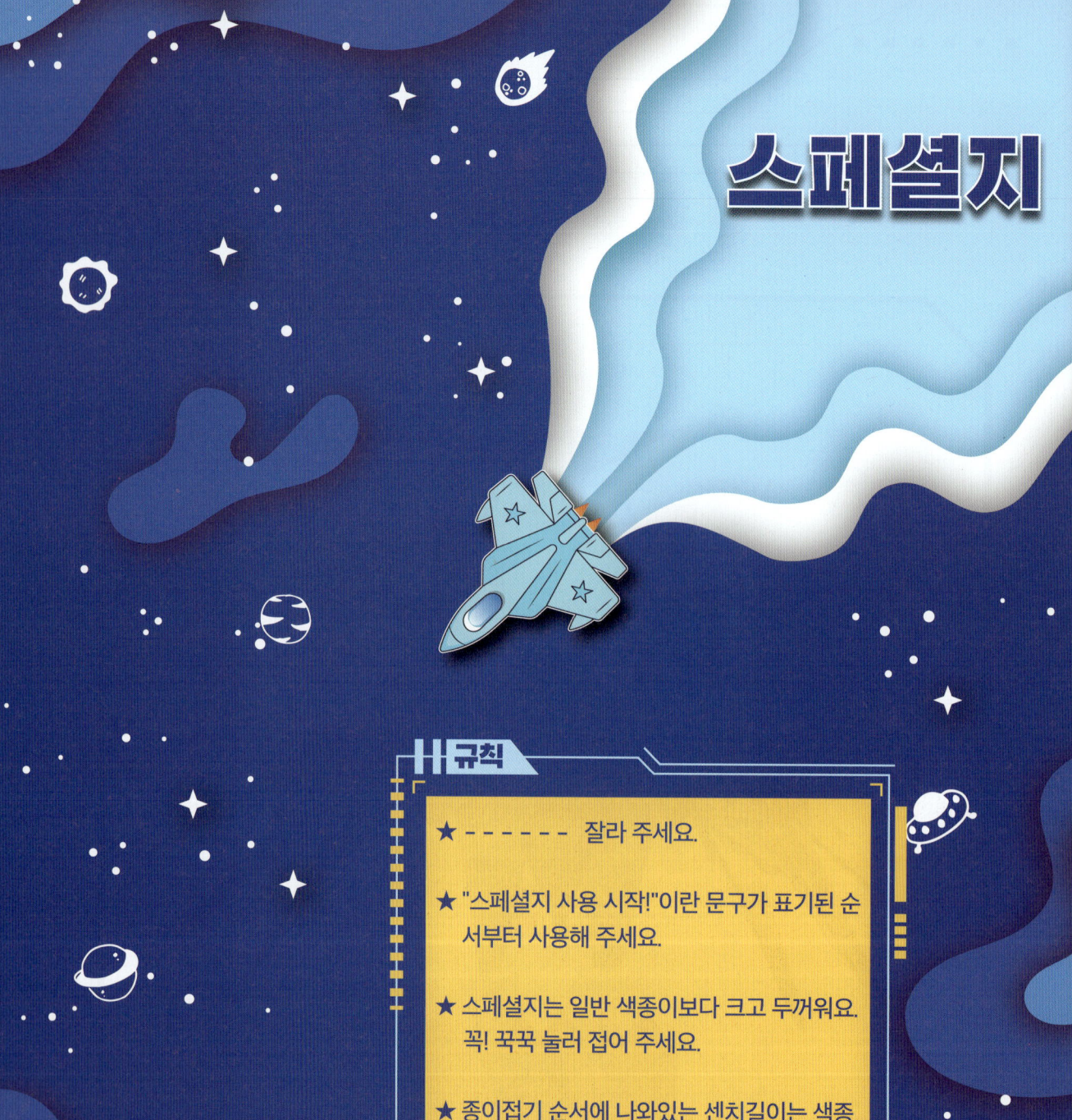

합체로봇 1 · 레드아클

③ 을 접을 때, 이쪽 면을 뒷장에 놓고 접어주세요.

※ 점선을 잘라 사용해 주세요.

합체로봇 1 — 스파이더 엑스

③ 을 접을 때, 이쪽 면을 앞장에 놓고 접어주세요.

※ 점선을 잘라 사용해 주세요.

중요해요!
스파이더 엑스 몸 14 를 접을 때는
이 부분을 사용해 주세요!

합체로봇 1 — 스파이더 엑스 날개

1. 을 접을 때, 이쪽 면을 뒷장에 놓고 접어주세요.

※ 점선을 잘라 사용해 주세요.

합체로봇 1 스파이더 엑스 머리

7 을 접을 때, 이쪽 면을 뒷장에 놓고 접어주세요. ⊙

중요해요! 스파이더 엑스 머리 **17** 을 접을 때는 이 부분을 사용해 주세요!

※ 점선을 잘라 사용해 주세요.

합체로봇 1 스파이더 엑스 머리 날개

2 를 접을 때, 이쪽 면을 뒷장에 놓고 접어주세요. ⊙

합체로봇 1 : 트윈 카미온

③ 을 접을 때, 이쪽 면을 뒷장에 놓고 접어주세요.

중요해요!
트윈 카미온 ②②을 접을 때는 이 부분을 사용해 주세요!

※ 점선을 잘라 사용해 주세요.

합체로봇 1 트윈 카메온

③ 을 접을 때, 이쪽 면을 뒷장에 놓고 접어주세요.

※ 점선을 잘라 사용해 주세요.

중요해요! 트윈 카메온 ㉒ 를 접을 때는 이 부분을 사용해 주세요!

합체로봇 1 더블 카이젠

③ 을 접을 때, 이쪽 면을 뒷장에 놓고 접어주세요.

중요해요!
더블 카이젠 ⑨ 를 접을 때는
이 부분을 사용해 주세요!

※ 점선을 잘라 사용해 주세요.

합체로봇 2 ─ 메르세우스 날개 2

5 풀을 접을 때, 이쪽 면을 뒷장에 놓고 접어주세요.

※ 점선을 잘라 사용해 주세요.

합체로봇 2 스파이더 맥스

3 을 접을 때, 이쪽 면을 앞장에 놓고 접어주세요.

※ 점선을 잘라 사용해 주세요.

합체로봇 2 스파이더 맥스 날개

① ⬥을 접을 때, 이쪽 면을 뒷장에 놓고 접어주세요.

※ 점선을 잘라 사용해 주세요.

함체로봇 2 스파이더 맥스 머리
7 을 접을 때, 이쪽 면을 뒷장에 놓고 접어주세요. ⊙

함체로봇 2 스파이더 맥스 머리 날개
2 를 접을 때, 이쪽 면을 뒷장에 놓고 접어주세요. ⊙

※ 점선을 잘라 사용해 주세요.

함체로봇 2 드라켄

③ 을 접을 때, 이쪽 면을 뒷장에 놓고 접어주세요.

※ 점선을 잘라 사용해 주세요.

중요해요! 드라켄 ❾를 접을 때는 이 부분을 사용해 주세요!

※ 점선을 잘라 사용해 주세요.

중요해요! 드라켄 9 를 접을 때는 이 부분을 사용해 주세요!

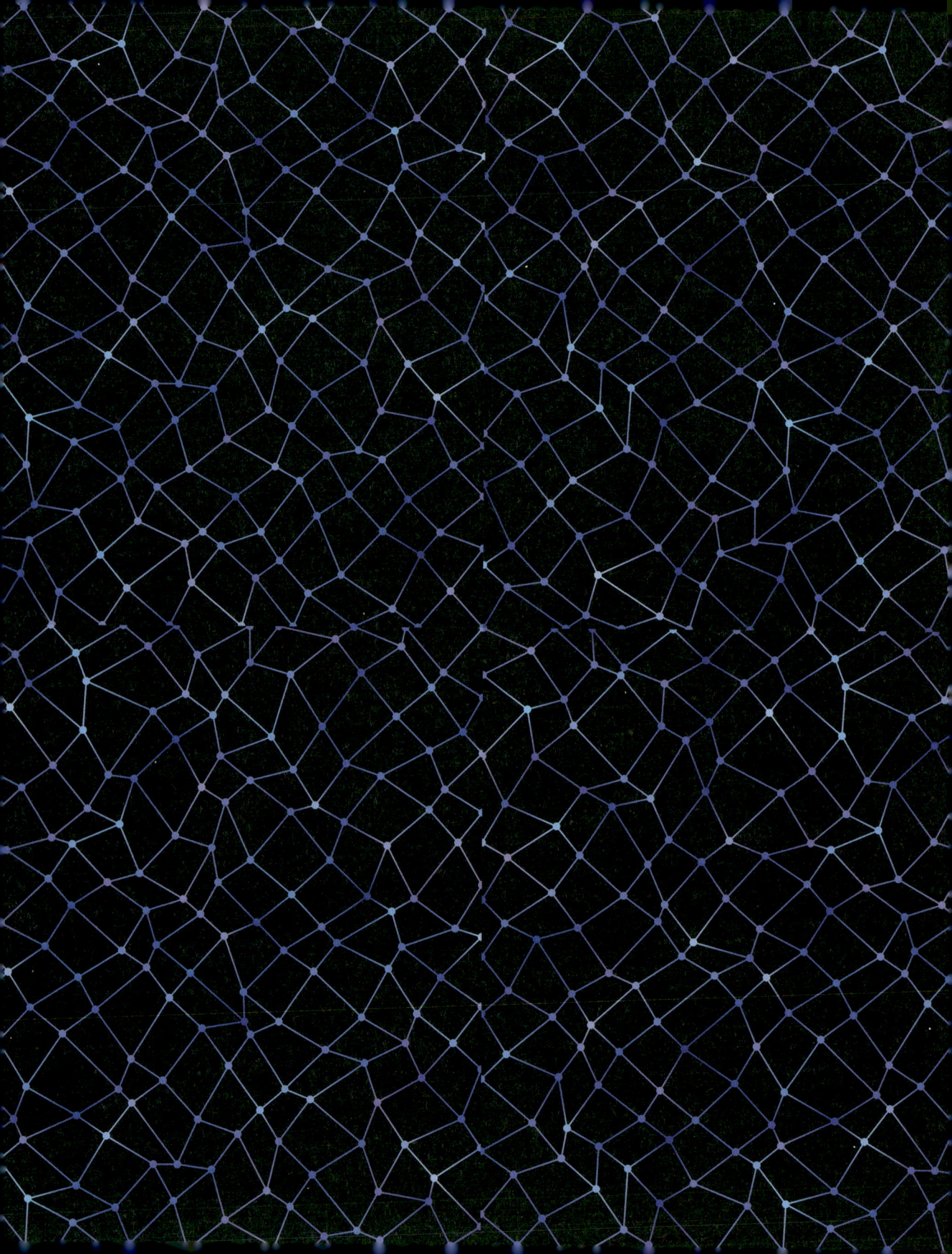

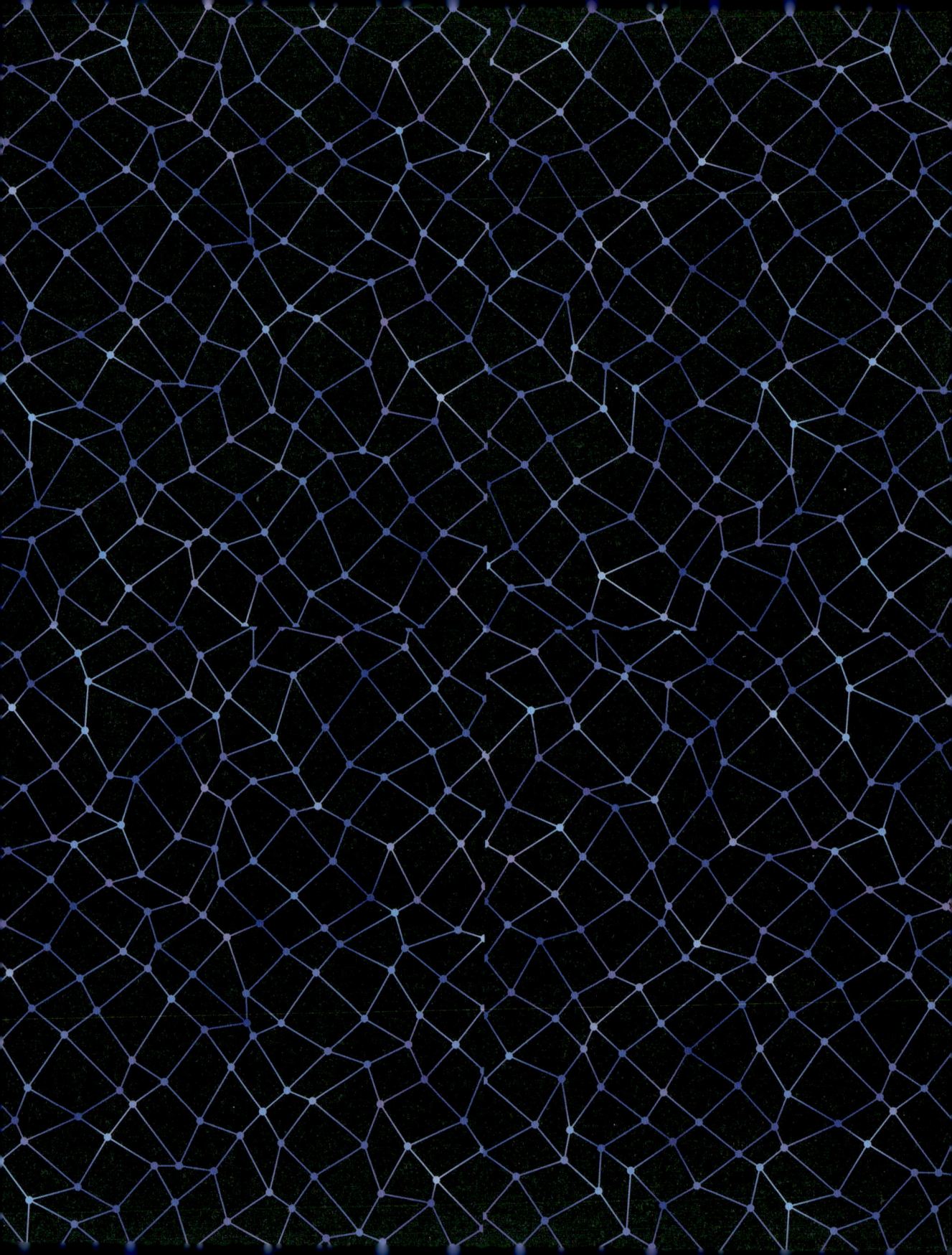